Nur dem Gesetz unterworfen?

Rechtshistorische Reihe

Band 312

Peter Lang
Frankfurt am Main · Berlin · Bern · Bruxelles · New York · Oxford · Wien

Christiane Chlosta

Nur dem Gesetz unterworfen?

Eine rechtsgeschichtliche Untersuchung zu Idee und Wirklichkeit richterlicher Gesetzestreue unter besonderer Berücksichtigung der Aufwertungsrechtsprechung und des richterlichen Prüfungsrechts

Peter Lang
Europäischer Verlag der Wissenschaften

Bibliografische Information Der Deutschen Bibliothek
Die Deutsche Bibliothek verzeichnet diese Publikation in der Deutschen Nationalbibliografie; detaillierte bibliografische Daten sind im Internet über <http://dnb.ddb.de> abrufbar.

Zugl.: Kiel, Univ., Diss., 2004

Diese Arbeit wurde von Herrn Prof. Dr. Jörn Eckert
zur Aufnahme in diese Reihe empfohlen.

D 8
ISSN 0344-290X
ISBN 3-631-53759-X

www.peterlang.de

Meinen Eltern

Vorwort

Die vorliegende Arbeit wurde im Sommersemester 2004 von der Rechtswissenschaftlichen Fakultät der Christian-Albrechts-Universität zu Kiel als Dissertation angenommen.

Herrn Prof. Dr. Jörn Eckert, der das Thema meiner Arbeit angeregt und sie betreut hat, danke ich an dieser Stelle sehr herzlich für seine begleitende konstruktive Kritik und wohlwollende Unterstützung.

Ihm und Herrn Prof. Dr. Hans Hattenhauer sei für die zügige Erstattung der Gutachten gedankt.

Herrn Prof. Dr. Jörn Eckert danke ich für die Aufnahme der Arbeit in die Rechtshistorische Reihe.

Ich widme die Arbeit meinen Eltern.

Berlin, im März 2005 Christiane Chlosta

Inhaltsverzeichnis

Abkürzungsverzeichnis

a. a. O.	= am angegebenen Ort
a. F.	= alte Fassung
AcP	= Archiv für civilistische Praxis
Anm.	= Anmerkung
AöR	= Archiv des öffentlichen Rechts
ArchSozW	= Archiv für Sozialwissenschaft und Sozialpolitik
Aufl.	= Auflage
Ausg.	= Ausgabe
Bd.	= Band
BGB	= Bürgerliches Gesetzbuch
BGH	= Bundesgerichtshof
BGHSt	= Entscheidungen des Bundesgerichtshofs in Strafsachen
BVerfG	= Bundesverfassungsgericht
BVerfGE	= Entscheidungen des Bundesverfassungsgerichts
bzw.	= beziehungsweise
DBE	= Deutsche Biographische Enzyklopädie
DDP	= Deutsche Demokratische Partei
DJ	= Deutsche Justiz
DJT	= Deutscher Juristentag
DJZ	= Deutsche Juristenzeitung
DNVP	= Deutschnationale Volkspartei
DR	= Deutsches Recht
DRB	= Deutscher Richterbund
DRiZ	= Deutsche Richterzeitung
DRW	= Deutsche Rechtswissenschaft
DRZ	= Deutsche Rechts-Zeitschrift
DVBl.	= Deutsches Verwaltungsblatt
etc.	= et cetera
EuGRZ	= Europäische Grundrechte-Zeitschrift

FS	= Festschrift
GG	= Grundgesetz für die Bundesrepublik Deutschland vom 23.5.1949 (BGBl. S. 1)
GRGA	= Gustav Radbruch Gesamtausgabe
GrünhutsZtschr	= Zeitschrift für das Privat- und öffentliche Recht der Gegenwart, hrsg. von C. S. Grünhut
HbDStR	= Handbuch des Deutschen Staatsrechts
HdVerfR	= Handbuch des Verfassungsrechts der Bundesrepublik Deutschland
HRG	= Handwörterbuch zur deutschen Rechtsgeschichte
Hrsg.	= Herausgeber
hrsg. v.	= herausgegeben von
HwbStW	= Handwörterbuch der Staatswissenschaften
i.e.	= id est
IherJb	= Jahrbücher für die Dogmatik des heutigen römischen und deutschen Privatrechts, zuerst hrsg. von C. F. von Gerber und R. Ihering
insbes.	= insbesondere
i. V. m.	= in Verbindung mit
JöR	= Jahrbuch des öffentlichen Rechts der Gegenwart
JW	= Juristische Wochenschrift
JZ	= Juristenzeitung
KG	= Kammergericht
LG	= Landgericht
Lit.	= Literatur
LZ	= Leipziger Zeitschrift für Deutsches Recht
NDSAP	= Nationalsozialistische Deutsche Arbeiterpartei
NJW	= Neue Juristische Wochenschrift
RFHE	= Sammlung der Entscheidungen und Gutachten des Reichsfinanzhofs
RG	= Reichsgericht
RGBl.	= Reichsgesetzblatt

RGRK	= Reichsgerichtsräte-Kommentar
RGZ	= Entscheidungen des Reichsgericht in Zivilsachen
Rn.	= Randnummer
Rspr.	= Rechtsprechung
RT-Vhdlg.	= Verhandlungen des Reichstags
RV	= Verfassung des Deutschen Reichs vom 16.4.1971 (RGBl. S. 64)
RVGE	= Entscheidungen des Reichsversorgungsgerichts
S.	= Seite
SeuffArch	= Seufferts Archiv für Entscheidungen der obersten Gerichte in den deutschen Staaten
SJZ	= Süddeutsche Juristenzeitung
Sp.	= Spalte
SPD	= Sozialdemokratische Partei
st. Rspr.	= ständige Rechtsprechung
Sten. Ber.	= Stenographische Berichte
Urt.	= Urteil
vgl.	= vergleiche
VVDStRL	= Veröffentlichungen der Vereinigung der Deutschen Staatsrechtslehrer
WarnR	= Rechtsprechung des Reichsgerichts auf dem Gebiete des Zivilrechts hrsg. v. Otto Warneyer
WP	= Wahlperiode
WRV	= Verfassung des Deutschen Reichs vom 11.8.1919 (RGBl. S. 1383), „Weimarer Reichsverfassung“
ZaöRV	= Zeitschrift für ausländisches öffentliches Recht und Völkerrecht
ZHR	= Zeitschrift für das Gesamte Handelsrecht und Konkursrecht
ZStW	= Zeitschrift für die gesamte Staatswissenschaft

Einleitung

Aufgabe des Richters ist es, Recht zu sprechen. Doch wie gelangt der Richter zu seiner Entscheidung? Oberster und absoluter Maßstab für den Richter ist das Gesetz. Die Gesetzesbindung des Richters ist notwendiges Korrelat seiner Unabhängigkeit. Die Richter sind unabhängig und nur dem Gesetz unterworfen, heißt es daher in Art. 97 Abs. 1 GG und in § 1 GVG. Die Formel klingt einfach und einleuchtend. Sie ist jedoch heute nicht weniger als vor 100 Jahren eine „Gleichung mit zwei Unbekannten"[1]. Ziel dieser Arbeit ist es, das Verhältnis des Richters zum Gesetz in den verschiedenen Epochen deutscher Geschichte des 20. Jahrhunderts zu untersuchen. Der Schwerpunkt liegt auf der Weimarer Republik.

Den Kern und gleichzeitig Ausgangspunkt der Arbeit bildet die Rechtsprechung des Reichsgerichts zur Inflation und Aufwertung in den zwanziger Jahren des vorigen Jahrhunderts. Sie wird heute als „das dramatische Ereignis der jüngeren deutschen Rechtsgeschichte" bezeichnet[2]. Um eine Aufwertung inflationsbedingt entwerteter Forderungen zu ermöglichen, entschied das Reichsgericht vielfach auf der Grundlage von Treu und Glauben und der großen, jeder Rechtsordnung übergeordneten Idee der Gerechtigkeit – unter Mißachtung des klaren Gesetzeswortlautes. Wenig später waren es die Verfassung und die in ihr verankerten Grundsätze, auf die sich die Richter beriefen, um zu einer freieren Stellung gegenüber dem Gesetz zu gelangen. So erklärte das Reichsgericht in seiner berühmten Entscheidung vom 4. November 1925, es sei befugt, Gesetze auf ihre Vereinbarkeit mit der Reichsverfassung zu prüfen und ihnen im Falle eines Widerspruchs zur Verfassung die Anwendung zu versagen[3]. Zum ersten Mal bekannte sich das Reichsgericht ausdrücklich zum sogenannten richterlichen Prüfungsrecht.

Hiermit betrat das Reichsgericht staats- bzw. verfassungsrechtliches Gebiet. Die Frage des richterlichen Prüfungsrechts zählte seit langem zu *den* großen Themen der deutschen Staatsrechtslehre. Jellinek hatte 1887 ironisierend von einem Lieblingsthema der deutschen Jurisprudenz gesprochen[4]. Der Streit in der Weimarer Staatsrechtslehre um Zulässigkeit und Grenzen eines richterlichen Prü-

---

1 *Hattenhauer*, Wandlungen des Richterleitbildes, S. 12.
2 *Eckert*, Privatrecht und Staatsbankrott, S. 87.
3 RGZ 111, 320.
4 *G. Jellinek*, Gesetz und Verordnung, S. 397.

fungsrecht bildet den zweiten Schwerpunkt der Arbeit. Besondere Berücksichtigung wird die Diskussion um das richterliche Prüfungsrecht in den Verhandlungen des Deutschen Juristentags und auf den Tagungen der Deutschen Staatsrechtslehrervereinigung finden.

Mit dem Ende der Weimarer Republik endete auch die Diskussion um das richterliche Prüfungsrecht. Im Nationalsozialismus wurden die einfachen Gesetze nicht mehr an der Verfassung, sondern an der nationalsozialistischen Ideologie gemessen und entsprechend ausgelegt. Der Neubeginn nach 1945 war geprägt durch das Bemühen, der Freiheit des Richters rational nachvollziehbare und kontrollierbare Grenzen zu setzen. Das Bundesverfassungsgericht wurde zum Hüter der Verfassung berufen und mit Art. 100 Abs. 1 GG dem in der Weimarer Republik kontrovers diskutierten richterlichen Prüfungsrecht eine klare Absage erteilt.

Aus den angesprochenen Problemkreisen wird deutlich, daß sich das Verhältnis des Richters zum Gesetz unter zwei Gesichtspunkten betrachten läßt. Zum einen kann der Richter in seiner Beziehung zum einfachen Gesetz, hier zum Zivilrecht, in den Blick genommen werden. In diesem Fall stellt sich die Frage richterlicher Gesetzesanwendung vornehmlich als ein Problem der zivilrechtlichen Methodik. Zum anderen kann die Betrachtung auf die Verfassung ausgeweitet und gefragt werden, inwieweit sie die Anwendung einfacher Gesetze beeinflußt. Noch im Kaiserreich handelte es sich um zwei getrennte Problemkreise. In der Weimarer Republik kam es in der Aufwertungsrechtsprechung des Reichsgerichts zu ersten Berührungspunkten. Unter der Herrschaft des Grundgesetzes schließlich begann, bedingt durch die Rechtsprechung des Bundesverfassungsgerichts, die verfassungsrechtliche Überlagerung des Zivilrechts.

Eine umfassende Untersuchung zu der geschilderten Thematik, insbesondere zur zunehmenden Verzahnung von Zivil- und Verfassungsrecht auf dem Gebiet richterlicher Rechtsfindung, fehlt bislang. Es wurden stets nur einzelne Aspekte behandelt, wie etwa die Frage des richterlichen Prüfungsrechts[5], die Entwicklung der Verfassungsgerichtsbarkeit[6] oder Teilbereiche der Aufwertungsrechtsprechung unter weitgehender Außerachtlassung der verfassungsrechtlichen

---

5 *Gusy*, Richterliches Prüfungsrecht; *Hase*, Richterliches Prüfungsrecht.

6 *Wendeburg*, Die Debatte um die Verfassungsgerichtsbarkeit; *Fangmann*, Justiz gegen Demokratie.

Problematik[7]. Verbindungslinien über die Zeit der Weimarer Republik hinaus wurden überhaupt nicht oder nur sehr punktuell gezogen.

Der Gang der nachfolgenden Untersuchung wird durch die historischen Zeitabschnitte – Kaiserreich (A), Weimarer Republik (B), Nationalsozialismus (C) und die Zeit nach 1945 (D) – bestimmt.

---

7 *Nörr*, Zwischen den Mühlsteinen, S. 55 ff.; *Eckert*, Privatrecht und Staatsbankrott.

A. Gesetz und Richter im Deutschen Kaiserreich

I. Verfassungsrechtliche Grundlagen des Deutschen Kaiserreichs

Kernproblem und Wesensmerkmal der Reichsverfassung von 1871, wie aller Verfassungen des deutschen Konstitutionalismus, war ihre dualistische Struktur - der Widerstreit zwischen Volkssouveränität und Monarchie, Gesellschaft und Staat, Bürgertum und Adel. Repräsentierte der Bundesrat das föderalistisch-monarchische Element, verwirklichte sich im Reichstag die unitaristisch-demokratische Dimension der Verfassung. Bei der Gesetzgebung mußten beide Organe zusammenwirken. Was im Konfliktfall zu geschehen hatte, wenn Reichstag und Bundesrat sich nicht einigen konnten, ob monarchisches oder demokratisches Prinzip obsiegen sollte, blieb das unlösbare Problem des deutschen Konstitutionalismus. Die Frage, wem die Führungsrolle bei der politischen Gestaltung des Staatslebens zukommen sollte, konnte letztlich nur faktisch durch die jeweils vorherrschenden politischen Machtverhältnisse im Falle des Konflikts entschieden werden[8]. Zu einem solchen Konflikt kam es 1862 bis 1866 in Preußen im Streit um die Heeresreform. Königtum und Adel gingen aus ihm als klare Sieger hervor. Das Bürgertum unterlag – ebenso wie 1848/49[9].

Der mit der gescheiterten Revolution von 1848/49 eingeleitete Verzicht des Bürgertums auf revolutionäre politische Umwälzungen führte schon bald nach der Reichsgründung zu einem Arrangement der bürgerlichen Schichten mit dem neuen Staat und seiner Staatsform, der konstitutionellen Monarchie[10]. Zum ersten Mal in der Geschichte des deutschen Konstitutionalismus – das ist eine der großen Leistungen des Deutschen Kaiserreichs – wurde ein Staat von Adel und Bürgertum gleichermaßen akzeptiert. Dies ist um so beachtlicher, als sich an der bestehenden Gepflogenheit, die wichtigsten Stellen im Bereich von Militär und Verwaltung überwiegend an Adlige zu vergeben, nichts änderte, der Adel also auch im Kaiserreich die Oberhand behielt[11]. Begünstigt wurde diese Akzeptanz seitens des Bürgertums durch die im Deutschen Kaiserreich von 1871 verwirk-

---

8 *Böckenförde*, Der Verfassungstyp der deutschen konstitutionellen Monarchie, S. 147 ff., insbes. S. 155 ff., *Willoweit*, Verfassungsgeschichte, S. 296 f.; *Huber*, Verfassungsgeschichte III, S. 3 ff.

9 *Gusy*, Richterliches Prüfungsrecht, S. 53 f.; anders *Wahl*, Der preußische Verfassungskonflikt, S. 185 ff., der beide Seiten zu den Verlierern zählt; vgl. auch *Huber*, Verfassungsgeschichte III, S. 333 ff.

10 *Fangmann*, Justiz gegen Demokratie, S. 44.

11 Vgl. *Fangmann*, a. a. O., S. 50.

lichte nationale Einigung. Eines der Hauptziele der bürgerlichen Revolutions- und Oppositionsbewegung war damit erreicht. Hinzu kam die wachsende Kraft der Arbeiterbewegung, die von Adel und Bürgertum gleichermaßen als Bedrohung empfunden wurde. Der Kampf gegen die Arbeiterklasse ließ die einstigen Widersacher zu neuen Verbündeten werden. Als bestes Abwehrmittel gegen die neuartige Bedrohung von unten erschien nun auch dem Bürgertum der bestehende Staat mit seiner Staatsform der konstitutionellen Monarchie. Die Einführung eines auf Volkssouveränität basierenden Staatssystems, wie es das liberale Bürgertum noch in der Paulskirche gefordert hatte, hätte die von unten drohende Gefahr nicht gebannt, sondern verstärkt[12]. Die fast ein Jahrhundert dauernden Auseinandersetzungen zwischen Bürgertum und Adel fanden so mit dem Deutschen Kaiserreich ihr vorläufiges Ende.

II. Die Richter des Kaiserreichs

Der nach der Reichsgründung einsetzende Stabilisierungsprozeß und die damit verbundene Entpolitisierung des Bürgertums machten sich auch in der Richterschaft bemerkbar. Die Richter vor der Reichsgründung waren liberal und politisch engagiert gewesen. Viele von ihnen konnten auf eine revolutionäre Vergangenheit zurückblicken. Im 1862 gewählten preußischen Abgeordnetenhaus sahen sich die 230 liberalen Abgeordneten nur 11 Konservativen gegenüber. Wegen seines hohen Richteranteils wurde das Abgeordnetenhaus auch „Kreisrichterparlament" genannt. Aus liberalen und staatsfernen wurden nach der Reichsgründung konservative und staatsbejahende Richter, die das damalige Gesellschaftssystem bedingungslos akzeptierten. Verstärkt wurde dieser Vorgang durch die Repressionspolitik Bismarcks gegenüber Beamten und Richtern[13]. Aber selbst die politisch gesäuberte Richterschaft wurde immer stärker gegenüber Militär und Verwaltung zurückgesetzt. Dies kam neben der schlechteren Besoldung unter anderem darin zum Ausdruck, daß Juden der Zutritt zu Beamtenschaft und Militär zwar verschlossen war, die Richterlaufbahn ihnen jedoch offenstand. Auch diese Benachteiligungen vermochten die Richter nicht in ihrer Staatsergebenheit zu erschüttern[14]. Die Gesetzesentwürfe der Regierung

---

12 *Fangmann*, a. a. O., S. 45, 51, vgl. *Grimm*, Verfassung, S. 133; *Willoweit*, Verfassungsgeschichte, S. 296; *Rosenbaum*, Naturrecht und positives Recht, S. 37 f.

13 *I. Müller*, Furchtbare Juristen, S. 16 f.; vgl. *Rosenbaum*, Naturrecht und positives Recht, S. 66.

14 *I. Müller*, a. a. O., S. 18.

passierten bis zu Bismarcks Entlassung meist ohne Änderungen das Parlament. Der Richter fand in den Gesetzen seine eigenen politischen Wertvorstellungen wieder. Zu einem Konflikt zwischen seinen eigenen Anschauungen und denen des Gesetzes kam es nicht[15].

Dies änderte sich erst nach Bismarcks Entlassung 1890, als Gesellschaft und Staat zunehmend miteinander zu verwachsen begannen. Die bürgerliche Gesellschaft verlor an Geschlossenheit und spaltete sich vermehrt in einzelne Gruppierungen auf. Die politischen Parteien als Interessenvertreter der Gruppierungen gewannen an Bedeutung. Der Staat seinerseits stand der Gesellschaft nicht mehr neutral gegenüber, sondern wirkte durch die Sozialgesetzgebung sowie den Ausbau des Steuerwesens zunehmend auf die Gesellschaft ein. Gleichzeitig wuchs der Einfluß des Parlaments auf die Gesetzgebung. Immer häufiger machte der Reichstag von seinem Initiativrecht Gebrauch und änderte die Regierungsentwürfe seinen Vorstellungen entsprechend ab[16]. In dem Maße, in dem der Gesetzesinhalt vom Parlament und damit von den Parteien und den hinter ihnen stehenden Interessenverbänden bestimmt wurde, wurde für die Richter auch die bislang unangefochtene Gesetzesbindung problematisch. Es mehrten sich in der Richterschaft die antiparlamentarischen Stimmen, die eine freiere Stellung des Richters gegenüber dem Gesetz forderten[17]. Zu einer grundsätzlichen Neubesinnung der richterlichen Stellung gegenüber dem Gesetz kam es nicht; denn ungeachtet einiger Verschiebungen im sozialen Gefüge blieb der monarchische Staat in seinen Grundfesten unberührt[18]. „Unabhängigkeit der Rechtspflege?", beschreibt der Rechtssoziologe Ernst Fraenkel den Richtertypus jener Zeit, „de iure hat sie nie jemand angezweifelt; de facto nie jemand angestrebt"[19].

III. Das richterliche Prüfungsrecht

Während die Frage nach der Zulässigkeit eines richterlichen Prüfungsrechts in den Anfangsjahren des Kaiserreichs noch lebhaft umstritten war, wurde spätestens ab 1890 – dem endgültigen Sieg des staatsrechtlichen Positivismus der

---

15 *Kübler*, AcP 162 (1963), 104 (108).
16 *Willoweit*, Verfassungsgeschichte, S. 310; *Kübler*, a. a. O., S. 108 f.
17 *Kübler*, a. a. O., S. 110 f.; *Rosenbaum*, Naturrecht und positives Recht, S. 68.
18 *Kübler*, a. a. O., S. 111.
19 *Fraenkel*, Zur Soziologie der Klassenjustiz, S. 12.

Gerber-Labandschen Schule – ein solches Prüfungsrecht fast einhellig abgelehnt. Auch diese Ablehnung war Ausdruck des nach 1871 einsetzenden Stabilisierungsprozesses. Denn die Inanspruchnahme eines richterlichen Prüfungsrechts stellt, wenn die Verfassungswidrigkeit des Gesetzes bejaht wird, immer zugleich eine Kritik am Gesetzgeber dar.

1. Verfassungsrechtliche Grundlagen und Problematik

Die Reichsverfassung von 1871 sah für Streitigkeiten über die Verfassungsmäßigkeit von Reichsgesetzen kein institutionell geordnetes Verfahren vor einem besonderen Gericht vor. Um so mehr stellte sich die Frage nach der Zulässigkeit eines allgemeinen richterlichen Prüfungsrechts. Darunter wurde die Befugnis jedes einzelnen Richters verstanden, Gesetze auf ihre Verfassungsmäßigkeit zu prüfen und gegebenenfalls nicht anzuwenden. Der damalige Begriff des richterlichen Prüfungsrechts umfaßte somit neben der Prüfungsbefugnis die heutige Verwerfungskompetenz. Die Reichsverfassung von 1871 nahm zu dieser Frage – zumindest ausdrücklich – keine Stellung.

Gemäß Art. 2 Satz 1 RV übte das Reich die Gesetzgebung „nach Maßgabe des Inhalts dieser Verfassung und mit der Wirkung aus, daß die Reichsgesetze den Landesgesetzen vorgehen". Wer über die Verfassungsmäßigkeit der Gesetze zu wachen hatte, war damit noch nicht gesagt. Dennoch bestand Einigkeit über ein richterliches Prüfungsrecht gegenüber Landesgesetzen[20]. So entsprach es der vereinheitlichenden Zielsetzung der Reichsgründung, die eine „unbedingte Unterordnung der Landesgesetzgebung unter die Reichsgesetzgebung" forderte[21]. Auch für ein richterliches Prüfungsrecht gegenüber Rechtsverordnungen enthielt die Reichsverfassung keine Regelung. Rechtsverordnungen waren jedoch gegenüber Reichsgesetzen unzweifelhaft Normen minderer Geltungskraft. Ein richterliches Prüfungsrecht gegenüber Rechtsverordnungen war daher allgemein anerkannt[22].

Der Bundesrat fungierte in begrenztem Umfang als Reichsverfassungsgericht[23]. Gemäß Art. 76 Abs. 1 RV „erledigte" er Streitigkeiten zwischen verschiedenen

---

20 RGZ 11, 183 (187 f.); 15, 27 (28 f.); 19, 176 (180 f.); 48, 70 (71 ff.); 61, 9 (12 ff.); *Huber*, Verfassungsgeschichte III, S. 1062 f.

21 RGZ 19, 176 (180).

22 RGZ 24, 1 (3); 48, 84 (87 f.); *Huber*, Verfassungsgeschichte III, S. 1062 f.

23 Hierzu *Björner*, Verfassungsgerichtsbarkeit, S. 36 ff.; *Huber*, Verfassungsgeschichte III, S. 1064 ff.

Bundesstaaten, sofern sie nicht privatrechtlicher Natur waren. Nach Art. 76 Abs. 2 RV hatte er Verfassungsstreitigkeiten innerhalb bestimmter Bundesstaaten „gütlich auszugleichen“, wenn dies nicht gelinge, im Wege der Gesetzgebung zur Erledigung zu bringen. In den Ländern sollte insbesondere die Möglichkeit der Ministeranklage für einen hinreichenden Verfassungsschutz sorgen[24].

Gemäß Art. 78 Abs. 1 RV konnte jede Vorschrift der Verfassung im Gesetzgebungsverfahren mit qualifizierter Mehrheit abgeändert werden. Eine Änderung der Verfassung in ihrem Wortlaut war nach allgemeiner Meinung nicht erforderlich. Man sprach von stillschweigenden Verfassungsänderungen[25]. Die Zulässigkeit stillschweigender Verfassungsänderungen hatte zur Folge, daß auch das materielle Prüfungsrecht letztlich ein formelles Prüfungsrecht war. Es konnte immer nur darauf ankommen, ob das Gesetz mit verfassungsändernder Mehrheit zustande gekommen war. Dennoch soll ein solches Prüfungsrecht im folgenden als materielles Prüfungsrecht bezeichnet werden.

Grundrechte enthielt die Reichsverfassung von 1871 – außer dem Indigenat, das heißt dem Inländerrecht aller Angehörigen eines deutschen Bundesstaates im ganzen Reich (Art. 3) – keine. Gleichwohl gab es auf Reichsebene eine Reihe einfachgesetzlicher Freiheitsgewährleistungen[26]. Im Strafprozeßrecht etwa fanden sich Vorschriften zum Schutz der persönlichen Freiheit, der Wohnung und des Besitzes. Das Zivilrecht sorgte im Bereich der unerlaubten Handlungen sowie der Generalklauseln – insbesondere über § 242 BGB – der Sache nach für den nötigen Grundrechtsschutz.

Wer die Zulässigkeit eines richterlichen Prüfungsrechts gegenüber Reichsgesetzen am Maßstab der Reichsverfassung bejahte, mußte stillschweigend ein Zweifaches voraussetzen: den Vorrang der Verfassung und die Trennung von gesetzgebender und rechtsprechender Gewalt. Ausreichend war und ist dies für die Bejahung eines richterlichen Prüfungsrechts nicht. Logisch lassen sich aus dem Prinzip der Gewaltenteilung bei vorausgesetzter Höherrangigkeit der Verfassung Argumente sowohl für als auch gegen das richterliche Prüfungsrecht gewinnen. Entscheidend sind die Zuordnung und Gewichtung der Gewalten untereinander – innerhalb bereits vorausgesetzter Gewaltenteilung. Von dieser Einsicht, nämlich, daß eine hinreichende Antwort auf die Frage nach der Zulässig-

---

24 *Gusy*, Richterliches Prüfungsrecht, S. 25; vgl. *Björner*, a. a. O., S. 142.
25 *Meyer/Anschütz*, Staatsrecht, S. 690.
26 *Björner*, Verfassungsgerichtsbarkeit, S. 133.

keit eines richterlichen Prüfungsrechts ohne eine wertende Deutung des Verhältnisses von Verfassung, Gesetz und Richterspruch nicht möglich sein konnte, muß auch die kritische Untersuchung der damaligen Kontroverse ausgehen[27].

2. Das richterliche Prüfungsrecht in der Praxis

Während im Frühkonstitutionalismus die Praxis zum richterlichen Prüfungsrecht durch die Ländergerichte bestimmt wurde[28], wurde nach der Reichsgründung das Reichsgericht maßgeblich für die Behandlung des richterlichen Prüfungsrechts durch die Rechtsprechung. Eindeutig bejaht wurde ein richterliches Prüfungsrecht vom Reichsgericht nur bei Landesrecht und Reichsverordnungen[29]. Mit einem richterlichen Prüfungsrecht gegenüber Reichsgesetzen befaßte sich das Reichsgericht nur in wenigen Entscheidungen und diese ergaben kein einheitliches Bild, jedenfalls dann nicht, wenn man eine Entscheidung vom 17. Februar 1883[30] mit einbezieht. In dieser Entscheidung ging es zwar nicht um die Vereinbarkeit eines Reichsgesetzes mit der Reichsverfassung, sondern um die Vereinbarkeit eines bremischen Landesgesetzes mit der bremischen Landesverfassung. Die Gründe des Urteils waren jedoch so allgemein gefaßt, daß sie auf die Prüfung der Verfassungsmäßigkeit von Reichsgesetzen übertragbar gewesen sein dürften[31]. Das Reichsgericht erklärte, das Gericht sei nicht befugt, einem Gesetz unter Berufung auf die Verfassung die rechtsverbindliche Kraft abzusprechen. Verfassungsmäßige Gewährleistungen, wie der Satz, daß die Gerichte wohlerworbene Rechte nicht verletzen dürften, bänden nur die gesetzgebende Gewalt. Ob tatsächlich eine Verfassungsverletzung vorliege, brauche daher nicht untersucht werden. „Es handelt sich hierbei nicht darum, ob ein Grundsatz der Verfassung abgeändert sei, sondern darum, ob das Gesetz ohne Änderung der Verfassung (und ohne Anwendung der dieserhalb vorgeschriebenen Formen) hätte erlassen werden dürfen. Diese Frage ist aber der Nachprüfung durch den Richter entzogen“[32]. Den Vorrang der verfassungskonformen Auslegung vor anderen Auslegungsmethoden lehnte das Reichsgericht ab[33].

---

27 Vgl. *Huber*, Verfassungsgeschichte III, S. 1060.
28 Hierzu *Gusy*, Richterliches Prüfungsrecht, S. 25 ff.
29 Siehe oben Seite 24 m. Fn. 20, 22.
30 RGZ 9, 232.
31 *Huber*, Verfassungsgeschichte III, S. 1058 f.; anders *Bettermann*, FS für Broermann, S. 494.
32 RGZ 9, 232 (235 f.).
33 RGZ 9, 232 (234).

In zwei Entscheidungen vom 26. März 1901[34] und 25. Dezember 1902[35] hieß es demgegenüber fast wörtlich übereinstimmend: Sollte die Vorschrift die Kompetenz des Reichs über die Reichsverfassung hinaus erweitern, „so fehlt es doch, da das Gesetz vom Bundesrat und Reichstage beschlossen und ordnungsgemäßig publiziert ist, für den Richter an jedem Anlaß, an dem verfassungsmäßigen Zustandekommen gemäß Art. 78 RV zu zweifeln“[36]. Fraglich ist, ob das Reichsgericht, indem es darauf abstellte, ob „Anlaß zu Zweifeln an dem verfassungsmäßigen Zustandekommen“ des Gesetzes beständen, ein über die Ausfertigung und Verkündigung hinausgehendes richterliches Prüfungsrecht bejahte. Zwar war richtig, daß ohne ein solches Recht derartige Zweifel unerheblich sein mußten[37]. Das Reichsgericht stützte seine Auffassung jedoch ausdrücklich auf Laband und dieser sah in der kaiserlichen Ausfertigung eine unwiderlegliche Vermutung für das ordnungsgemäße Zustandekommen des Gesetzes[38]. Hierzu paßte, daß das Reichsgericht jegliche Zweifel daran, das Gesetz könnte nicht verfassungsgemäß zustande gekommen sein, sofort im Keim erstickte. Es liegt daher nahe anzunehmen, das Reichsgericht sei von einer unwiderleglichen Vermutung ausgegangen. Allerdings berief sich das Reichsgericht hierfür, anders als Laband[39], nicht auf die Ausfertigung, sondern darauf, daß „das Gesetz vom Bundesrat und vom Reichstage beschlossen und ordnungsgemäß verkündet ist“. Die Ausführungen des Reichsgerichts waren insofern widersprüchlich und lassen einen eindeutigen Schluß, inwieweit ein richterliches Prüfungsrecht zulässig sein sollte, nicht zu.

3. Das richterliche Prüfungsrecht in der Staatsrechtslehre

a) Sach- und zweckbezogene Methode

Charakteristisch für die ältere konstitutionelle Staatslehre – von 1848 bis etwa 1880 – war die große Spannbreite der von ihr vertretenen Rechtsanschauungen und -theorien. Gemeinsam war ihren Vertretern die Konzentration auf vorwiegend sach- und zweckbezogene Momente, so daß sich von sach- und zweckbe-

---

34 RGZ 48, 84.
35 RGZ 77, 229
36 RGZ 48, 84 (88); 77, 229 (231).
37 In diesem Sinne *Bettermann*, FS für Broermann, S. 503.
38 *Laband*, Staatsrecht II, S. 44.
39 Insofern unzutreffend *Gusy*, Richterliches Prüfungsrecht, S. 28.

zogener Methode sprechen läßt[40]. Sachbezogen war sie, weil Ausgangspunkt ihrer Überlegungen die jeweils konkrete staatliche Ordnung war, die es zu erklären und formen galt[41], zweckbezogen, weil sie an bestimmten politischen Grundvorstellungen und Leitbildern ausgerichtet war und sich auch bei der Beurteilung und Lösung konkreter Rechtsfragen davon mehr oder minder bestimmen ließ[42]. Als Grundlage und Grenze jedweder auf Gestaltung drängender Ambitionen galt jedoch stets das konstitutionell-monarchische Staatssystem, in dem sich alle Staatsgewalt ungeteilt beim Monarchen befand. Es konnte daher immer nur um Verschiebungen des Kräfteverhältnisses innerhalb des Systems gehen.

Abhängig davon, ob in der Verfassung die legitimierende Grundlage oder lediglich die Begrenzung der außerhalb ihr liegenden Staatsgewalt gesehen wurde, variierten die Auffassungen zum richterlichen Prüfungsrecht[43]. War die Verfassung lediglich Grenze der Staatsgewalt, konnte sich der Monarch durch Mitwirkung anderer bei der Ausübung der Staatsgewalt zwar unterstützen lassen. Die Mitwirkungsrechte des Volkes bei der Gesetzgebung erhielten jedoch den Charakter von Ausnahmebestimmungen. Ihre Erweiterungsfähigkeit war ausgeschlossen. Die Frage, ob die Stände bzw. später der Reichstag bei der Entstehung des Gesetzes ordnungsgemäß mitgewirkt hatten, mußte mangels (ausdrücklicher) verfassungsrechtlicher Regelung der richterlichen Nachprüfung entzogen sein. Ein materielles Prüfungsrecht scheiterte am fehlenden Vorrang der Verfassung vor den einfachen Gesetzen. Denn beide wurden vom Monarchen erlassen und dieser stand über, nicht unter der Verfassung[44].

Betonte man hingegen die legitimierende Kraft der Verfassung als Grundlage aller Staatstätigkeit, wechselte die Perspektive. Der Monarch schwand aus dem Blick und gab ihn frei auf die Verfassung und die ihr zugedachte Bedeutung für das Zusammenwirken der im Staat zusammengefaßten sozialen Kräfte. Insbesondere um die Wende zum 19. Jahrhundert waren es Anhänger des politischen Liberalismus, die sich mit einem solchen Staats- und Verfassungsverständnis identifizierten. Viele von ihnen hatten in den politischen Auseinandersetzungen schon frühzeitig Partei für das Bürgertum ergriffen, dem ihrer Ansicht nach Ge-

---

40 Zur Bezeichnung als sach- und zweckbezogene Methode erstmals *Böckenförde*, Gesetz und gesetzgebende Gewalt, S. 126 ff; siehe *v. Oertzen*, FS für Smend, S. 188 f.

41 *Böckenförde*, a. a. O., S. 127 f.

42 *Böckenförde*, a. a. O., S. 128 f.

43 *Gusy*, Richterliches Prüfungsrecht, S. 72; vgl. *Grimm*, Verfassung, S. 132 ff.

44 *Gusy*, a. a. O., S. 30 ff.

fahr vor allem von der Exekutive drohte. Der Schutz der Gesellschaft vor dem Staat war dementsprechend ihr vornehmliches Anliegen, nicht dagegen ein sich ausschließlich auf bürgerlicher Mitwirkung gründendes Staatssystem. Mittel zur Sicherung bürgerlicher Freiheit waren die Gesetze. Durch das Zusammenwirken aller Kräfte im Staat bei der Gesetzgebung sollte ein möglichst gerechter sozialer Ausgleich gewährleistet werden. Die Verfassung regelte das Verfahren für das Zustandekommen dieses Kompromisses. Gesetze konnten daher nur dann Verbindlichkeit beanspruchen, wenn sie in formeller und materieller Hinsicht mit der Verfassung übereinstimmten, die den einfachen Gesetzen übergeordnet war. Die Gerichte waren als neutrale Instanz Wächter und Hüter des Verfassungskompromisses. Eine dabei festgestellte Verfassungswidrigkeit führte immer nur zu einer Nichtanwendung im konkreten Fall. Das entsprechende Gesetz generell für nichtig zu erklären, war den Gerichten versagt[45]. Die liberale Staatsrechtslehre, geführt von Robert von Mohl, war in der Politik und der deutschen Staatsrechtslehre am wirksamsten um die Mitte des 19. Jahrhunderts. Danach ging ihr Einfluß spürbar zurück. Das (liberale) Bürgertum begann sich schon bald nach der Reichsgründung 1871 mit dem neuen Staat zu arrangieren. Eine auf Veränderung der staatlichen Wirklichkeit drängende Oppositionshaltung, wie sie für die liberale Rechtsstaatslehre kennzeichnend war, fand nur noch wenige Anhänger. Erschwerend kam hinzu, daß sich ihre Vertreter eingestehen mußten, oftmals – wie etwa in der Paulskirche – vor ihren praktischen Aufgaben versagt zu haben[46].

Kennzeichnend für die Phase des Übergangs zum staatsrechtlichen Positivismus war neben der Haltung Otto Bährs das Werk von Rudolf von Gneist. Auch er galt als Repräsentant der liberal-rechtsstaatlichen Lehre. Ebenso wie Bähr ging Gneist nicht von einem Vorrang der Verfassung gegenüber den einfachen Gesetzen aus, was ein materielles richterliches Prüfungsrecht ausschloß[47]. Das formelle richterliches Prüfungsrecht beziehe sich insbesondere auf die Zustimmung der Kammern. Die Gerichte seien jedoch nicht befugt zu prüfen, ob die Kammern ordnungsgemäß besetzt, beschlußfähig gewesen seien oder in der vorgeschriebenen Weise abgestimmt hätten[48]. Solche interna corporis seien einer richterlichen Nachprüfung entzogen. Ihre Wahrung stehe nach englischem

---

45 *Gusy*, a. a. O., S. 42 ff.
46 *Gusy*, a. a. O., S. 53 f.; *Böckenförde*, Gesetz und gesetzgebende Gewalt, S. 214.
47 *Gusy*, a. a. O., S. 54 ff.
48 *Gneist*, 4. DJT, S. 229.

Vorbild ausschließlich den Kammern selbst zu[49]. Die zunächst bejahte Erweiterung des richterlichen Prüfungsrechts auf die Zustimmung der Kammern war damit sogleich wieder zurückgenommen[50].

b) Staatsrechtlicher Positivismus

Schon bald nach der Reichsgründung trat der (Gesetzes-)Positivismus auch im Staatsrecht seinen Siegeszug an. Anstelle von politischen und staatsphilosophischen Raisonnements habe die juristische Konstruktion zu treten. Die Rechtswissenschaft koppelte sich von den ihr verwandten Nachbarwissenschaften, wie der Staatstheorie, Philosophie, Geschichte und Soziologie, ab. Ihr Gegenstand, das Recht, wurde aus seinen sozialen und teleologischen Zusammenhängen gelöst. Was blieb und zählte, war das positiv Wahrnehmbare, das geschriebene Recht, das es zu ordnen, zu systematisieren und unter allgemeine Rechtsbegriffe zu subsumieren galt. Die Staatsrechtslehre wandelte sich zu einer reinen Normwissenschaft. Sie übertrug die im Zivilrecht bereits seit längerem erfolgreich angewandte, den Naturwissenschaften entlehnte Methode der exakten Begriffsbildung, soweit sie paßte, auf das Staatsrecht. Auch im Staatsrecht begann die Zeit der antithetischen Begriffsbildung. Staatsrechtliche Grundfragen sollten so wertneutral und gleichzeitig juristisch eindeutig beantwort werden. Nach übergesetzlichen Legitimationsprinzipien für den Staat und sein Recht anhand historisch-philosophischer Wertungsmodelle wurde nicht mehr gefragt. Recht und Gesetz waren identisch[51]. Die bewußt entpolitisierte Theorie des staatsrechtlichen Positivismus war freilich nur vermeintlich wertneutral. Primäres Ziel war die Sicherung der bestehenden Staatsordnung des monarchisch konstitutionellen Systems[52].

---

49 *Gneist*, a. a. O., S. 232.

50 Vgl. *Laband*, Staatsrecht II, S. 47.

51 *Böckenförde*, Gesetz und gesetzgebende Gewalt, S. 210 ff.; *Wilhelm*, Zur juristischen Methodenlehre im 19. Jahrhundert, S. 155 f., 159.

52 *Heffter*, Die deutsche Selbstverwaltung im 19. Jahrhundert, S. 737; *v. Oertzen*, Die soziale Funktion des staatsrechtlichen Positivismus, S. 321 f.; *Wilhelm*, Zur juristischen Methodenlehre im 19. Jahrhundert, S. 155 f.; *Rosenbaum*, Naturrecht und positives Recht, S. 56 f.

Eingeleitet wurde die Epoche des staatsrechtlichen Positivismus durch die Lehren von Carl Friedrich von Gerber[53]. Zu einem vollständigen Bruch mit der herkömmlichen sach- und zweckbezogenen Methode kam es allerdings erst bei Paul Laband, der in den achtziger Jahren zum richtungsweisenden Staatsrechtler des Kaiserreichs aufstieg[54].

Grundlegend für Labands Haltung zum richterlichen Prüfungsrecht war die Spaltung des Gesetzesbegriffs in einen formellen und einen materiellen Teil. Unter einem Gesetz im materiellen Sinn verstand er die „rechtsverbindliche Anordnung eines Rechtssatzes"[55]. Die Anordnung sei die Sanktion, die Erteilung des Gesetzesbefehls. Die Sanktion, die nach Laband nicht dem Monarchen, sondern dem Bundesrat zustand, wurde hierdurch zum „Kern des gesamten Gesetzgebungsverfahrens"[56]. Die Feststellung des Gesetzesinhalts, an dem das Parlament mitzuwirken berechtigt war, wurde zur Nebensache herabgestuft. Die Theorie der Sanktion war damit der Hebel, die in Art. 5 Abs. 1 RV normierte Gleichberechtigung von Reichstag und Bundesrat bei der Gesetzgebung aufzuheben[57]. Die Reichsverfassung selbst enthielt an keiner Stelle den Begriff Sanktion.

Dem materiellen Gesetz stellte Laband das Gesetz im nur formellen Sinn gegenüber. Formelle Gesetze seien alle Akte staatlicher Willensäußerungen, zu welchen die Zustimmung der Volksvertretung erforderlich sei, auch wenn sie keine Anordnung von Rechtssätzen enthielten[58]. Wäre Laband hierbei stehen geblieben, hätten seine Ausführungen lediglich dem Bemühen gegolten, die verfassungsrechtliche Tatsache, daß Staatsakte von der Verfassung zu Gesetzen erhoben wurden, obwohl sie nach herkömmlichem Verständnis keine waren, juristisch zu erklären und einzuordnen. Das materielle Gesetz als die Regel und das formelle Gesetz als die erklärenswerte Ausnahme standen bei Laband jedoch nicht mehr nebeneinander wie zwei sich überschneidende Kreise. Das

---

53 Hierzu *v. Oertzen*, FS für Smend, passim, insbes. S. 194 ff.; *Böckenförde*, Gesetz und gesetzgebende Gewalt, S. 158 ff.; *Wilhelm*, a. a. O., S. 129. ff., *Gusy*, Richterliches Prüfungsrecht, S. 62 ff.

54 *Wilhelm*, a. a. O., S. 159 mit Fn. 12; *Stolleis*, Geschichte des öffentlichen Rechts II, S. 341 ff.

55 *Laband*, Staatsrecht II, S. 2.

56 *Laband*, a. a. O., S. 29 ff.

57 *Pieroth*, Der Staat 16 (1977), 557 (565); *Böckenförde*, Gesetz und gesetzgebende Gewalt, S. 228.

58 *Laband*, Staatsrecht II, S. 62.

formelle Gesetz wurde zum Gesetz schlechthin erhoben. Das materielle Gesetz erschien nur noch als ein möglicher Inhalt des formellen Gesetzes[59].

Die inhaltliche Entleerung des Gesetzesbegriffs schloß materielle Bindungen des Gesetzgebers[60] und damit ein materielles Prüfungsrecht des Richters aus. Die erschwerte Abänderbarkeit der Verfassung sah Laband allein in ihrer erhöhten „formellen Gesetzeskraft" begründet[61]. Daß diese ursprünglich, wie Gerber noch bewußt gewesen war, in ihrer inhaltlichen Wichtigkeit begründet war, war in Vergessenheit geraten[62]. Für die Frage des formellen richterlichen Prüfungsrechts maß Laband der vom Kaiser gemäß Art. 17 RV vorzunehmenden Ausfertigung entscheidende Bedeutung zu. Die Ausfertigung der Gesetze enthalte die kaiserliche Versicherung, daß das Gesetz die Zustimmung des Reichstages und Bundesrates erhalten habe, also den Anforderungen der Reichsverfassung gemäß zustande gekommen sei. Sie setze eine Prüfung des Weges, den das Gesetzgebungswerk zurückgelegt habe, voraus[63]. Die Ausfertigung begründe daher die unanfechtbare und rechtswirksame Feststellung, daß das Gesetz verfassungsgemäß zustande gekommen sei[64]. Nicht jeder einzelne Richter oder Verwaltungsbeamte, sondern nur der Kaiser sei daher zum Wächter und Hüter der Verfassung berufen. Das ergebe sich schon daraus, daß die Gesetzesausfertigung einen selbstständigen Inhalt haben müsse[65], und dieser konnte für Laband nicht in der Sanktion liegen, denn hierfür war der Bundesrat und nicht der Kaiser zuständig.

Nach Laband waren es vor allem Georg Jellinek und Gerhard Anschütz, die die Idee einer juristisch formalen Staatsrechtswissenschaft weiter ausformten und verfestigten. Mit ähnlicher Begründung wie Laband lehnten sie ein materielles Prüfungsrecht des Richters ab; Anschütz übernahm zudem die Ausfertigungslehre Labands[66].

---

59 *Böckenförde*, Gesetz und gesetzgebende Gewalt, S. 229 f.
60 *Laband*, Staatsrecht II, S. 106.
61 *Laband*, a. a. O., S. 72.
62 *Grimm*, Verfassung, S. 134.
63 *Laband*, Staatsrecht II, S. 42.
64 *Laband*, a. a. O., S. 46.
65 *Laband*, a. a. O., S. 49 f.
66 *Gusy*, Richterliches Prüfungsrecht, S. 68 ff.; *Huber*, Verfassungsgeschichte III, S.1059.

IV. Die zivilrechtliche Methodenlehre

Die zivilrechtliche Methodenlehre blieb, anders als die Staatsrechtslehre, durch den nach der Reichsgründung einsetzenden Stabilisierungsprozeß weitgehend unbeeinflußt. Die nun auch im Staatsrecht zur Anerkennung gelangte begriffsjuristische Form des Denkens war im Zivilrecht bereits seit langem herrschend. Eng mit dem begriffsjuristischen Denken verbunden war im Zivilrecht die Vorstellung einer lückenlosen Rechtsordnung. Hierbei handelte es sich vor allem um eine justizpolitische Forderung[67]. Die Aufklärung hatte den Richter mit aller Macht an seine Gesetzesbindung erinnert. Das Gesetz, nicht der Richter solle herrschen[68]. Eine unbedingte richterliche Gesetzesbindung war nur möglich, wenn das Gesetz jeden nur erdenklichen Fall regelte; es mußte lückenlos und widerspruchsfrei sein.

An dieser Vorstellung änderte sich auch nichts, als 1885/86 die objektive Auslegungslehre aufkam. Bis dahin galt als Ziel der Auslegung die Erforschung des gesetzgeberischen Willens, woran jedoch teilweise nur noch der Form nach festgehalten wurde[69]. Die Begründer der objektiven Theorie – Wach, Kohler und Binding[70] – forderten daher, offen zu bekennen, Ziel der Auslegung sei der Wille des Gesetzes. Das Gesetz trete dem Ausleger als „objektive Macht“[71], als „geistiger Organismus“[72] gegenüber, „oft klüger, oft weniger klug als sein Schöpfer, oft reich, oft ärmer als dessen Gedanken“[73]. Man müsse es so auslegen, wie es seinem erkennbaren Zweck und den Forderungen der Gerechtigkeit am meisten entspreche[74].

Gänzlich Neues brachte die objektive Theorie nicht. Eine den Wortlaut des Gesetzes überschreitende Interpretation sollte zwar nunmehr ohne strikte Bindung an den gesetzgeberischen Willen zulässig sein. Insofern eröffnete sie dem Gesetzesanwender verstärkt die Möglichkeit, eigene Wertungen einfließen zu las-

---

67 *Ogorek*, Richterkönig oder Subsumtionsautomat? S. 369.

68 *Hattenhauer*, Wandlungen des Richterleitbildes, S. 10; vgl. *Schröder*, Gesetzesauslegung und Gesetzesumgehung, S. 77 f.

69 *Schröder*, a. a. O., S. 33.

70 *Wach*, Handbuch des deutschen Zivilprozeßrechts I, S. 254 ff.; *Kohler*, GrünhutsZtschr 13 (1886), 1 ff.; *Binding*, Handbuch des Strafrechts I, S. 450 ff.

71 *Binding*, a. a. O., S. 455.

72 *Kohler*, a. a. O., S. 2.

73 *Binding*, a. a. O., S. 454.

74 *Wach*, a. a. O., S. 257 f.

sen[75] – einen Vorteil, den man ein halbes Jahrhundert später, im Zusammenhang mit der „völkischen Rechtserneuerung" durchaus zu nutzen verstand. Aber auch die subjektive Theorie hatte den Ausleger nicht sklavisch an den gesetzgeberischen Willen gebunden. Vor allem änderte sich nichts an der grundsätzlichen Vorstellung, das Gesetz sei etwas Vorgegebenes, dessen Inhalt es zu erforschen gelte[76]. Zwar wurde gefordert, bei der Erforschung des gesetzgeberischen Zwecks die Lebenswirklichkeit miteinzubeziehen[77]. Auch wurde gesehen, daß das Gesetz notwendigerweise lückenhaft und richterliche Tätigkeit daher nicht nur reproduktiv, sondern auch schöpferisch ist[78]. Es bestand indes keine Besorgnis, der Richter könne unter Berufung auf Zweckmäßigkeitserwägungen oder Gesetzeslücken willkürlich entscheiden. Denn gleichzeitig hielt man an der objektiven Vernünftigkeit des Gesetzes und seiner Zwecke fest[79]. Man lebte noch weitgehend in Einklang mit den herrschenden Anschauungen, war noch grundsätzlich verankert in der Vorstellung, Recht und Gesetz seien identisch[80]. Grundlegende Zweifel an der Art und Weise richterlicher Rechtsfindung hatten noch nicht aufkommen können.

Aber das Bild des Deduktionsmodells, wonach jede Entscheidung dem Gesetz zu entnehmen war, begann zu bröckeln. Was Kohler zunächst noch zaghaft formuliert hatte, sprach er kurz darauf klarer und selbstbewußter aus[81]. Fast zeitgleich hielt Oskar von Bülow seine berühmte Rede über „Gesetz und Richteramt". Richterliche Rechtsfindung sei, wie er darlegte, immer auch Dezision[82]; dem Richter komme daher „ein selbständiger Antheil an dem Rechtsordnungs- und Rechtsschöpfungsberufe der Staatsgewalt" zu[83]. Die Reihe ähnlicher Äußerungen riß in der Folgezeit nicht ab[84]. Kurz nach der Jahrhundertwende stand die Frage nach der rechtsschöpfenden Tätigkeit des Richters schließlich im Mittelpunkt der rechtswissenschaftlichen Diskussion. Habe bis dahin das Lückenlosigkeitsdogma – erklärte Radbruch und sprach für viele – dazu ge-

---

75 *Larenz*, Methodenlehre, S. 35; *Schröder*, Gesetzesauslegung und Gesetzesumgehung, S. 36.

76 *Larenz*, a. a. O., S. 32, 35.

77 *Kohler*, a. a. O., S. 35.

78 *Kohler*, a. a. O., S. 19, 50 f.

79 *Kohler*, a. a. O., S. 1 f.; *Binding*, a. a. O., S. 13; vgl. *Larenz*, a. a. O., S. 32, 35.

80 Vgl. *Wieacker*, Privatrechtsgeschichte, S. 558.

81 *Kohler*, JherJb 25 (1887), 262 (267, 273).

82 *Bülow*, Gesetz und Richteramt, passim, insbes. S. 26 ff.

83 *Bülow*, a. a. O., S. 13.

84 Siehe die Nachweise bei *Radbruch*, ArchSozW 22 (1906), 355 (369).

dient, Gewaltenteilungslehre und Rechtsverweigerungsverbot miteinander in Einklang zu bringen, sei es nun an der Zeit, sich aufrichtig zur richterlichen Rechtsschöpfung zu bekennen[85]. Um das Lückenproblem kreiste insbesondere die Freirechtsbewegung, aber auch die Interessenjurisprudenz, ohne daß aus dieser gemeinsamen Gegnerschaft ein harmonisches Miteinander erwachsen wäre. Dabei reihten sich beide – Interessenjurisprudenz und Freirechtsbewegung – ein in eine größere, nicht auf die Rechtswissenschaft beschränkte Bewegung. Hatte lange Zeit die Sachlichkeit der Naturwissenschaften das geistige Klima der Zeit beherrscht, traten um die Wende zum 20. Jahrhundert andere, irrationale Momente hinzu. In fast allen Lebensbereichen rief der Drang nach Ursprünglichkeit, Aufrichtigkeit und Freiheit eine Art Aufbruchstimmung hervor. Auch die Rechtswissenschaft stimmte mit ein in diesen Ruf nach Freiheit und Kreativität[86].

Die Vertreter der Freirechtsbewegung riefen nahezu emphatisch, teils mit religiösem Anklang[87], dazu auf, die Jurisprudenz aus den Fesseln der Begriffsklauberei zu befreien. Dem herrschenden Dogma von der begrifflich-systematischen Geschlossenheit der Rechtsordnung setzten sie die Erkenntnis entgegen, daß Gesetze Lücken aufwiesen. Der Richter sei gar nicht in der Lage, jede Entscheidung aus dem Gesetz abzuleiten. In den meisten Fällen müsse er selbst schöpferisch tätig werden und sich von seinem Willen zur gerechten Entscheidung leiten lassen[88]. Da die Möglichkeit der Gesetzesauslegung fast gänzlich verneint wurde[89], war der Bereich der Lücken und damit der freien Rechtsfindung groß. Eine Lücke lag immer schon dann vor, wenn das Gesetz keine eindeutige Regelung enthielt. Dabei konnten die Freirechtler, abgesehen von dem

---

85 *Radbruch*, a. a. O., S. 355 ff., insbes. S. 359, 362.

86 *Lombardi Vallauri*, Geschichte des Freirechts, S. 147 ff., insbes. S. 148 f. mit Fn. 494; S. 37 ff; ähnlich *Behrends*, Von der Freirechtsbewegung zum konkreten Ordnungs- und Gestaltungsdenken, S. 52 f.

87 Dazu *Lombardi Vallauri* , a. a. O., S. 141 f.; *Behrends*, a. a. O., S. 44 f.

88 *Kantorowicz*, Der Kampf um die Rechtswissenschaft, S. 15 ff., *Ehrlich*, Freie Rechtsfindung, S. 6, 17, 25 f., 28 f., 32; *Fuchs*, Recht und Wahrheit, S. 13, 61 ff., in: Gerechtigkeitswissenschaft, S. 71, 86 f.; vgl. *ders.*, Schreibjustiz und Richterkönigtum, S. 109, in: Gesammelte Schriften I, S. 135, *ders.*, Gemeinschädlichkeit, S. 16, in: Gesammelte Schriften I, S. 160.

89 *Ehrlich*, Freie Rechtsfindung, S. 20 f.; *Kantorowicz*, a.a. O., S. 23 ff.; *Fuchs*, Recht und Wahrheit, S. 11 f., 16, in: Gerechtigkeitswissenschaft, S. 70, 73; vgl. *ders.*: Gemeinschädlichkeit, S. 160, in: Gesammelte Schriften I, S. 304.

etwas schwammigen Verweis auf Rechtssoziologie[90] und Rechtsgefühl[91], keine klaren Maßstäbe aufzeigen, wie die Lücken gefüllt werden sollten, zumal sie auch die Analogie abgelehnten[92]. Dies und der zu weite Lückenbegriff dürften der wesentliche Grund dafür gewesen sein, daß sich die Freirechtslehre, insbesondere gegen die Interessenjurisprudenz, nicht durchzusetzen vermochte und nach 1933 als Lehre gänzlich zu existieren aufhörte[93].

Auch die Interessenjurisprudenz mit Philipp Heck als ihrem Hauptvertreter wandte sich gegen die bis dahin herrschende begriffsjuristische Vorstellung, die Rechtsordnung sei ein lückenloses System hierarchisch geordneter Begriffe. Nicht aus abstrakten Begriffen ließen sich konkrete Rechtssätze gewinnen. In den Gesetzen sah Heck vielmehr "die Resultanten der in jeder Rechtsgemeinschaft einander gegenübertretenden und um Anerkennung ringenden Interessen materieller, nationaler, religiöser und ethischer Richtungen"[94]. Jeder Rechtssatz enthalte ein Werturteil über die ihm zugrunde liegenden Interessen. Gesetzesauslegung verstand Heck unter scharfer Ablehnung aller objektiven Theorien[95] als „historische Interessenforschung"[96]. Aufgabe des Richters sei es, die im Gesetz enthaltenen Werturteile im Hinblick auf den zu beurteilenden Fall denkend nachzuvollziehen. Nur wenn solche völlig fehlten, sei er zur richterlichen „Eigenbewertung" berufen[97]. Der Richter werde dadurch zum „Gehilfen des Gesetzgebers". Er sei an dessen Werturteile gebunden, werde aber im Lückengebiet „als Gesetzgeber tätig"[98].

Der Interessenjurisprudenz war es gelungen, das allseits als veraltet empfundene begriffsjuristische Denken zu überwinden und gleichzeitig – und darin unterschied sie sich von der Freirechtslehre – etwas Neues, nämlich relativ präzise methodische Regeln der richterlichen Rechtsfindung, an die freigewordene Stelle zu setzen. Zwar stieß auch sie gegenüber echten „Gebotslücken" der gesetzli-

---

90 *Ehrlich*, Freie Rechtsfindung, S: 32, 34; *Fuchs*, Recht und Wahrheit, S. 18, 64, in: Gerechtigkeitswissenschaft, S. 73 f., 87; *ders.* Gemeinschädlichkeit, S. 3, 22, in: Gesammelte Schriften I, S. 147, 166.

91 *Kantorowicz*, Der Kampf um die Rechtwissenschaft, S. 15, 39; *Ehrlich*, Freie Rechtsfindung, S. 32; *Fuchs*, Recht und Wahrheit, S. 14, in: Gerechtigkeitswissenschaft, S. 71 f.

92 Siehe die Nachweise in Fn. 89.

93 Vgl. *Riebschläger*, Die Freirechtsbewegung, S. 97 ff., 74 f.

94 *Heck*, AcP 112 (1914), 1 (17).

95 *Heck*, a. a. O., S. 67 ff.

96 *Heck*, a. a. O., S. 59 ff.

97 *Heck*, a. a. O., S. 159 f.

98 *Heck*, a. a. O., S. 228.

chen Ordnung an ihre Grenzen. In all denjenigen Fällen nämlich, in denen das Gesetz eine Wertung überhaupt nicht vollzogen hatte, konnte auch sie dem Richter keine inhaltliche Weisung an die Hand geben[99]. Gesetzeslücken waren für die Interessenjurisprudenz jedoch die Ausnahme, für die Freirechtslehre dagegen die Regel. Während die Freirechtslehre dadurch den normativen Charakter des Rechts über weite Strecken preisgab, begegnete die Interessenjurisprudenz dieser rechtsstaatlichen Gefahr durch eine relativ strenge Bindung des Richters an die Interessen des Gesetzgebers und damit an das Gesetz[100]. In der Weimarer Republik wurde die Interessenjurisprudenz im Privatrecht zur herrschenden methodenrechtlichen Strömung. Die Praxis der richterlichen Rechtsfindung blieb durch die Freirechtsbewegung und die Interessenjurisprudenz zunächst unbeeinflußt.

---

99 *Wieacker*, Privatrechtsgeschichte, S. 578.

100 Vgl. *Wieacker*, a. a. O., S. 576 f.; *Larenz*, Methodenlehre, S. 33.

B. Gesetz und Richter in der Weimarer Republik

I. Verfassungsrechtliche Grundlagen der Weimarer Republik

Mit dem Erlaß der Weimarer Reichsverfassung vom 19. August 1919 (WRV)[101] wurde die Staatsform der konstitutionellen Monarchie Geschichte. Es entstand die erste parlamentarisch demokratische Republik auf deutschem Boden. Der erste Hauptteil der Verfassung (Art. 1 bis Art. 108 WRV) regelte „Aufbau und Aufgaben des Reiches", der zweite Hauptteil (Art. 109 ff.) behandelte die „Grundrechte und Grundpflichten der Deutschen". Die Einführung der Volkssouveränität, die gegenüber dem Konstitutionalismus wesentlichste Neuerung, war in Art. 1 Abs. 2 WRV den übrigen Verfassungsvorschriften vorangestellt. Das Prinzip der Gewaltenteilung hatte keine ausdrückliche Regelung erfahren. Es ergab sich aus einer Zusammenschau der einzelnen Verfassungsbestimmungen, die zugleich vielfältige Gewaltenverschränkungen vorsahen.

Für das Gesetzgebungsverfahren wurde das bisherige Zweikammersystem durch ein Einkammersystem ersetzt. Die Reichsgesetze wurden gemäß Art. 68 Abs. 2 WRV vom Reichstag beschlossen. Dem Reichsrat stand nach Art. 74 WRV ein Einspruchsrecht zu. Verfassungsänderungen waren nach Art. 76 Satz 1 „im Wege der Gesetzgebung" zulässig. Gemäß Art. 76 Satz 2 WRV mußten Zweidrittel der gesetzlichen Mitglieder anwesend sein und davon mindestens Zweidrittel der Verfassungsänderung zustimmen. Bei Beteiligung des Reichsrats bedurfte es gemäß Art. 76 Satz 3 WRV ebenfalls einer Mehrheit von Zweidrittel der abgegebenen Stimmen. Stillschweigende Verfassungsänderungen wurden weiterhin[102] grundsätzlich für zulässig erachtet[103].

Das Verhältnis von Verfassung und einfachem Gesetz war nur teilweise geregelt. Gemäß Art. 178 Abs. 2 WRV ging die Reichsverfassung vorkonstitutionellen Gesetzen und Verordnungen vor. Für nachkonstitutionelle Gesetze sah die Verfassung keine entsprechende Regelung vor. Der Vorrang der Reichs- vor der Landesgesetzgebung war – anknüpfend an Art. 2 RV – in Art. 13 WRV geregelt. Er war Voraussetzung und Folge der Hoheit des Reichs über die Länder[104].

---

101 RGBl. I S. 1383.

102 Siehe oben Seite 25.

103 *Anschütz*, WRV, Art. 76 Anm. 2, dort auch Nachweise zum umstrittenen Begriff der Verfassungsdurchbrechung und der zunehmend in Frage gestellten Zulässigkeit derartiger Verfassungsdurchbrechungen; *Giese*, WRV, Art. 76 Anm. 1; vgl. *Poetzsch-Heffter*, WRV, Art. 76 Anm. 2.

104 *Anschütz*, WRV, Art. 13 Anm. 2.

Eine Norm, wonach Verordnungen nur aufgrund gesetzlicher Ermächtigung ergehen durften, fehlte. Gleichwohl bestand Einigkeit über das Erfordernis einer gesetzlichen Ermächtigung[105].

Der richterlichen Unabhängigkeit war erstmals Verfassungsrang zuerkannt worden. Dem heutigen Art. 97 GG wortgleich hieß es in Art. 102 WRV „Die Richter sind unabhängig und nur dem Gesetz unterworfen". Art. 102 WRV wurde sowohl als Argument für als auch gegen ein richterliches Prüfungsrecht herangezogen. Umstritten war, ob unter „Gesetz" im Sinne von Art. 102 WRV auch die Verfassung zu verstehen war und was bei einem Widerspruch zwischen Verfassung und Gesetz geschehen sollte.

Gewisse, meist verfassungsrechtliche Streitigkeiten waren dem Staatsgerichtshof für das Deutsche Reich zugewiesen. Er übernahm damit im wesentlichen Aufgaben, die nach der Reichsverfassung von 1871 dem Bundesrat zugewiesen gewesen waren. Gemäß Art. 19 WRV sollte der Staatsgerichtshof, sofern nicht ein anderer Gerichtshof des Reichs zuständig war, über drei Arten von Verfassungsstreitigkeiten entscheiden: Verfassungsstreitigkeiten innerhalb eines Landes, falls in dem Land kein Gericht zu ihrer Erledigung bestand, Streitigkeiten nichtprivatrechtlicher Art zwischen verschiedenen Ländern sowie zwischen dem Reich und einem Land. Einige der an sich von der Generalklausel des Art. 19 Abs. 1 WRV erfaßten Streitigkeiten waren dem Staatsgerichtshof ausdrücklich zugewiesen. Hierzu zählten Meinungsverschiedenheiten im Zusammenhang mit der Ausübung der Reichsaufsicht (Art. 15 Abs. 3 Satz 2 WRV) und Streitigkeiten, soweit es um die Neugliederung der Länder ging (Art. 18 Abs. 7). Gemäß Art. 59 WRV war der Staatsgerichtshof für Anklagen gegen den Reichspräsidenten, den Reichskanzler und die Reichsminister zuständig.

Art. 13 Abs. 2 WRV sah für die Vereinbarkeit von Landes- mit Reichsrecht ein Normenkontrollverfahren vor einem obersten Gericht des Reichs vor. Näheres sollte ein Reichsgesetz bestimmen. Mit Gesetz vom 8. 4. 1920[106] wurden Streitigkeiten im Sinne von Art. 13 Abs. 2 WRV dem Reichsgericht zugewiesen. Für Streitigkeiten über die Vereinbarkeit von Reichsgesetzen mit der Reichsverfassung sah die Weimarer Reichsverfassung kein Normenkontrollverfahren vor.

Der zweite Hauptteil der Weimarer Reichsverfassung enthielt neben Vorschriften über die Grundlagen des Gemeinschaftslebens, Religion und Religionsge-

---

105 *Stier-Somlo*, Reichs- und Landesstaatsrecht I, S. 336; *Poetzsch-Heffter*, WRV, Art. 77 Anm. 1.

106 RGBl. I S. 510.

sellschaften, Bildung und Schule und das Wirtschaftsleben, eine Verbürgung verschiedener Freiheits- und Gleichheitsrechte. Die Grundrechte standen unter einem umfassenden Gesetzesvorbehalt und enthielten dadurch nur geringe inhaltliche Vorgaben an den Gesetzgeber. Die bürgerlichen Freiheiten sollten wie im Konstitutionalismus durch Mitwirkung bei der Gesetzgebung gesichert werden[107].

Der mit der Weimarer Reichsverfassung vollzogene verfassungsrechtliche Wandel war fundamental. Die Stellung von Exekutive und Legislative im Staatsgefüge wurde grundlegend neu definiert. Alle Staatsgewalt hatte sich bislang in der Hand des Monarchen befunden. Der Legislative waren lediglich gewisse Kontroll- und Mitwirkungsrechte zugewiesen gewesen. Mit dem Übergang aller Staatsgewalt auf das Volk verschwand der bisherige Gegensatz zwischen Exekutive und Legislative. Auch die Exekutive war nunmehr unmittelbar oder mittelbar demokratisch legitimiert. Die Rolle der Judikative hatte in der Verfassung keine ausdrückliche Neubestimmung erfahren. Auch sie mußte sich jedoch im Verhältnis zu Legislative und Exekutive neu positionieren.

II. Die Richter der Weimarer Republik

Für die monarchisch eingestellten Richter brach mit dem Untergang des Kaiserreichs eine Welt zusammen. Die Regierung garantierte ihnen Unabhängigkeit und Unabsetzbarkeit. Der Eid auf den Kaiser wurde durch den Eid auf die Republik ersetzt. Richtern, die es mit ihrem Gewissen nicht vereinbaren konnten, der Republik statt dem Kaiser zu dienen, wurde die Versetzung in den Ruhestand angeboten – bei voller Wahrung aller materiellen Ansprüche. Nicht einmal 0,15 % der Richter nahmen diese Möglichkeit in Anspruch. Die alte, monarchisch gesinnte Richterschaft trat damit geschlossen in den neuen Staat ein[108].

Die Richter standen der Weimarer Republik von Anfang an skeptisch bis offen ablehnend gegenüber[109]. Nicht alle äußerten sich freilich so eindeutig wie Leeb, der Vorsitzende des Deutschen Richterbundes: „Lügenrecht. Neuer Geist erfüllt die Welt. Der neue Geist ist Lügengeist. Staatskunst ist Lügenkunst. ... Jede

---

107 *Gusy*, Richterliches Prüfungsrecht, S. 79.

108 *I. Müller*, Furchtbare Juristen, S. 19 f.; *Rosenbaum*, Naturrecht und positives Recht, S. 66 m. Fn. 4.

109 Hierzu *Kübler*, AcP 162 (1963), 104 (112 ff.).

Majestät ist gefallen. Auch die Majestät des Gesetzes“[110]. Der Richter wollte und konnte den neuen Geist nicht annehmen. „Der Richter ist von Natur mehr als sonstige Beamte konservativ“, erklärte der Präsident des Reichsgerichts Walter Simons nicht ohne Stolz. Gleichwohl dürfe der Richter nichts tun, auch wenn er innerlich monarchisch denke, was gegen die Republik sei[111]. Der Richter zog sich in die Sphäre der unpolitischen Neutralität zurück[112]. In welcher Form der Staat regiert werde, interessiere nicht, erklärte der Gesamtvorstand des Deutschen Richterbundes. Der Richter urteile allein nach Recht und Gerechtigkeit[113].

III. Die Rechtsprechung

Die Impulse für eine Neubestimmung des richterlichen Selbstverständnisses gingen allerdings weniger von den politischen als den sozialen Umwälzungen der damaligen Zeit aus. Es war die Rechtsprechung des Reichsgerichts zu den Folgen der Inflation, die entscheidend dazu beitrug, dem Richter eine freiere Stellung gegenüber dem Gesetz zu verschaffen.

1. Die Inflation

Der erste Weltkrieg zog große wirtschaftliche und soziale Umwälzungen nach sich. Viele Rohstoffe konnten nicht mehr oder nur unter erschwerten Bedingungen geliefert werden. Die Beschaffung von Arbeitskräften bereitete Schwierigkeiten. Der entstehende Nachfrageüberschuß führte zu einer Verteuerung von Waren und Leistungen, wodurch der Wert der Mark sank. Vorangetrieben wurde die Geldentwertung aber vor allem durch die ständige Ausweitung der Geldmenge. Die enorme Staatsverschuldung, ausgelöst durch die Kriegskosten und Reparationslasten, ließ die Regierung immer häufiger zur Notenpresse greifen. Anfang 1920 betrug der Wert der Mark nur noch ein Zehntel ihres Vorkriegswertes. Im Sommer 1922 mußten für eine Goldmark bereits 100, ein halbes Jahr später 2.500 Papiermark gezahlt werden. Zunächst führte die Inflation zu wirtschaftlichem Wachstum. Mit der Geldmenge stieg die Nachfrage. Gleichzeitig versuchte jeder, sein Geld möglichst schnell in sichere, inflations-

---

110 *Leeb*, DRiZ 13 (1921), 129 (130 f.).
111 *Simons*, DJZ 31 (1926), 1663 (1667 f.).
112 *Kübler*, a. a. O., S. 116.
113 Gesamtvorstand des DRB, DRiZ 15 (1923), 1.

feste Sachwerte umzusetzen. Die Investitionsrate stieg, die Arbeitslosenquote sank[114].

Dies änderte sich erst 1923. Die Reichsregierung hatte sich nach der französisch-belgischen Besetzung des Ruhrgebietes zum passiven Widerstand entschlossen. Der Produktionsstillstand verstärkte die Rohstoffverknappung. Die Steuererträge aus den besetzten Gebieten fielen weg. Die arbeitslos gewordene Bevölkerung des Ruhrgebietes mußte mit Geldzahlungen und Sachleistungen in Milliardenhöhe unterstützt werden. Finanziert wurde der Ruhrkampf durch den Druck neuen Geldes; die Geldentwertung nahm zu; die Menge des in Umlauf befindlichen Geldes mußte schon deswegen ständig erhöht werden. Schließlich brach die ohnehin zerrüttete deutsche Währung endgültig zusammen. Der Wert der Mark fiel ins Bodenlose[115]. In den letzten Wochen der Inflation konnten die Ausgaben des Reichs nur noch zu 0,4 % aus regulären Einnahmen gedeckt werden, 99,6 % wurden durch den Griff zur Notenpresse finanziert[116]. Am 20. November 1923 waren Forderungen von Anfang Oktober nur noch 1/10.000, von Mitte August 1923 nur noch 1/1.000.000 und von Mitte Juli 1923 nur noch 1/10.000.000 wert[117]. Der Umtausch von Waren zu Geld bedeutete nun zwangsläufig ein Verlustgeschäft. Die Produktion ging zurück, die Arbeitslosigkeit nahm zu. Ihren Tiefstand erreichte die Mark am 21. November 1923. Sie fiel auf den billionsten Teil der Goldmark[118].

Das Sinken der Kaufkraft der Mark hätte die Gläubiger von Markforderungen nicht berührt, wenn sie die Papiermark nur zu ihrem wirklichen, inneren Wert hätten annehmen müssen. Schwierigkeiten hätte allenfalls die Ermittlung des richtigen Wertes bereitet. Es galt jedoch der Grundsatz „Mark gleich Mark", wonach Goldmarkschulden in Papiermark beglichen werden konnten. Ausdrücklich war der Grundsatz nicht geregelt. An der Rechtslage aber bestand kein Zweifel. Nach § 2 des Bankgesetzes vom 14. März 1875[119] i. d. F. vom 1. Juni 1909[120] waren die Noten der Reichsbank gesetzliches Zahlungsmittel. Die Reichsbank war gemäß § 14 verpflichtet, „Barrengold zum festen Satze von

---

114 *Eckert*, Privatrecht und Staatsbankrott, S. 87 f.

115 *Kolb*, Die Weimarer Republik, S. 52; *Erdmann*, Handbuch der Deutschen Geschichte, Bd. 19, S. 167.

116 *Abramowski*, in: Akten der Reichskanzlei, S. XXIII.

117 *Eckert*, Privatrecht und Staatsbankrott, S. 88; vgl. die Tabellen zur Geldentwertung bei *Mügel*, Das gesamte Aufwertungsrecht, S. 96 ff.

118 *Eckert*, Privatrecht und Staatsbankrott, S. 88.

119 RGBl. S. 177.

120 RGBl. S. 515.

1932 Mark für das Pfund fein gegen ihre Noten umzutauschen". § 2 des Gesetzes vom 4. August 1914[121] beseitigte den Einlösezwang von Papiermark gegen Gold. Eine Verordnung erklärte alle vor dem 1. Juli 1914 vereinbarten Klauseln, nach denen die Zahlung in Gold erfolgen sollte, bis auf weiteres für nicht verbindlich[122]. Jede Geldschuld konnte nun nach dem Grundsatz „Mark gleich Mark" durch Zahlung des Nennwertbetrages in Papiermark getilgt werden[123].

Wie jede Inflation führte auch diese zu einer Umverteilung des Vermögens. Auf der Verliererseite standen die Geldbesitzer und Gläubiger von Geldforderungen, auf der gewinnenden Seite die Besitzer von Sachwerten und alle Geldschuldner. Die Inflation ermöglichte es ihnen, ihre Schulden in wertlosen Papiermark zurückzuzahlen. Vor allem weite Teile des Mittelstandes, die ihr Geld in Wertpapieren und Hypotheken angelegt hatten, sahen sich durch die Inflation um ihr Erspartes betrogen. Dem Staat hingegen, der den verlorenen Krieg durch Anleihen bei seinen Bürgern finanziert hatte und dadurch zum größten Schuldner geworden war, nützte die Entwertung der Reichsmark. Gleiches galt, jedenfalls zum Teil, für die Landwirtschaft sowie Industrie und Handel[124].

Regierung und Gesetzgeber sahen der Geldentwertung untätig zu. Zu groß war die Versuchung des Staates, sich auf diese Weise von seinen Schulden zu befreien. Als die Geldentwertung immer schneller voranschritt, kündigten Grundbesitzer immer häufiger ihre Hypotheken und beglichen ihre Schuld in entwertetem Papiergeld. Es wurde wiederholt ein Sperrgesetz gefordert, das die Rückzahlung von Hypotheken ohne Einwilligung der Gläubiger verbieten sollte. Um die Jahreswende 1922/23 lag der Reichsregierung ein entsprechender Antrag der preußischen Staatsregierung vor. Die Reichsregierung lehnte den Antrag ab[125]. Gleiches galt für einen entsprechenden Antrag des DVP-Abgeordneten Düringer im März 1923 im Reichstag[126]. Reichsjustizminister Heinze, an dessen ablehnender Haltung das Sperrgesetz letztlich scheiterte, argumentierte, ein Sperrgesetz zöge unweigerlich die Erwartung einer generellen Aufwertung nach

121 RGBl. S. 347.

122 Verordnung vom 28.9.1914 (RGBl. S. 417).

123 Staudinger/*Werner*, BGB, 9. Aufl., § 242 Anm. V 1 a, S. 40; *Wolf*, Lehrbuch des Schuldrechts, S. 164; *Rüthers*, Die unbegrenzte Auslegung, S. 64.

124 *Nörr*, Zwischen den Mühlsteinen, S. 55 f.; *Abramowski*, in: Akten der Reichskanzlei, S. XXVII; *Eckert*, Privatrecht und Staatsbankrott, S. 88; *Kolb*, Die Weimarer Republik, S. 206.

125 *Eckert*, Privatrecht und Staatsbankrott, S. 89.

126 Hierzu *Berkemann*, EuGRZ 1986, 80 (83 f.).

sich. Eine solche sei aufgrund der derzeitigen Finanzlage des Staates nicht realisierbar. Der Gesetzgeber solle die Stellungnahme der Gerichte abwarten[127].

Die Hoffnung der durch die Inflation benachteiligten Gläubiger richtete sich auf die Rechtsprechung. Diese sah sich vor die Schwierigkeit gestellt, daß bewährte und verläßliche Maßstäbe für die Behandlung derartiger Fragen fehlten. Das Problem der veränderten Umstände hatte im BGB keine generelle Regelung erfahren. Der Gesetzgeber hatte sich bewußt dagegen entschieden, die clausula rebus sic stantibus als eine allen Schuldverhältnissen innewohnende Bedingung gleichbleibender Verhältnisse, wie sie die gemeinrechtliche Lehre zugelassen hatte, anzuerkennen. Nur in Einzelfällen wurde der Klauselgedanke ausdrücklich normiert, in § 321 BGB (Vorleistungsverpflichtung), § 610 BGB a. F. (Darlehensversprechen) und §§ 712, 713 BGB (Gesellschaftsverhältnis). Das Reichsgericht hatte sich schon frühzeitig dagegen entschieden, hieraus ein allgemeines Prinzip abzuleiten[128]. Auch der Lehre Windscheids von der stillschweigend erklärten Voraussetzung im Sinne einer unterentwickelten Bedingung[129] war es nicht gefolgt[130], ebenso wie sich die Verfasser des BGB später dagegen entschieden[131].

2. Richterliche Aufwertung bei gegenseitigen Verträgen

In den ersten Nachkriegsjahren wurde die Veränderung der Verhältnisse weniger als Problem der Geldentwertung denn als Erschwerung bei der Beschaffung von Rohstoffen und Arbeitskräften wahrgenommen. Rechtliche Schwierigkeiten ergaben sich vor allem bei der Abwicklung beiderseits unerfüllter gegenseitiger Verträge. Zu entscheiden war, ob eine Sachleistung noch erbracht werden mußte, wenn der Erfüllungszwang für den Sachschuldner wegen veränderter Umstände nicht mehr zumutbar erschien.

---

127 *Nörr*, Zwischen den Mühlsteinen, S. 68; RGRK/*Michaelis*, BGB, § 242, Anm. 5 b, S. 376.

128 RGZ 50, 255 (257).

129 *Windscheid*, Die Lehre des römischen Rechts von der Voraussetzung.

130 RGZ 24, 169 (170).

131 *Rüthers*, Die unbegrenzte Auslegung, S. 13 f. m. Fn. 2 ff.

a) Wirtschaftliche Unmöglichkeit

Noch in einer Entscheidung vom 4. Mai 1915[132] stellte der 3. Senat den Satz auf, das Gesetz habe dem Richter nicht die Machtbefugnis erteilt, zwecks Milderung der Härten des Krieges einen Ausgleich zwischen den Vertragsparteien zu schaffen. Fraglich war, ob dem Mieter, der durch den Krieg am vertragsgemäßen Gebrauch der Mietsache gehindert wurde, ein Rücktrittsrecht zustand. Der Senat verneinte die Frage. Ein Rücktrittsrecht wegen veränderter Umstände sei im Bürgerlichen Gesetzbuch im allgemeinen nicht gegeben und könne hier nur bei stillschweigender Vereinbarung anerkannt werden. Eine solche sei dem Vertrag auch bei großzügiger Berücksichtigung von §§ 133, 157 BGB nicht zu entnehmen. Treu und Glauben und die Verkehrssitte rechtfertigten es keineswegs, den kriegsbedingten Schaden des Mieters auf den Vermieter abzuwälzen[133]. Im gleichen Sinne entschied der Senat zwei Jahre später, als es darum ging, ob dem Pächter einer Gastwirtschaft, der durch ein teilweises Biererzeugungsverbot Umsatzeinbußen erlitten hatte, ein Zinsminderungsrecht zustand. Wieder berief sich der Senat auf die Beschränkung der richterlichen Machtvollkommenheit, die es verbiete, die Härten des Krieges auf den Verpächter abzuwälzen. Hierzu fehle es an jeder Grundlage[134].

Der 2. Senat hingegen hatte bereits im Frühjahr eine Lösung vom Vertrag unter Unmöglichkeitsgesichtspunkten bejaht[135]. Die anderen Senate schlossen sich diesem Lösungsweg an. Er entwickelte sich schon bald zu einer ständigen Rechtsprechung.

Regelmäßig ging es um folgende Grundkonstellation[136]: Der Vertrag, oft Werklieferungs- oder Kaufvertrag, wurde vor oder während des Krieges geschlossen und sollte nicht sofort, sondern zu einem späteren Zeitpunkt erfüllt werden. Nach Kriegsausbruch kam es aufgrund von Beschlagnahmungen[137], Ausfuhr-[138] und Bauverboten[139], Abbruch von Handelsbeziehungen[140] sowie

---

132 RGZ 86, 398.
133 RGZ 86, 398 (399 f.).
134 RGZ 90, 374 (377).
135 RGZ 90, 102.
136 Vgl. RGZ 90, 102; 92, 87; 93, 341; 94, 45; 94, 68; 98, 18; 99, 115; 99, 258; RG WarnR 1919 Nr. 153; 1920 Nr. 139.
137 RGZ 94, 45; 98, 18.
138 RGZ 92, 87.
139 RG WarnR 1920 Nr. 139.
140 RG WarnR 1919 Nr. 153.

Einstellungen des Zivilfrachtverkehrs[141] zu Lieferverzögerungen. Oft hatten die Parteien vereinbart, daß sich in derartigen Fällen höherer Gewalt die Lieferfrist um die Dauer der Behinderung verlängern sollte. Während der Liefertermin hinausgeschoben war, veränderten sich kriegs- und revolutionsbedingt die wirtschaftlichen Verhältnisse. Sie unterschieden sich schließlich grundlegend von allem, was die Parteien sich bei Vertragsschluß an Veränderungen aufgrund höherer Gewalt vorgestellt hatten. Benachteiligt war der Sachschuldner, für den die vereinbarte Gegenleistung unter den neuen Umständen kein angemessenes Entgelt für seine Leistung mehr darstellte. Dieser sah sich an den Vertrag nicht mehr gebunden und verweigerte die Lieferung. Der Gläubiger verlangte Lieferung zum vereinbarten Preis.

Kennzeichnend für Fälle dieser Art war, daß der Veränderung der Verhältnisse fast immer eine vorübergehende, tatsächliche Unmöglichkeit vorausging, deretwegen die Leistung bis nach Kriegsende verschoben werden mußte. Mit der zeitweiligen Unmöglichkeit allein ließ sich eine Lösung vom Vertrag nicht rechtfertigen. Die zeitweilige Unmöglichkeit führte zu einer Hemmung, nicht zu einer Aufhebung der Leistungspflicht. Ohne die zeitweilige Unmöglichkeit wäre es jedoch nicht zu einer Lieferverzögerung gekommen und ohne diese hätten die Verhältnisse sich nicht ändern und auf das bei Vertragsschluß vorhandene Äquivalenzverhältnis störend einwirken können. Das Zusammentreffen von Unmöglichkeit und Unerschwinglichkeit war freilich eine Zufälligkeit der historischen Situation. Ein völliger Umschwung der wirtschaftlichen Verhältnisse war ebenso ohne vorangegangene Unmöglichkeit denkbar[142].

Das Reichsgericht knüpfte jedoch an die konkrete Kausalität an und setzte, auch in Ermangelung anderweitiger Lösungsansätze, die zeitweilige der dauernden Unmöglichkeit gleich, „wenn die infolge der kriegerischen Ereignisse notwendige Verschiebung das Wesen der Leistung in dem Maße änderte, daß die nachträgliche Lieferung nicht mehr als eine sinngemäße Erfüllung des ursprünglichen Vertrages gelten könnte“[143]. Voraussetzung sei, daß bei nachträglicher Lieferung die Leistung „eine ganz andere“[144] „für keine der Parteien die bei Vertragsschluß erwartete und gewollte Leistung“[145], „die sinngemäße Erfüllung

141 RGZ 99, 1.
142 In diesem Sinne auch *Rüthers*, Die unbegrenzte Auslegung, S. 22.
143 RGZ 90, 102 (104); ebenso RGZ 93, 341 (343); 94, 45 (49).
144 RGZ 90, 102 (105); ebenso 93, 341 (343); 98, 18 (20 f.); RG WarnR 1920 Nr. 139.
145 RGZ 90, 102 (104).

des Vertrages unmöglich"[146] wäre. „Wenn auch grundsätzlich daran festgehalten werden muß, daß Verträge zu wahren sind, so darf dies doch nicht dazu führen, ihre Ausführung unter völlig veränderten, bei ihrem Abschluß nicht vorhersehbaren Verhältnissen zu verlangen"[147]. Schließlich galt es als fester Grundsatz, „daß die zeitweilige Verhinderung der Leistung deren dauernde Unmöglichkeit nach sich zieht, wenn die notwendige zeitliche Verschiebung so erheblich wird, daß dadurch die wirtschaftliche Bedeutung und der Inhalt der Leistung wesentlich verändert werden"[148]. Es sollte stets auf die Lage des Einzelfalls ankommen[149].

Von „wirtschaftlicher Unmöglichkeit" war in den Entscheidungen des Reichsgerichts nur selten die Rede[150]. Teilweise wurde die Leistung, auch wenn es der Sache nach um wirtschaftliche Unmöglichkeit ging, nur als unmöglich bezeichnet[151]. Teilweise wurde die Unmöglichkeit der Leistung mit der Änderung der wirtschaftlichen Verhältnisse[152] oder der wirtschaftlichen Bedeutung der Leistung[153] begründet.

Das Reichsgericht stützte die Befreiung des Schuldners wegen wirtschaftlicher Unmöglichkeit lange Zeit nicht auf gesetzliche Vorschriften. Eine Begründung mit gesetzlichen Vorschriften gab erstmals der 3. Senat in einer Entscheidung vom 15.10.1918[154]. Die Gesetzesvorschriften waren aber auch hier nicht Ausgangspunkt der juristischen Argumentation. Erst im Schlußsatz, am Ende der Entscheidung, hieß es: „Die Vertragsleistung ist daher als dauernd unmöglich geworden und das ganze Vertragsverhältnis gemäß §§ 275, 323 Abs. 1 BGB a. F. als aufgelöst zu erachten"[155].

Eine Ausnahme von den vorgenannten Grundsätzen der wirtschaftlichen Unmöglichkeit machte das Reichsgericht bei bewußter Risikoübernahme, wobei es zwischen Gattungskäufen im Großhandel und sonstigen Geschäften unterschied.

---

146 RGZ 90, 102 (105); ebenso RGZ 94, 45 (50 f.).
147 RGZ 94, 45 (49).
148 RGZ 92, 87 (88).
149 RG WarnR 1920 Nr. 139; RGZ 98, 18 (20).
150 Etwa in RGZ 102, 272 (273).
151 RGZ 90, 102 (105); 98, 18 (22).
152 RGZ 98, 18 (20 f.); 99, 258 (259).
153 RGZ 92, 87 (88 f.); RG WarnR 1920 Nr. 139.
154 RGZ 94, 45.
155 RGZ 94, 45 (50 f.).

Bei Gattungskäufen im Großhandel ging das Reichsgericht zunächst[156] stets von einer bewußten Risikoübernahme aus. Auf Unmöglichkeit könne sich der Schuldner einer Gattungssache solange nicht gemäß § 279 BGB a. F. berufen, wie die Leistung aus der Gattung noch möglich sei. Bei Geschäften des Großhandels sei dies solange der Fall, wie es noch einen Marktpreis gebe. Gattungskäufe im Großhandel seien spekulativer Natur. Sowohl Verkäufer als auch Käufer hätten das Risiko von Preisschwankungen bewußt übernommen. Die Nichtzumutbarkeit des Deckungskaufs könne nicht dazu führen, daß der Gläubiger die Leistung gemäß § 242 BGB nicht mehr fordern dürfe[157].

Bei sonstigen Geschäften sollte eine Lösung vom Vertrag ausgeschlossen sein, wenn der Verpflichtete jede Gefahr einer Änderung der Verhältnisse übernommen hatte. Dies konnte der Fall sein, wenn die Parteien den Eintritt höherer Gewalt vertraglich bereits berücksichtigt hatten. Oft war vereinbart, bei höherer Gewalt solle sich die Lieferzeit um die Dauer des Krieges verlängern. Mit irgendeiner Veränderung hatten die Parteien also gerechnet. Durch Auslegung war zu ermitteln, ob auch eine derartig tiefgreifende Veränderung abgedeckt sein sollte. Ein solcher Wille sei die seltene Ausnahme; er könne nicht vermutet werden, sondern müsse klar und unzweideutig zum Ausdruck gekommen sein[158].

Der Kern des Problems, nämlich wie sich die Äquivalenzstörung auf die Leistungspflicht des Schuldners auswirkte, war mit den Unmöglichkeitsvorschriften nicht zu fassen. Die Äquivalenzstörung als das eigentliche Problem wurde schon dadurch verdeckt, daß das Reichsgericht von der Vorstellung ausging, durch die zeitliche Verschiebung verändere sich der Inhalt der Leistung. Die versprochene Leistung selbst aber blieb gleich, nur ihre Beschaffung erforderte einen ungleich größeren Aufwand als bei Vertragsschluß vorausgesetzt. Diese Unstimmigkeit klingt an, wenn das Reichsgericht einerseits forderte, die Leistung müsse für beide Vertragsteile eine andere geworden sein, andererseits feststellte, eigentlich habe sich nur die Leistung für den Verkäufer verändert, weil allein ihn die Last der veränderten Umstände treffe. Mit begriffsjuristischer Argumentation ließ sich auch dieser Widerspruch lösen. „Allein damit, daß sie

---

156 In dieser Strenge aufgegeben in RGZ 99, 1.

157 RGZ 88, 172 (175 ff.); 92, 322 (323 ff.); 95, 41 (43 f.); vgl. auch RG WarnR 1919 Nr. 153; RGZ 98, 18 (22);

158 RGZ 92, 87 (89); 92, 423 (426); 93, 341 (343); 94, 45 (47 f.); 94, 68 (70); 99, 115 (117); RG WarnR 1919 Nr. 153; vgl. auch RGZ 90, 102 (103).

(i. e. die Leistung[159]) für den einen Teil eine wirtschaftlich völlig andere geworden ist, wird sie es begriffsnotwendig auch für den anderen Teil. Es genügt daher schon die Feststellung, daß die vereinbarte Leistung für den Verkäufer eine wirtschaftlich völlig andere geworden ist“[160].

Das Unmöglichkeitsrecht paßte zudem deswegen nicht, weil § 275 BGB a. F. als Rechtsfolge nur das automatische Erlöschen der Leistungsverpflichtung vorsah. Der Umstand, daß die Leistungspflicht unabhängig vom Willen des Schuldners erlosch, entsprach nicht der vorgefundenen Wirklichkeit. Nicht nur die benachteiligte Partei berief sich auf die veränderten Verhältnisse häufig nach Art eines Rücktrittsrechts[161]. Auch die Berufungsgerichte folgten dem Verlangen der Partei, indem sie zum Teil ebenfalls von dem Recht, „sich vom Vertrag loszusagen“[162], oder von einem „Rücktrittsrecht“[163] sprachen. Die Wortwahl des Reichsgerichts war zwar weniger deutlich. Wenn in den Entscheidungsgründen die Begründung des Berufungsurteils zusammengefaßt wurde und das Berufungsgericht von einem Rücktrittsrecht sprach, schloß sich das Reichsgericht in seiner eigenen Begründung weder an, noch trat es der Annahme eines Gestaltungsrechts ausdrücklich entgegen[164]. Einige Entscheidungen lassen jedoch vermuten, daß auch das Reichsgericht untergründig der Vorstellung eines Rücktrittsrechts verhaftet war[165]. So war von dem „Recht die Leistung gänzlich zu verweigern“ oder der „Lossagung vom Vertrag“ die Rede[166].

Auch das in der Rechtsfolge starre Alles-oder-nichts-Prinzip des § 275 BGB a. F. wurde den auftretenden Fällen nur unzureichend gerecht[167]. Eine Störung des Äquivalenzprinzips konnte, anders als eine tatsächliche Unmöglichkeit, in den verschiedensten Abstufungen und Schattierungen auftreten. Es kam weniger auf das Erkennen einer eindeutig feststellbaren Konstellation als auf die Abwägung gegensätzlicher Belange und Bedürfnisse im einzelnen Fall an[168].

---

159 Anmerkung der Verfasserin.
160 RGZ 94, 45 (49 f.).
161 RGZ 98, 18; 99, 115; RG WarnR 1919 Nr. 153.
162 RGZ 98, 18 (19).
163 RGZ 94, 45 (46).
164 RG WarnR 1919 Nr. 153.
165 So auch *Rüthers*, Die unbegrenzte Auslegung, S. 19.
166 RGZ 90, 102 (104 f.).
167 *Rüthers*, Die unbegrenzte Auslegung, S. 23 f.
168 Sehr deutlich RGZ 94, 45 (49); 98, 18 (21).

b) Unzumutbarkeit

Mit zunehmender Geldentwertung wurde das Erlöschen des Erfüllungsanspruchs mehr und mehr mit § 242 BGB – dem Argument der Unzumutbarkeit oder der Unvereinbarkeit mit Treu und Glauben und der Verkehrssitte – begründet. Hatte noch der 3. Zivilsenat in einer Entscheidung vom 15.10.1918[169] die Lösung vom Vertrag erstmals überhaupt auf gesetzliche Vorschriften, §§ 275, 323 BGB a. F., gestützt, begründete der 2. Senat[170] dasselbe Ergebnis eine Woche später mit §§ 157, 242 BGB. Eine Leistungspflicht bestehe nicht mehr, „wenn die Erfüllung unter Umständen stattzufinden hätte, die dem, was die Parteien vernünftigerweise beabsichtigt hätten, so wenig mehr entspricht, daß der Erfüllungszwang mit der durch §§ 157, 242 BGB gebotenen Rücksichtnahme auf Treu und Glauben und die Verkehrssitte unvereinbar wäre“[171].

Auch für Gattungskäufe im Großhandel sollte nunmehr[172] eine Lösung vom Vertrag gemäß § 242 BGB in Betracht kommen, wie der 1. Senat in einem Urteil vom 19.5.1920[173] entschied. Der Beklagte hatte sich vor Kriegsbeginn zur Lieferung galizischer Eier verpflichtet. Als der Beklagte nicht lieferte, verlangte der Kläger Schadensersatz. Der Beklagte machte geltend, die Lieferung sei ihm nach der Besetzung eines Teils von Galiziens und seiner Flucht nach Krakau nicht mehr möglich gewesen. Das Berufungsgericht hatte Unmöglichkeit unter Bezugnahme auf § 279 BGB a. F. verneint. Da nur ein Teil Galiziens besetzt gewesen sei, habe der Beklagte Eier aus einem anderen Teil Galiziens liefern können. Der 2. Senat rügte, es sei zu prüfen gewesen, ob das Verlangen der Leistung wegen unvorhergesehenen Eintritts höherer Gewalt oder ähnlicher Umstände nach § 242 BGB unbillig oder ungerechtfertigt sei. Im Ergebnis machte der Senat damit aus einer unbeschränkten eine beschränkte Gattungsschuld – beschränkt auf Eier aus einem bestimmten Teil Galiziens, obwohl ursprünglich galizische Eier schlechthin verkauft worden waren. Mit der bisherigen Rechtsprechung, die Fälle dieser Art anders beurteilt hatte, setzte sich der Senat nicht auseinander.

---

169 RGZ 94, 45; siehe oben Seite 48.
170 RGZ 94, 68.
171 RGZ 94, 68 (69); ebenso derselbe Senat in WarnR 1919 Nr. 153 (Bezugnahme auf vorgenannte Entscheidung) und RGZ 101, 79.
172 Siehe oben Seite 49.
173 RGZ 99, 1.

Andere Senate wechselten in der Begründung ebenfalls von der Unmöglichkeit zur Unzumutbarkeit[174]. Dabei sollte „die Zumutbarkeitsfrage nicht einfach vom Standpunkte der Verhältnisse und Interessen der leistungspflichtigen Partei aus" entschieden werden. Vielmehr lasse „sich eine angemessene Entscheidung nur finden, wenn auch die Interessen der anderen Partei berücksichtigt ... werden. Sollte sich ergeben, daß dem Besteller aus einer Auflösung des Vertrags ein positiver Schaden erwachsen würde, dessen Höhe dem für den Lieferungspflichtigen bei Aufrechterhaltung des Vertrages gleich oder nahe kommt, so müßte eine sinngemäße Anwendung des Grundsatzes des § 242 BGB zur Aufrechterhaltung der Leistungspflicht des Unternehmers führen"[175].

Aber auch mit dem Begriff der Zumutbarkeit löste sich das Reichsgericht nicht gänzlich von der Vorstellung, die Leistung sei unmöglich geworden. Teilweise hieß es, die Nichtzumutbarkeit der Leistung habe „nächste Ähnlichkeit mit dem Falle, wenn einer Partei die ihr aus einem Vertrag obliegende Leistung unmöglich wird. Für die gegenseitigen Rechtsbeziehungen ... kommen daher im Wege der Gesetzesanalogie die §§ 323 ff. BGB in Betracht"[176].

Teilweise war die wirtschaftliche Unmöglichkeit auch Aufhänger für die weitere, auf § 242 BGB gestützte Argumentation. In einer Entscheidung vom 24.2.1920[177] hielt der 7. Senat im Obersatz daran fest, der Lieferungspflichtige werde nur dann von seiner Verpflichtung frei, wenn die Leistung bei späterer Lieferung „eine wesentlich andere" als vereinbart wäre. Hierfür sollte maßgebend sein, welche Bedeutung die Parteien ihren Leistungen bei Vertragsschluß hatten beilegen wollen. Vorliegend sei der Wille der Parteien auf „ein regelrecht entgeltliches Geschäft gerichtet" gewesen. Von der Vergütung habe man beiderseits angenommen, „daß sie ein angemessenes Entgelt der Werkleistung darstelle, ... dies ist nach dem ... Entwicklungsgange der wirtschaftlichen Verhältnisse unausführbar geworden. Die vertraglichen Berechnungen der Parteien haben jede Grundlage verloren...". Die Leistungen der Parteien wären daher wirtschaftlich von ganz anderer Bedeutung, „als sie nach dem vertraglich gemeinten Willen sein sollten. ... Ein solches Ergebnis könnte nicht billig und gerecht er-

---

174 RGZ 99, 115 (1. Senat); 99, 258 (3. Senat).
175 RGZ 101, 79 (81); vgl. RG Das Recht 26 (1922) Sp. 159 f.
176 RGZ 101, 79 (83).
177 RG WarnR 1920 Nr. 139.

scheinen. ... Die gebotene Rücksichtnahme auf Treu und Glauben führt ... zur Befreiung des Unternehmers von der Leistungspflicht"[178].

Bemerkenswert ist diese Entscheidung vor allem wegen der Vielfalt der sie begründenden Gesichtspunkte. Nicht nur wirtschaftliche Unmöglichkeit, Treu und Glauben und eine Ergebniskontrolle an Billigkeit und Gerechtigkeit wurden zur Begründung herangezogen. Mit der Aussage, die vertraglichen Berechnungen der Parteien hätten jede Grundlage verloren, klang auch die spätere Rechtsprechung zur Störung der Geschäftsgrundlage bereits an. Zudem war die Störung des Äquivalenzverhältnisses als das Kernproblem, anders als in den meisten Entscheidungen aus dieser Zeit, klar umrissen.

Entscheidungen wie diese blieben jedoch vorerst vereinzelt. Nicht die Störung des Äquivalenzverhältnisses, sondern der wirtschaftliche Ruin des Schuldners wurde verstärkt zum maßgeblichen Kriterium dafür erklärt, ob und inwieweit dem Schuldner ein Festhalten am Vertrag zugemutet werden konnte. Erstmals tauchte das Ruin-Argument in einem Urteil des 2. Senats vom 2.12.1919[179] auf. Zu entscheiden war, ob die Klägerin als Bestellerin eines Radschleppdampfers weiterhin Erfüllung verlangen konnte. Der Werkvertrag war 1916 geschlossen geworden und sollte nach Kriegsende erfüllt werden. Die Novemberrevolution hatte einschneidende Veränderungen auf dem Arbeitsmarkt nach sich gezogen und zu einem starken Ansteigen der Arbeitslöhne geführt. Der Bau des Dampfers hätte die Beklagte fast das Dreifache des ursprünglich vereinbarten Preises gekostet. Die Beklagte erklärte ihren Rücktritt vom Vertrag und berief sich auf den ihr drohenden Konkurs, falls sie an dem Vertrag zusammen mit ähnlichen Verträgen festgehalten werde[180]. Der Senat bezeichnete die Novemberrevolution ausdrücklich als einen Vorgang, der gleich dem Krieg die wirtschaftlichen Verhältnisse unerwartet von Grund auf verändert habe. Er gab der Beklagten insofern recht, als er dem Einwand des drohenden Konkurses, anders als das Berufungsgericht, entscheidende Bedeutung zumaß.

Das Argument der Existenzvernichtung wurde in der Folgezeit von mehreren Senaten aufgegriffen. Insbesondere der 3. Senat maß ihm bei der Konkretisierung des unbestimmten Zumutbarkeitsbegriffs entscheidende Bedeutung zu. Eingeleitet wurde die „Ruin-Rechtsprechung" des 3. Senats durch eine Ent-

178 RG WarnR 1920 Nr. 139.
179 RGZ 98, 18.
180 RGZ 98, 18 (21).

scheidung vom 8.7.1920[181]. Der Kläger hatte sich gegenüber den Beklagten langfristig zur Lieferung von Betriebskraft und Beleuchtung verpflichtet. 1919 kündigte der Kläger den Vertrag unter Berufung auf inzwischen eingetretene Preissteigerung für Elektrizität und Wasserdampf. Nach Ansicht des Senats komme bei einer Preissteigerung eine Lossagung gemäß §§ 157, 242 BGB nur bei außerordentlicher Einwirkung auf die Verhältnisse in Betracht, etwa wenn die Durchführung eines langfristigen Vertrags für eine der Parteien „geradezu ruinös" wäre, was vorliegend nicht der Fall sei[182].

Auch der zweieinhalb Monate später – ebenfalls vom 3. Senat – vollzogene Schritt von der Auflösung zur Änderung des Vertrages war bereits angedeutet, wenn der Senat in einem obiter dictum erklärte, die Billigkeit verlange ohnehin nur, „daß die Vertragsleistungen des anderen Teils eine entsprechende Änderung erfahren"[183]. Im vorliegenden Fall sah es der Senat indes nicht als unbillig an, den Sachschuldner zu unveränderten Bedingungen am Vertrag festzuhalten.

Es folgten weitere Entscheidungen, in denen der 3. Senat seine Rechtsprechung, die den drohenden Ruin des Schuldners zum entscheidenden Argument erhob, festigte und vertiefte[184]. Die Frage des Ruins dürfe nicht einseitig nur das Vertragsverhältnis zwischen den Parteien des Rechtsstreits berücksichtigen. Eine Leistungspflicht müsse ferner dann verneint werden, wenn die Existenzvernichtung oder -gefährdung sich erst in Verbindung mit anderen Verpflichtungen des Schuldners ergebe.

Wieder nahm das Reichsgericht Bezug auf die wirtschaftliche Unmöglichkeit der Leistung. Ein weiteres Mal stiftete es dadurch mehr Verwirrung als Klarheit. Eine klare Linie war nicht zu erkennen, wenn derselbe Senat den Begriff der Unmöglichkeit in der einen Entscheidung als unpassend ablehnte[185], in der anderen derartige Bedenken nicht hegte[186]. In beiden Entscheidungen ging es um die Lieferung eines Automobils. In der ersten Entscheidung stellte der Senat fest, die Leistung sei weder tatsächlich unmöglich geworden, noch sei Unmöglichkeit deswegen eingetreten, weil es dem Beklagten unmöglich geworden sei, zu dem vereinbarten Preis zu liefern. „Eine solche Auslegung ist ... unzulässig. Sie widerspricht dem klaren Wortlaut der Bestimmung, die nur vom Bewerk-

181 RGZ 99, 258.
182 RGZ 99, 259 (260).
183 RGZ 99, 259 (260).
184 Inbes. RGZ 100, 134 (137 f.); 102, 272 (273).
185 RGZ 100, 134
186 RGZ 102, 272.

stelligen der Lieferung, nicht von der Höhe und Angemessenheit des Preises spricht."[187] In der zweiten Entscheidung hieß es: „Nicht jede Erschütterung der wirtschaftlichen Grundlagen vermag schlechthin die einseitige Lösung eines Vertrages rechtfertigen... Erst dann, wenn die Vertragserfüllung sich *wirtschaftlich als unmöglich*[188] erweist, ... ergibt sich die ... Notwendigkeit, derjenigen Vertragspartei, die alle Nachteile der wirtschaftlichen Umwälzung der anderen Partei aufbürden will, den Rechtsschutz zu versagen"[189].

Die letztgenannte Entscheidung verdient Beachtung vor allem wegen ihres unbekümmerten Umgangs mit den Vorschriften des Gesetzes: „Rechtsgeschäfte ... sind nicht Selbstzweck, sondern ... haben lediglich die Erreichung der wirtschaftlichen Zwecke zum Ziel, die mit ihnen verfolgt werden. Bei der Rechtsfindung ... müssen daher in erster Linie die wirtschaftlichen Interessen berücksichtigt werden, und das Recht muß ihnen, soweit es nur irgend möglich ist, *elastisch*[190] angepaßt werden. Nur so kann die Rechtsprechung ihrer wahren Aufgabe, dem praktischen Leben, also den Lebensbedürfnissen und den Lebensanforderungen zu dienen, gerecht werden"[191]. Sätze wie diese hätte man eher in Schriften der Freirechtler als in einem Gerichtsurteil vermutet. In ihnen trat unverkennbar ein neues richterliches Selbstverständnis zutage.

Während der 5. Senat und zunächst auch der 7. Senat dem 3. Senat in seiner Ruin-Rechtsprechung folgten[192], sah der 1. Senat den drohenden Ruin des Schuldners nicht als Schuldbefreiungsgrund an. „Denn über der Rücksicht auf die subjektiven Verhältnisse des Einzelnen steht im Interesse der Allgemeinheit die ethische Rücksicht auf Vertragstreue und die wirtschaftlich notwendige Rücksicht auf die Verkehrssicherheit" [193].

Auch der 2. Senat lehnte die Existenzgefährdung als Grund für ein Freiwerden des Schuldners ab. Das Kriterium des Ruins sei schon deswegen zu eng, „weil es zu einer Differenzierung führen muß, je nachdem ob man einen vermögenden Schuldner vor sich hat oder einen Mann, der nichts besitzt. Vor allem aber ist gerade umgekehrt im allgemeinen davon auszugehen, daß der Schuldner daraus, daß ihn die Leistung ruinieren müßte, ein Recht, sie zu verweigern, nicht

187 RGZ 100, 134, (136).
188 Hervorhebung von der Verfasserin.
189 RGZ 102, 272 (273).
190 Hervorhebung von der Verfasserin.
191 RGZ 102, 272 (274).
192 RGZ 101, 79 (81).
193 RGZ 101, 74 (77).

herleiten kann. Selbst wenn es zum Konkurse kommt und der Schuldner sein Alles gibt, bleibt er nichtsdestoweniger schuldig“[194]. Die Befreiung finde ihre Rechtfertigung vielmehr im Wesen des Synallagmas. Das Beharren des Gläubigers auf der Leistung des Schuldners verstoße gegen Treu und Glauben, weil „der Schuldner für seine Leistung eine Gegenleistung erhalten würde, in der ein Äquivalent ... auch annähernd nicht mehr erblickt werden kann“[195].

Der Gegensatz in der Frage des Ruinkriteriums zwischen dem 3. und dem 2. Senat war offensichtlich. Der 2. Senat betonte zwar, ein solcher Gegensatz bestehe nicht[196]. Es müsse bezweifelt werden, daß der 3. Senat den wirtschaftlichen Ruin tatsächlich zur Voraussetzung der clausula schlechthin habe erheben wollen[197]. Mit diesen Ausführungen verfolgte der 2. Senat allerdings einzig den Zweck, eine Anrufung der Vereinigten Senate zu vermeiden und hierfür mußte ein Gegensatz zur Rechtsprechung des 3. Senat überspielt werden[198].

Die Kritik an der Ruin-Rechtsprechung des 3. Senats war berechtigt. Der 3. Senat erklärte zwar, es „würde von ehrbaren Volkskreisen nicht verstanden werden und mit ihrem Gerechtigkeitsgefühl in schroffen Widerspruch treten“, den Schuldner an den Rande des Ruins zu bringen[199]. Es war aber nicht weniger ungerecht, ausnahmslos Schuldner mit geringerem oder gar keinem Einkommen gegenüber Schuldnern mit größerem Vermögen zu begünstigen[200]. Vor allem aber verbarg die Ruin-Rechtsprechung des 3. Senats den Blick auf das eigentliche Problem – die Störung des Äquivalenzverhältnisses[201].

Während auf der Tatbestandsseite der Begriff der Zumutbarkeit in den Vordergrund rückte, wurde die Befreiung des Schuldners auf der Rechtsfolgenseite zunehmend als Folge eines ausgeübten Rücktritts- oder Kündigungsrechts gesehen[202]. Eine völlige Lösung von dem Gedanken einer automatischen Befreiung fand ebensowenig statt, wie das Argument der wirtschaftlichen Unmöglichkeit aus den Entscheidungsgründen verschwand. Teilweise blieb unklar, ob die Befreiung des Schuldners automatisch oder aufgrund eines ausgeübten Gestal-

---

194 RGZ 103, 177 (178).
195 RGZ 103, 177 (179).
196 RGZ 103, 177 (179).
197 RGZ 103, 177 (180).
198 *Rüthers*, Die unbegrenzte Auslegung, S. 27.
199 RGZ 102, 272 (273).
200 Vgl. Staudinger/*Weber*, BGB, 11. Aufl., § 242 Rn. B 49.
201 *Rüthers*, Die unbegrenzte Auslegung, S. 27.
202 Erstmals deutlich RGZ 99, 115 (117 f.).

tungsrechts erfolgte[203]. Das Reichsgericht sprach nur selten ausdrücklich von einem Rücktrittsrecht[204]. Meist waren es Formulierungen wie die „Aufkündigung des Vertrages“[205], „das Recht sich vom Vertrag loszusagen“[206], „die einseitige Lösung eines Vertrages“[207] oder das Verlangen nach Lösung des Vertragsverhältnisses[208], die den Schluß auf ein Rücktrittsrecht zuließen. Dabei war der Wechsel von der automatischen Befreiung zum Rücktrittsrecht mehr als eine dogmatische Spielerei. Während die Unmöglichkeit von Amts wegen zu berücksichtigen war, mußte die Unzumutbarkeit durch Ausübung eines Gestaltungsrechts geltend gemacht werden und zwar rechtzeitig[209].

Die mit der Zumutbarkeit auf der Tatbestandsseite gewonnene Flexibilität in der Begründung setzte sich auf der Rechtsfolgenseite zunächst nicht fort. Da die Veränderung der Verhältnisse immer noch auf der Warenseite gesehen wurde, ging es vorerst nur darum, ob der Vertrag als ganzes bestehen bleiben sollte, und nicht darum, ob der Sachschuldner Erhöhung seiner Gegenleistung verlangen konnte. Diese Starrheit in den Rechtsfolgen war unbefriedigend, wenn beide Parteien am Vertrag festhalten wollten. Mit zunehmender Geldentwertung mußte die bisherige Rechtsprechung zur Auflösung jedes langfristig geschlossenen Vertrages führen.

Den bereits angedeuteten[210] Schritt von der Auflösung zur Änderung des Vertrages vollzog der 3. Senat in einer Entscheidung vom 21.9.1920[211]. Die Klägerin hatte an die Beklagte vor Kriegsbeginn langfristig Geschäftsräume vermietet und sich zur Abgabe von Wasserdampf für gewerbliche Zwecke verpflichtet. Der Preis für den Wasserdampf war im Mietzins inbegriffen. Nach Vertragsschluß stiegen die Preise für Wasserdampf stark an. Die Klägerin verlangte Nachzahlung für die Vergangenheit, hilfsweise Feststellung, daß der Vertrag nichtig sei oder daß sie in Zukunft Dampf nur noch zu angemessenen Preisen abzugeben haben. Die Klage wurde vom Landgericht und Berufungsgericht abgewiesen. Der Senat gab der Revision der Klägerin statt und hielt den Hauptan-

---

203 RGZ 101, 79 (83).
204 Etwa in RGZ 100, 134 (136).
205 RGZ 99, 115 (117 f.).
206 RGZ 102, 98 (102).
207 RGZ 102, 272 (273).
208 RGZ 99, 258 (260).
209 RGZ 99, 115 (117 f.); 100, 258 (260 f.).
210 RGZ 99, 258 (260); siehe oben Seite 54.
211 RGZ 100, 129.

spruch, die Erhöhung der Gegenleistung für die Vergangenheit, für gerechtfertigt.

Der Senat sah das klägerische Begehren vom Standpunkt der sogenannten clausula rebus sic stantibus als begründet an. Zwar sei daran festzuhalten, daß es sich hierbei nicht um einen allgemeinen Grundsatz handele. Das Begehren einer Vertragspartei auf Lösung des Vertragsverhältnisses sei jedoch berechtigt, wenn ihr das Festhalten am Vertrag unter den neuen, völlig veränderten Umständen nicht mehr zugemutet werden könne. Die Anknüpfung an das positive Gesetzesrecht sah der Senat in den „§§ 242 (157) und 325 BGB". Danach könne eine Leistung dann nicht mehr gefordert werden, wenn sie nach Treu und Glauben zu einer ganz anderen geworden sei. „Und ist im § 325 BGB unter Unmöglichkeit nicht nur die tatsächliche, sondern auch die wirtschaftliche Unmöglichkeit zu verstehen, so tritt damit im Gesetz die clausula rebus sic stantibus insoweit unverhüllt zutage[212].

Wieder machte das Reichsgericht die Unmöglichkeit der Leistung zum maßgeblichen Anknüpfungspunkt für die Befreiung des Schuldners. Mit Hilfe der Unzumutbarkeit wurde der Unmöglichkeitsbegriff über die tatsächliche auf die wirtschaftliche Unmöglichkeit erstreckt. Das Verhältnis von § 242 und § 157 BGB wurde auch in dieser Entscheidung nicht näher betrachtet.

Den noch drei Jahre zuvor ausgesprochenen Grundsatz, der Richter sei nicht befugt, zwecks Milderung der Härten des Krieges einen Ausgleich zwischen den Vertragsparteien zu schaffen[213], gab das Reichsgericht ausdrücklich auf. „Allein die erste und vornehmste Aufgabe des Richters geht dahin, in seiner Rechtsprechung den unabweislichen Bedürfnissen des Lebens gerecht zu werden und sich in dieser Beziehung von den Erfahrungen des Lebens leiten zu lassen". Die ungeahnten Umwälzungen aller wirtschaftlichen Verhältnisse „erfordern unbedingt ein Eingreifen des Richters in bestehende Vertragsverhältnisse dann, wenn anders nicht ein Treu und Glauben und jedem Gebote von Gerechtigkeit und Billigkeit hohnsprechender, einfach nicht zu ertragender Zustand geschaffen werden soll". Rechtfertige sich nach oben genannten Gesetzesbestimmungen „auf Verlangen einer Partei sogar die Lösung des ganzen Vertragsverhältnisses, so erscheint es um so mehr zulässig, in einem nach dem übereinstimmenden Willen beider Parteien fortbestehenden Vertragsverhältnis eine einzelne Vertragsbeziehung zu ändern, wenn Treu und Glauben, Billigkeit und

212 RGZ 100, 129 (131).
213 RGZ 90, 374 (377); siehe oben Seite 46.

Gerechtigkeit solche zum Gebot machen"[214]. Den Maßstab für den Umfang der Aufwertung entnahm das Reichsgericht § 242 BGB. Der Richter solle unter Abwägung der beiderseitigen Interessen den durch den Währungsverfall entstandenen Schaden auf beide Parteien verteilen[215].

Die Entscheidung des 3. Senats war in mehrfacher Hinsicht bahnbrechend[216]. Das erste Mal griff das Reichsgericht gestaltend in einen Vertrag ein. Der Systembruch wurde freilich dadurch verdeckt, daß das Reichsgericht die Gegenleistung nur dann erhöhte, wenn beide Parteien am Vertrag festhalten wollten. Ob vorliegend der Wille der lieferungsberechtigten Beklagten tatsächlich auf Fortsetzung des Vertrages unter gleichzeitiger Erhöhung der von ihr zu erbringenden Leistung gerichtet war, mag indes bezweifelt werden.[217]. Das Reichsgericht befaßte sich jedenfalls nicht mit der Frage, ob die Beklagte den Vertrag nicht vielleicht nur zu den alten Bedingungen hatte fortsetzen wollen.

Mit der Entscheidung des 3. Senats vom 21.9.1920 begann die sogenannte Aufwertungsrechtsprechung. Das erste Mal wurde die Geldentwertung selbst als rechtlich erhebliche Tatsache anerkannt und der Sache nach, wenn auch nicht dem Wortlaut nach, eine Aufwertung – eine lediglich mit Rücksicht auf die Entwertung der geschuldeten Marksumme gewährte Erhöhung dieser Summe – ausgesprochen[218]. Gleichzeitig lieferte die Entscheidung dem Reichsgericht die methodischen Argumente, mit denen es drei Jahre später auf dem Höhepunkt der Inflation einseitige Zahlungsverpflichtungen aufwerten sollte[219].

Die in RGZ 100, 129 aufgestellten Grundsätze wurden in der Folgezeit wiederholt bestätigt. Das Reichsgericht wandte sie auf alle beiderseits unerfüllten Verträge an und zwar nicht nur auf Verträge, die zu Zeiten fester Währung geschlossen worden waren, sondern auch auf in der Geldentwertungsphase geschlossene Verträge, wenn zwischen dem Abschluß und der Erfüllung des Vertrages ein weiterer tiefgreifender Währungsverfall eingetreten war[220]. Da das Reichsgericht die gerichtliche Erhöhung des Kaufpreises an die Zustimmung des Käufers gebunden hatte, blieb dem Verkäufer bei einer Weigerung des Käu-

---

214 RGZ 100, 129 (132).

215 RGZ 100, 129 (133).

216 *Nörr*, Zwischen den Mühlsteinen, S. 62.

217 Vgl. RGRK/*Michaelis*, BGB, § 242 Anm. 5 a, S. 374.

218 Staudinger/*Werner*, BGB, 9. Aufl., § 242 Anm. V 1 b α, S. 43; *Eckert*, Privatrecht und Staatsbankrott, S. 91.

219 RGZ 107, 78.

220 Staudinger/*Werner*, BGB, 9. Aufl., § 242 Anm. V 1 b α, S. 43.

fers wie bisher die Möglichkeit, vom Vertrag zurückzutreten. Das Rücktrittsrecht sollte überhaupt voraussetzen, daß der Verkäufer den Käufer ergebnislos zur Erhöhung des Kaufpreises aufgefordert hatte[221]. Später wurde das Rücktrittsrecht an die in der Weigerung liegende positive Vertragsverletzung geknüpft, was mithin Verschulden des Käufers voraussetzte[222]. Ein solches war freilich erst nach Anerkennung eines Aufwertungsrechts durch die Rechtsprechung möglich[223].

Die Entscheidung vom 21.9.1920 bedeutete zwar insofern einen Bruch mit der bisherigen Rechtsprechung, als sich das Reichsgericht von dem bislang auf der Rechtsfolgenseite geltenden starren Alles-oder-nichts-Prinzip löste. Auf der Tatbestandsseite blieb das Reichsgericht dagegen der Vorstellung verhaftet, letztlich sei es die Sachleistung, deren Erbringung durch die Geldentwertung erschwert worden sei[224].

Wie sehr der Blick des Reichsgerichts immer noch auf der Seite des Sachschuldners ruhte, zeigt eine Entscheidung des 5. Senats vom 16.4.1921[225]. Der Erblasser der Beklagten hatte der Klägerin 1913 ein bis 1922 bindendes Kaufangebot für ein Hausgrundstück unterbreitet. 1920 erklärte die Klägerin die Annahme des Kaufangebots. Inzwischen war der Wert des Grundstücks um etwa 170 % angestiegen. Die Beklagten verweigerten die Erfüllung. Das Reichsgericht sah die Beklagten trotz der enormen Preissteigerung als zur Erfüllung verpflichtet an. Die Leistung der Beklagten sei durch die Preissteigerung in keiner Weise verändert oder schwerer zu beschaffen. Ebensowenig habe sich die Gegenleistung verändert. Nur das Wertverhältnis zwischen Leistung und Gegenleistung habe sich verschoben. Die Verfügung über das Grundstück sei den Beklagten nach wie vor möglich. Zudem sei die zeitliche Verschiebung der Leistung nicht durch den Krieg oder die Revolution notwendig geworden, sondern Folge des langfristig bindenden Kaufangebots. Hierin liege kein der Unmöglichkeit gleichzuachtender Umstand[226]. Die Beklagte befinde sich in der gleichen Lage, als wenn die Klägerin das Angebot erheblich früher angenommen hätte, auch dann hätte allein die Klägerin von der Preissteigerung profitiert[227].

---

221 RGZ 103, 329 (333); 106, 11 (13); vgl. RGZ 110, 371 (376 f.).
222 RGZ 111, 156 (158).
223 RGRK/*Michaelis*, BGB, § 242 Nr. 5 d β, S. 386.
224 RGZ 100, 129 (131).
225 RGZ 102, 98.
226 RGZ 102, 98 (101).
227 RGZ 102, 98 (102).

c) Wegfall der Geschäftsgrundlage

Es war der 2. Senat, der sich in zwei Entscheidungen endgültig von der überkommenen Vorstellung löste, die Sachleistung müsse erschwert sein, und die Lösung des Sachschuldners ausschließlich mit der Störung des Äquivalenzverhältnisses begründete. Damit einher ging die Suche nach einer neuen, dogmatisch befriedigenderen Lösung. Dem 2. Senat bot sich hierfür Oertmanns Lehre von der Geschäftsgrundlage an, dessen Buch „Die Geschäftsgrundlage, ein neuer Rechtsbegriff" 1921 erschienen war.

Die erste der beiden Entscheidungen, ein Urteil vom 29.11.1921[228], ist bereits bekannt. In ihr hatte sich der 2. Senat mit der Ruin-Rechtsprechung des 3. Senats auseinandergesetzt. Die Geltung der clausula rebus sic stantibus könne nicht mit dem drohenden wirtschaftlichen Ruin des Schuldners, wohl aber mit dem Wesen des Synallagmas gerechtfertigt werden. „Beim synallagmatischen Vertrag ist davon auszugehen, daß die Parteien ... damit einen redlichen Umsatzvertrag schließen wollen, in dem jeder Teil bereit ist, dem anderen eine Leistung zu gewähren, in welcher dieser den vollen Gegenwert für seine Leistung erblickt"[229].

Nicht mehr die Erschwerung der Sachleistung, sondern das Mißverhältnis zwischen Leistung und Gegenleistung wurde fortan zur tragenden Begründung. In der zweiten Entscheidung vom 3.2.1922[230] stützte sich der Senat ausschließlich auf dieses Argument. Zugleich wurde die Formel Oertmanns von der Geschäftsgrundlage übernommen. Es ging um einen Unternehmenskauf. Der Beklagte war Mitgesellschafter einer Zweimann-OHG. Nach Kündigung durch den Beklagten sollte das Vermögen der Gesellschaft veräußert werden und beiden Gesellschaftern die Hälfte des Veräußerungserlöses zustehen. Sowohl der Beklagte als auch sein Mitgesellschafter wollten das Unternehmen erwerben. Der Beklagte fürchtete, durch den Verkauf des Unternehmens könne ein zu geringer Erlös erzielt werden. Er traf mit dem Kläger eine Vereinbarung, die ihn gegen das Risiko eines zu geringen Erlöses absichern sollte, wobei beide von einem damaligen Unternehmenswert von 600.000 Mark ausgingen. Bei einer Veräußerung unter 600.000 Mark sollte der Kläger dem Beklagten die Differenz zwischen der ihm zustehenden Hälfte des Kaufpreises und 300.000 Mark ausgleichen. Bei einem Verkauf über 600.000 Mark sollte der Beklagte den über

228 RGZ 103, 177; siehe oben Seite 56.
229 RGZ 103, 177 (179).
230 RGZ 103, 328.

300.000 Mark hinausgehenden Betrag an den Kläger zahlen. Mit zunehmender Geldentwertung verschlechterte sich die Position des Beklagten. Er sah sich an den Vertrag nicht mehr gebunden. Der Klage auf Feststellung, daß der Vertrag zu Recht bestehe, gab das Berufungsgericht nach Abweisung durch die Vorinstanz statt. Auf die Revision des Beklagten wurde die Sache an das Berufungsgericht zurückverwiesen.

Das Berufungsgericht habe den Einwand der sogenannten clausula rebus sic stantibus ungenügend gewürdigt. Die Leistung des Beklagten sei nicht wirtschaftlich erschwert. Die Geldentwertung habe zwar die Preise der Grundstükke, Maschinen und Vorräte in die Höhe schnellen lassen. Indes habe der Beklagte nach dem Vertrag nichts anzuschaffen, was ihn mehr kosten könnte. Es komme jedoch immer, „um mit den Worten Oertmanns, Geschäftsgrundlage (1921), zu reden, darauf an, ob die Grundlage des Geschäfts im Sinne einer beim Geschäftsschluß zutage getretenen Vorstellung der Beteiligten über den Bestand gewisser maßgebender Verhältnisse hinfällig geworden ist. Das ist an sich auch als Folge einer bloßen Valutaverschiebung möglich, wenn die Fortdauer der Äquivalenz bei Vertragsschluß vorausgesetzt wurde“[231].

Die Entscheidung des 5. Senats vom Vorjahr[232] stehe nicht entgegen. Sie dürfe nicht dahingehend verstanden werden, daß „eine grundstürzende Preisänderung“ für sich allein, ohne gleichzeitige Erschwerung der Leistung, die Loslösung vom Vertrag gemäß § 242 BGB rechtfertige. Dort sei es um einen Vertrag mit spekulativem Einschlag gegangen, insofern habe ein Sonderfall vorgelegen[233]. Der Senat verschwieg freilich, daß der vorliegende Vertrag nicht weniger spekulativer Natur war. Wieder dürfte es darum gegangen sein, einen vorhandenen und erkannten Widerspruch zu verbergen, um eine Anrufung der Vereinigten Senate zu vermeiden[234].

Bei Fortfall der Geschäftsgrundlage müsse der Vertrag mit entsprechender Änderung möglichst aufrecht erhalten werden. „Der Senat teilt nicht die Ansicht, daß es in der Macht des Richters stehe, in anderen Fällen, als in denen das Gesetz dies ausnahmsweise zuläßt, durch Gestaltungsurteil in den Inhalt eines Rechtsgeschäfts einzugreifen“. Letzteres richtete sich gegen den 3. Senat, der in einer Entscheidung vom 21.9.1921 von einem „Eingreifen des Richters in be-

---

231 RGZ 103, 328 (332).
232 RGZ 102, 98; siehe oben Seite 60.
233 RGZ 103, 328 (332).
234 Siehe oben Seite 56.

stehende Vertragsverhältnisse“ gesprochen hatte[235]. Aber bevor der Schuldner ... vom Vertrag zurücktritt oder den Vertrag kündigt, hat er den Gläubiger zur Erhöhung der Gegenleistung aufzufordern; erst wenn dieser sich weigert, ist er frei. Das folgt aus der Vorschrift des § 242 BGB“[236].

Der 3. Senat wandte die Grundsätze Oertmanns von der Geschäftsgrundlage in zwei pachtrechtlichen Entscheidungen[237], die kurze Zeit später ergingen, nicht an. In der ersten Entscheidung stand die Erhöhung des Pachtzinses, der aufgrund der Geldentwertung nicht einmal mehr die Steuern und Instandhaltungskosten des Grundstücks deckte, in Frage. Der 3. Senat zitierte allein sich selbst (RGZ 100, 129), was allerdings am Berufungsgericht gelegen haben dürfte, welches seine Entscheidung ganz auf RGZ 100, 129 gestützt hatte, diese aber nach Ansicht des Reichsgerichts falsch angewandt hatte. Unter Anwendung der dort aufgestellten Grundsätze sprach sich der 3. Senat grundsätzlich für eine Erhöhung des Pachtzinses aus, verwies die Sache aber wegen ungenügender tatsächlicher Feststellungen an das Berufungsgericht zurück.

Bemerkenswert ist aber vor allem die zweite der beiden pachtrechtlichen Entscheidungen. Das gilt weniger, weil sie die erst kürzlich ergangenen Entscheidungen des 2. Senats zur Geschäftsgrundlage völlig ignorierte, als wegen der freimütigen Äußerungen zur Stellung des Richters gegenüber dem Gesetz. Die Entscheidung fand damals große Beachtung; sie erging in einem förmlichen Musterprozeß, so daß hinter den Parteien die mit Rechtsgutachten bewaffneten organisierten Verbände standen[238]. Streitentscheidend war die Vorschrift des § 589 Abs. 3 BGB a. F. Danach war bei Pachtende das Inventar nach Gesamtschätzwerten abzurechnen. Bestand zwischen dem Gesamtschätzwert des übernommenen und des zurückzugewährenden Inventars ein Unterschied, so war dieser gemäß Satz 3 in Geld auszugleichen. Gemäß Satz 4 waren den Schätzwerten die Preise bei Beendigung der Pacht zugrunde zu legen. Die (wörtliche) Anwendung dieser Vorschrift hätte dazu geführt, daß der Verpächter das in seinem Eigentum gebliebene Inventar mit unaufbringlichen Summen hätte auslösen müssen, obwohl er bei der Übergabe an den Pächter keine Zahlung erhalten hatte; denn der sogenannte Anfangsschätzwert war eine reine Rechengröße. Der 3. Senat kam zur Nichtanwendung des § 589 Abs. 3 BGB a.F. Er berief sich auf den „Sturz der deutschen Währung“ und den „katastrophalen Umschwung der

235 RGZ 100, 129 (132).
236 RGZ 103, 328 (333).
237 RGZ 104, 218; 104, 394.
238 *Nörr*, Zwischen den Mühlsteinen, S. 64.

Geldverhältnisse, der jeder Voraussicht des Gesetzgebers und der Parteien sich entzog“[239]. Die Goldmark und die Papiermark seien trotz ihrer gesetzlichen Gleichstellung wirtschaftlich nicht vergleichbar. § 589 Abs. 3 BGB a. F. könne daher ohne Umrechnung der Beträge nicht zur Anwendung kommen[240]. „Weder die vertraglichen noch die gesetzlichen Bestimmungen reichen gegenüber dieser Entwicklung der Verhältnisse aus, um die zur Entscheidung stehende Frage zur Lösung zu bringen. Der Richter muß deshalb im Rahmen jener Bestimmungen selbstschöpferisch die Entscheidung treffen“[241].

Anders als der 3. Senat schloß sich der 5. Senat dem 2. Senat[242] an und übernahm in zwei Entscheidungen vom 6.1.1923[243] die Formel Oertmanns von der Geschäftsgrundlage und machte die Störung des Äquivalenzverhältnisses zum entscheidenden Anknüpfungspunkt für die Rechte des durch die Geldentwertung benachteiligten Sachschuldners. In beiden Entscheidungen ging es um ein langfristig bindendes Grundstücksangebot und die Klage des Käufers auf Auflassung. Die in RGZ 102, 98 vertretene Auffassung, wonach die Tatsache der Geldentwertung allein nicht ausreiche auszusprechen, daß dem Schuldner die Erfüllung nicht mehr zuzumuten sei[244], wurde aufgegeben. Inzwischen habe „die durch Krieg und Revolution hervorgerufene Geldentwertung ungeahnte Fortschritte gemacht, daß auch die in Geld bedungene Gegenleistung für die Entscheidung der Frage des Erfüllungszwangs bei völlig veränderten wirtschaftlichen Verhältnissen eine ganz andere Bedeutung gewonnen habe“. „Mit der grundstürzenden Verschlechterung der Valuta, deren Eintritt in diesen Ausmaßen für niemand vorhersehbar war, ist die Geschäftsgrundlage ... weggefallen; es kann dem Schuldner unter diesen veränderten Verhältnissen nicht mehr zugemutet werden, seine Vertragspflichten schlechthin zu erfüllen. Denn es würde kein gerechter Austausch von Gütern, wie er beabsichtigt war, mehr stattfinden ... Nach Treu und Glauben mit Rücksicht auf die Verkehrssitte ist der Schuldner aber nur verpflichtet, seine Leistung gegen eine entsprechende Gegenleistung zu bewirken“[245]. In der zweiten der beiden Entscheidungen war der Vertrag in Kenntnis der veränderten Umstände von beiden Seiten bereits teilweise erfüllt worden. Die beklagte Verkäuferin hatte das Grundstück übergeben und eine

239 RGZ 104, 394 (396 f.).
240 RGZ 104, 394 (397).
241 RGZ 104, 394 (397).
242 RGZ 103, 328.
243 RGZ 106, 7; 106, 11.
244 Siehe oben Seite 60.
245 RGZ 106, 7 (9).

Anzahlung des Käufers vorbehaltlos angenommen. In einem solchen Fall habe die Beklagte das Recht verwirkt, sich vom Vertrag loszusagen, und könne daher die verlangte Auflassung nicht mehr verweigern[246].

Mit der Übernahme der Lehre Oertmanns von der Geschäftsgrundlage[247] konnte das Problem der durch die Geldentwertung veränderten Umstände auch dogmatisch schärfer gefaßt werden[248]. Das Gleichwertigkeitsverhältnis von Leistung und Gegenleistung wurde zur Geschäftsgrundlage des Vertrages erklärt. Der Begriff der Zumutbarkeit entwickelte sich im Rahmen der Geschäftsgrundlage zum wichtigsten Kriterium bei Beantwortung der Frage, ob der Sachschuldner unverändert am Vertrag festgehalten werden konnte. Das Verhältnis von Geschäftsgrundlage und Zumutbarkeit blieb unklar. Teilweise sah das Reichsgericht in der Unzumutbarkeit der Leistung eine Folge der erschütterten oder weggefallenen Geschäftsgrundlage[249]. Teilweise war es genau umgekehrt: Ob die Geschäftsgrundlage erschüttert oder weggefallen war, sollte davon abhängen, ob die Leistung für den Schuldner unzumutbar geworden war[250]. In einer anderen Entscheidung verzichtete das Reichsgericht ganz auf den Begriff der Zumutbarkeit im Rahmen der Geschäftsgrundlage[251]. Teilweise wurden die Entscheidungen zur Geschäftsgrundlage zitiert, der Wegfall der Geschäftsgrundlage jedoch mit keinem Wort erwähnt und das Nichtleistenmüssen des Sachschuldners allein mit der Nichtzumutbarkeit der Leistung wegen der eingetretenen Geldentwertung begründet[252]. Der immer wieder, vor allem im Zusammenhang mit der Geschäftsgrundlage genannte Begriff der clausula rebus sic stantibus war dabei nicht im rechtstechnischen Sinne zu verstehen. Er diente lediglich der Umschreibung eines Problemkomplexes, nämlich dem der veränderten Umstände[253].

---

246 RGZ 106, 11 (14).

247 Vgl. die umfangreiche Rechtsprechungsübersicht bei Staudinger/*Weber*, BGB, 11. Aufl., § 242 Rn. E 84 ff.

248 Zur dogmatisch-methodischen Analyse *Rüthers*, Die unbegrenzte Auslegung, S. 44 ff.

249 RGZ 107, 124 (126).

250 RGZ 106, 7 (9); 11 (13).

251 RGZ 103, 328

252 RGZ 106, 422 (424).

253 *Rüthers*, Die unbegrenzte Auslegung, S. 37.

d) Zusammenfassung

Die Probleme der Inflation beschäftigten das Reichsgericht seit 1918/1919. Die Inflation führte zu einer Umverteilung des Wohlstandes. Grund für die Vermögensverschiebung war der Grundsatz „Mark gleich Mark“, der es ermöglichte, in Goldmark begründete Verbindlichkeiten mit wertlosem Papiergeld zu begleichen. Die einschlägigen Entscheidungen betrafen die Abwicklung beiderseits unerfüllter gegenseitiger Verträge, also die Frage, ob die Sachleistung noch erbracht werden mußte, wenn der Erfüllungszwang für den Sachschuldner wegen der veränderten Verhältnisse nicht mehr zumutbar erschien. Ausgangspunkt der Argumentation war lange Zeit die Veränderung der Verhältnisse auf der Seite des Sach- und nicht des Geldschuldners. Die Problematik des Währungsverfalls blieb hinter der Erschwerung der Sachleistung infolge des kriegsbedingten Rohstoff- und Arbeitskräftemangels verborgen. Das Reichsgericht löste die auftretenden Fragen zunächst nach Unmöglichkeitsrecht. Nach und nach gewann das Argument der Unzumutbarkeit gemäß §§ 242, 157 BGB an Bedeutung. Später kam die Lehre vom Wegfall der Geschäftsgrundlage dazu. Der weiche Begriff der Zumutbarkeit hatte den Vorteil, auch ohne dogmatische Begründung zu billigen Ergebnissen zu führen. Dabei ging es zunächst immer nur um Auflösung oder Nichtauflösung des Vertrages. Dies änderte sich im September 1920, als das Reichsgericht erstmals gestaltend in ein Vertragsverhältnis eingriff und unter Berufung auf § 242 BGB die Gegenleistung erhöhte, statt wie bislang den Vertrag aufzulösen. Die unbedingte Maßgeblichkeit des Nennwertprinzips war damit endgültig zerbrochen[254] und das, bevor am 28.11.1923 die berühmte Aufwertungsentscheidung erging, mit der das Reichsgericht die Aufwertung einseitiger Zahlungsverpflichtungen anerkannte[255].

Da sich die wirtschaftlichen und sozialen Ereignisse überstürzten und sich die Gerichte einer wachsenden Flut von Streitfällen ausgesetzt sahen, fehlte oft die Zeit für präzise dogmatische Einordnungen[256]. Viele der Entscheidungen litten an dogmatischer Unschärfe. Häufig bestand die Entscheidungsbegründung aus einer relativ ungeordneten Anordnung rechtlicher Gesichtspunkte. Hinzu kamen Widersprüche zwischen einzelnen Entscheidungen und Senaten. Vor allem zwischen dem 2. und 3. Senat kam es immer wieder zu Spannungen. Dies galt nicht nur für die Ruin-Rechtsprechung des 3. Senats, die der 2. Senat als zu eng ver-

---

254 Vgl. RGRK/*Michaelis*, BGB, § 242, Anm. 5 , S. 376; *Nörr*, Zwischen den Mühlsteinen, S. 64.

255 RGZ 107, 78.

256 *Rüthers*, Die unbegrenzte Auslegung, S. 40.

warf. Auch das Verhältnis des Richters gegenüber Gesetz und Vertrag wurde unterschiedlich beurteilt. Der 3. Senat forderte meist eine freiere Stellung des Richters gegenüber Gesetz und Vertrag. Der Richter müsse „selbstschöpferisch die Entscheidung treffen“[257], in bestehende Vertragsverhältnisse eingreifen[258]. Der 2. Senat verhielt sich gegenüber derartigen Bekenntnissen zur richterlichen Freiheit distanziert. Sein Verdienst lag in der dogmatischen Erklärung der neuartigen Erscheinungen, wie der klaren Herausarbeitung des Äquivalenzprinzips und der Übernahme der Lehre Oertmanns von der Geschäftsgrundlage[259].

3. Richterliche Aufwertung bei einseitigen Verträgen

Eine Aufwertung bei einseitigen Zahlungsverpflichtungen, wie bei Darlehensforderungen oder Vermächtnisansprüchen, lehnte das Reichsgericht zunächst ab[260].

a) Das Aufwertungsurteil (RGZ 107, 78)

Dabei waren dem Reichsgericht die Ausmaße der Inflation durchaus bewußt. Hatte das Reichsgericht die Inflation noch 1920 als „Umsturz aller wirtschaftlichen Verhältnisse“[261] bezeichnet, sprach es bereits im Februar 1922 von einer „grundstürzenden Preisänderung“[262] und im Juni 1922 von einem „katastrophalen Umschwung der Geldverhältnisse“[263]. Wenn das Reichsgericht eine Ausdehnung der Aufwertung auf einseitige Zahlungsverpflichtungen gleichwohl ablehnte, standen dahinter dogmatische Bedenken. Für die Anwendung des bei gegenseitigen Verträgen entscheidenden Äquivalenzprinzips war kein Raum. Es fehlte an einer Gegenleistung, weil der Anspruch auf Gewährung des Darlehens mit dem Rückerstattungsanspruch nicht im Gegenseitigkeitsverhältnis stand[264]. Ferner war der Vertrag durch die Hingabe des Darlehensbetrages bereits teilweise erfüllt. Ein Einverständnis des Geldschuldners mit der Erhöhung seiner

---

257 RGZ 104, 394 (397).
258 RGZ 100, 129 (132); 104, 218 (222).
259 *Nörr*, Zwischen den Mühlsteinen, S. 65.
260 RGZ 101, 141.
261 RGZ 100, 129 (131).
262 RGZ 103, 329 (332).
263 RGZ 104, 394, (397).
264 Staudinger/*Weber*, 11. Aufl., § 242 Rn. F 7.

Verbindlichkeit kam daher, anders als bei noch unerfüllten Verträgen, nicht in Betracht[265].

Zahlreiche Geldschuldner, insbesondere Hypothekengläubiger, nutzten den Währungsverfall und befreiten sich von ihren Schulden durch Zahlung mit entwerteter Papiermark zum Nennbetrag. Die Gläubiger fühlten sich durch eine derartige „Erfüllung" um ihre Forderungen betrogen; sie sahen darin „Enteignung, die durch die blinde Naturgewalt des Zwangskurses ohne Entschädigung stattfinde und eine katastrophale Niederlage des bürgerlichen Rechts bedeute"[266].

Als die Inflation immer dramatischere Ausmaße annahm, sprachen sich verschiedene Gerichte für eine Aufwertung einseitiger Zahlungsverpflichtungen aus[267]. Schließlich bekannte sich auch der 5. Senat des Reichsgerichts in einer Entscheidung vom 28.11.1923[268], jener berühmt gewordenen Aufwertungsentscheidung, zur Aufwertung hypothekarisch gesicherter Darlehensforderungen.

Der Kläger war Eigentümer eines Grundstücks in Lüderitzbucht im ehemaligen Deutsch-Südwestafrika, der Beklagte seit 1913 Gläubiger einer darauf ruhenden Hypothek. Bei Fälligkeit der Forderung am 1. April 1920 zahlte er diese einschließlich Zinsen zum Nennbetrag in Reichsbanknoten zurück. Der Beklagte verweigerte die Herausgabe des Hypothekenbriefs und die Erteilung einer Löschungsbewilligung. Die ersten beiden Instanzen gaben dem Kläger, das Reichsgericht gab dem Beklagten recht.

Zunächst war fraglich, ob überhaupt deutsches Recht anwendbar war. Das Reichsgericht ließ die Frage offen und löste den Fall alternativ für deutsches und südwestafrikanisches Recht. In beiden Fällen kam es zur Fehlerhaftigkeit des Berufungsurteils. Nach südafrikanischem Recht sei deutsches Papiergeld nicht gesetzliches Zahlungsmittel gewesen[269]. Nach deutschem Recht stehe dem Beklagten ein Anspruch auf Aufwertung der Hypothekenforderung gemäß § 242 BGB zu. Treu und Glauben mit Rücksicht auf die Verkehrssitte erforderten die billige Rücksichtnahme auf die Interessen beider Teile. Ein allgemeiner Grundsatz sollte sich hieraus jedoch nicht ableiten. Weder sei jede Hypotheken-

---

265 *Eckert*, Privatrecht und Staatsbankrott, S. 92.

266 RGRK/*Michaelis*, BGB, § 242 Anm. 5 b, S. 376.

267 OLG Darmstadt JW 53 (1923), 459, 522; OLG Hamburg JW 53 (1923), 461; LG Stuttgart JW 53 (1923), 135; LG München I LZ 1923, 661; LG Münster JW 53 (1923), 1059; dagegen KG JW 53 (1923), 693, 1044.

268 RGZ 107, 78.

269 RGZ 107, 78 (83).

forderung aufzuwerten noch sei das Maß der Aufwertung stets das gleiche. Vorrang hätten die Umstände des einzelnen Falles, wobei insbesondere der Wertzuwachs des Grundstücks von Bedeutung sei[270].

Den Nominalismus der Währungsvorschriften schob das Reichsgericht unter Berufung auf § 242 BGB rasch beiseite. Der Währungsgesetzgeber sei bei der als zeitweilig gedachten Aufhebung der Goldparität 1914 davon ausgegangen, daß der Wert des Papiergeldes stabil bleibe. Durch den Währungsverfall sei ein Widerstreit entstanden zwischen dem Währungsrecht und den sonstigen Gesetzesnormen, namentlich § 242 BGB, wonach sich der Schuldner nicht treuwidrig seiner Verbindlichkeiten entledigen dürfe. Bei diesem Widerstreit müßten die Währungsvorschriften gegenüber § 242 BGB zurücktreten.

Auch der Reichsgesetzgeber habe den Grundsatz „Mark gleich Mark" bereits mehrfach durchbrochen, woraus auf die Zulässigkeit einer Aufwertung im übrigen geschlossen werden könne[271]. Gleiches gelte für das Reichsgericht, das wiederholt zwischen Nenn- und Verkehrswert unterschieden habe[272]. Bislang seien zwar nur Ansprüche aus gegenseitigen Verträgen aufgewertet worden. Aber auch bei einem Darlehen bestehe seinem Wesen nach die Voraussetzung einer Gleichwertigkeit von Leistung und Gegenleistung. Nach § 607 BGB (a. F.) und dem Willen der Parteien solle der Darlehensgläubiger das erhaltene Geld nicht nur in gleicher Menge, sondern auch in gleicher Güte zurückzahlen. Die Güte des Geldes werde zwar durch den gesetzlichen Zwangskurs vorgegeben, weshalb grundsätzlich der Kreditgläubiger die Gefahr einer Geldentwertung trage. Dieser Einwand könne jedoch aus den bereits genannten Gründen nicht durchgreifen[273]. Zu einem Aufwertungsanspruch gelange man schließlich auch auf dem Wege der ergänzenden Vertragsauslegung. Denn bei Voraussicht der Geldentwertung hätten die Parteien eine Erhöhung des zurückzuzahlenden Darlehensvertrages vereinbart[274]. Ausdrücklich offen ließ das Reichsgericht die mit der Aufwertung von Hypotheken verbundenen dinglichen Probleme[275].

---

270 RGZ 107, 78 (87).
271 RGZ 107, 78 (88 ff.).
272 RGZ 107, 78 (90 f.).
273 RGZ 107, 78 (91).
274 RGZ 107, 78 (92).
275 RGZ 107, 78 (92 f.).

Das Aufwertungsurteil des 5. Senats schlug ein „wie eine Bombe“[276]. Die hypothekarisch gesicherte Darlehensforderung zählte zu den wirtschaftlich wichtigsten Anspruchsarten. Die Frage ihrer Aufwertung war seit langem Gegenstand tagespolitischer und wissenschaftlicher Diskussion. Die Reaktionen in der Literatur auf das Urteil reichten von begeisterter Zustimmung bis zu heftiger Ablehnung[277]. Dabei störte die wenigsten, daß der zugrunde liegende Sachverhalt für eine Grundsatzentscheidung denkbar ungeeignet war. Nicht nur blieb unklar, ob überhaupt deutsches Recht anwendbar war. Die Hypothekenforderung war ferner am 1. April 1920 zu einem Zeitpunkt fällig und beglichen worden, als der Währungsumschwung noch keine katastrophalen Ausmaße angenommen hatte[278].

Die dogmatische Begründung war dürftig. Fast apodiktisch stellte der Senat fest, die Zulässigkeit einer Aufwertung folge aus § 242 BGB. Andere, bislang zur Lösung des Problems der veränderten Umstände herangezogenen Rechtsfiguren – Unmöglichkeit, Unzumutbarkeit und Wegfall der Geschäftsgrundlage – wurden nicht in Erwägung gezogen. Die frühere Entscheidung desselben Senats[279], in der eine Aufwertung einer hypothekarisch gesicherten Darlehensforderung abgelehnt wurde, fand nicht einmal Erwähnung. Lapidar hieß es: „Unrichtige Rechtsauffassungen des Jahres 1920 können jetzt nicht mehr ausschlaggebend sein“[280]. Dabei konnte der Gegensatz zwischen den beiden Urteilen auch nicht mit den verschiedenen Stadien der Geldentwertung erklärt werden; denn das frühere Urteil bezog sich auf den 2.6.1920, also auf einen späteren Zeitpunkt als das neue Urteil. Dort war die Hypothekenforderung bereits am 1.4.1920 fällig gewesen.

Den weitaus größten Teil der Begründung verwandte das Reichsgericht auf die Feststellung, daß die Währungsgesetze einer Aufwertung nicht entgegenstünden. Richtig ist, daß hierauf der Schwerpunkt der Begründung liegen mußte. Denn unter Berufung auf § 242 BGB setzte sich das Reichsgericht über zwingende Währungsvorschriften hinweg. Neben dem hilfsweise herangezogenen

---

276 So die Ansicht zeitgenössischer Betrachter: *Mügel*, DRW V (1940), 44 (47); *Oertmann*, Die Aufwertungsfrage, S. 7; *Luther*, Politker ohne Partei, S. 230.

277 Inbes. *Oertmann*, Die Aufwertungsfrage als Befürworter und *Heck*, AcP 122 (1924), 203 als Gegner des Urteils; siehe im übrigen zum fast unüberschaubaren Schrifttum zur Aufwertung Staudinger/*Weber*, 11. Auf., § 242 Rn. F 30; Staudinger/*Werner*, BGB, 9. Aufl, § 242, Anm. V 1 c, S. 49 ff.; Oertmann, a.a.O, S. 10 f.

278 *Eckert*, Privatrecht und Staatsbankrott, S. 92 f.

279 RGZ 101, 141.

280 RGZ 107, 78 (87).

Argument der ergänzenden Vertragsauslegung stützte sich das Reichsgericht auf zwei Gesichtspunkte: eine Einschränkung der Währungsvorschriften aufgrund historischer Auslegung und einen Rekurs auf Gesetzgebung und Rechtsprechung, die beide das Nennwertprinzip bereits mehrfach durchbrochen hätten. Beide Begründungsversuche können nicht überzeugen.

Die historische Auslegung litt an dem Mangel, den wirklichen Willen des historischen Gesetzgebers zu verkennen. Das Reichsgericht berief sich darauf, der Gesetzgeber sei bei Aufhebung der Goldparität von der Wertstabilität der Papiermark ausgegangen. Die Unrichtigkeit diese Auffassung wurde bereits von Heck nachgewiesen[281]. Es sei gerade Zweck der Währungsgesetze gewesen, das Papiergeld vor zukünftigem Wertverlust zu schützen. Man habe daher mit einer eventuellen Benachteiligung der Gläubiger gerechnet, diese aber aufgrund der besonderen Kriegsumstände in Kauf genommen. Unerheblich sei, daß man zum Zeitpunkt der Schaffung der Währungsgesetze von einer Gleichwertigkeit von Papier- und Goldmark ausgegangen sei, entscheidend sei die Prognose für die Zukunft gewesen.

Wenn sich das Reichsgericht weiter darauf berief, der Gesetzgeber habe den Grundsatz „Mark gleich Mark" bereits mehrfach durchbrochen, wäre zu untersuchen gewesen, ob es nicht um Ausnahmevorschriften ging, die einer Verallgemeinerung gerade nicht zugänglich waren[282]. Auch der Rückgriff auf die bisherige Rechtsprechung war überaus fragwürdig, insbesondere die Übertragung des Äquivalenzprinzips auf einseitige Verträge[283].

Die Argumente des Reichsgerichts lassen sich leicht kritisieren. Vor allem aber ist zu kritisieren, daß das Reichsgericht seine wahren Gründe – die als unerträglich empfundene Untätigkeit des Gesetzgebers – nicht offen legte[284]. Es wäre Aufgabe des Gesetzgebers gewesen, der inflationsbedingten Entrechtung der Hypothekengläubiger Einhalt zu gebieten. Der Zwangskurs hätte aufgehoben und durch eine andere Regelung ersetzt werden müssen. Die dem Zwangskurs zugrunde liegende Interessenlage war weggefallen und die Benachteiligung der Gläubiger nicht mehr zu rechtfertigen. Die Schädigung der Gläubigerinteressen hatte nicht nur unvertretbare Ausmaße angenommen. Zudem war der mit Zwangskurs verfolgte Zweck, die Stabilisierung der Währung, unerreichbar

281 *Heck*, AcP 122 (1924), 203 (209 ff.).
282 *Heck*, a. a. O., S. 214.
283 Hierzu *Oertmann*, Die Aufwertungsfrage, S. 15 ff.
284 *Rüthers*, Die unbegrenzte Auslegung, S. 87.

geworden. Spätestens Mitte 1923 war der Währungskurs endgültig zusammengebrochen. Auch der Zwangskurs konnte den immer tieferen Sturz der Mark nicht aufhalten, was schon daraus zu ersehen ist, daß das Urteil des Reichsgerichts auf den Kurswert der Mark nicht den geringsten Einfluß hatte[285].

Inwiefern das Reichsgericht in dieser historischen Ausnahmesituation anstelle des Gesetzgebers tätig werden durfte, ist eine schwierige Frage. Die Aufrechterhaltung des Zwangskurses hatte einen Zustand geschaffen, der jedem Gerechtigkeitsgefühl Hohn sprach. Gleichwohl verweigerte der Gesetzgeber die dringend gebotene Abhilfe. Es war eine Art Rechtsnotstand entstanden, der die Gerichte in große Gewissensnot brachte. Die Nichtanwendung des gesetzlichen Zwangskurses mag daher gerechtfertigt gewesen sein[286].

Nicht gerechtfertigt war die Festsetzung eines neuen Währungskurses. Das Reichsgericht stellte für die Aufwertung zwar keine festen Regeln auf; insofern wurde es anders als ein Gesetzgeber tätig, der stets um Verallgemeinerung bemüht ist. Dennoch nahm es für sich in Anspruch, den Währungskurs bestimmen zu können. Die Bestimmung des Währungskurses, zumal während einer Inflation, gehört jedoch zu den grundlegenden wirtschaftspolitischen Weichenstellungen, die dem Gesetzgeber vorbehalten sind[287].

Vor allem aber war die Festsetzung eines neuen Währungskurses zum Schutz der Gläubiger überhaupt nicht erforderlich. Es hätte ausgereicht, den Zwangskurs aufzuheben und eine zeitweise Rückzahlungs- und Löschungssperre auszusprechen. Es verwundert ohnehin, daß sich das Reichsgericht hierauf nicht beschränkt hat, weil der Fall zu einer Aufwertung nicht unbedingt Anlaß gegeben hatte. Der Gläubiger war Beklagter, der nicht Aufwertung seiner Forderung verlangt, sondern nur die Löschungsbewilligung und Herausgabe des Hypothekenbriefs verweigert hatte. Zwar begründete er sein Verhalten damit, ihm könne nicht zugemutet werden, sich mit minderwertigem Geld zu begnügen[288]. Daraus ein Aufwertungsbegehren, wie es das Reichsgericht tat[289], abzuleiten, war zwar möglich, nicht aber das Naheliegendste. Mit einer Rückzahlungssperre wäre freilich keiner Partei auf Dauer geholfen gewesen. Die Rechte des Gläubigers wären jedoch bis zum Eingreifen des Gesetzgebers gesichert gewesen. Auch

---

285 *Heck*, AcP 122 (1924), 203 (216 ff.).
286 *Rüthers*, Die unbegrenzte Auslegung, S. 76 f.
287 *Rüthers*, Die unbegrenzte Auslegung, S. 77 f.; *Grau*, AcP 121 (1923), 318 (337 ff.).
288 RGZ 107, 78 (85).
289 RGZ 107, 78 (86).

hiermit hätte das Reichsgericht in den gesetzgeberischen Funktionsbereich eingegriffen, aber nicht mehr als unbedingt nötig. Die besonderen Umstände konnten den letzteren Eingriff rechtfertigen, nicht aber die Festsetzung eines neuen Währungskurses[290].

b) Entwicklung der Rechtsprechung und dogmatischer Ertrag

Das Aufwertungsurteil wurde zur Grundlage für das gesamte Aufwertungsrecht[291]. Die weitere Entwicklung der Rechtsprechung zur Aufwertung kann nur in Grundzügen aufgezeigt werden. Am 14.2.1924 trat die 3. Steuernotverordnung[292] in Kraft, womit der Gesetzgeber – zu diesem Zeitpunkt die Reichsregierung[293] – den Grundgedanken der Aufwertung als berechtigt anerkannte. Der ordentliche Gesetzgeber regelte die Aufwertung durch das Aufwertungsgesetz vom 16.7.1925[294] und das Anleiheablösungsgesetz vom selben Tag[295]. Soweit eine gesetzliche Regelung fehlte, blieb es bei der sogenannten freien oder richterliche Aufwertung[296]. Hier schritt die Rechtsprechung auf dem im Aufwertungsurteil aufgezeigten Weg fort.

Das Reichsgericht hielt an § 242 BGB als Grundlage der Aufwertung fest. Maßgebend blieben die jeweiligen Umstände des Einzelfalls. Festere Regeln für das Maß der Aufwertung wurden auch später nicht aufgestellt. Weder sollte der Gläubiger stets den vollen Goldwertbetrag seiner Forderung zum Zeitpunkt ih-

---

290 *Heck*, AcP 122 (1924), 203 (222); *Rüthers*, Die unbegrenzte Auslegung, S. 78.

291 *Mügel*, DRW V (1940), 44 (47).

292 RGBl I S. 74 mit vier Durchführungsverordnungen vom 1.5.1924 (RGBl. I S. 430), 24.5.1924 (RGBl. I S. 561), vom 15.8.1924 (RGBl. I S. 682), und vom 28.8.1924 (RGBl. I S. 694); geändert durch die Verordnung des Reichspräsidenten zur einstweiligen Regelung der Aufwertung vom 4.12.1924 (RGBl. I S. 765), das Gesetz betr. die Aussetzung des Verfahrens vor Gerichten und Aufwertungsstellen vom 17.2.1925 (RGBl. I S. 15), das Gesetz über die Verlängerung der Fristen der Dritten Steuernotverordnung vom 27.3.1925 (RGBl. I S. 29), das Gesetz zur Verlängerung der Geltungsdauer der Dritten Steuernotverordnung vom 28.6.1925 (RGBl. I S. 92).

293 Ermächtigungsgesetz v. 8.12.1923 (RGBl. I S. 1179).

294 RGBl. I S. 117 mit Durchführungsverordnungen vom 29.11.1925 (RGBl. I S. 392), 12.9.1927 (RGBl. I S. 299), 20.12.1927 (RGBl. I S. 513), 3.1.1928 (RGBl. I S. 7) und weiteren Verordnungen über die Durchführung im einzelnen; zu den Änderungen und Ergänzungen des Aufwertungsgesetzes Staudinger/*Weber*, BGB, 11. Aufl., § 242 Rn. F 24.

295 RGBl. I S. 137.

296 Hierzu umfassend RGRK/*Michaelis*, BGB, § 242 Anm. 5 d, S. 379 ff.; Staudinger/*Weber*, BGB, 11. Aufl., § 242 Rn. F 30 ff.

rer Begründung erhalten, noch bildete dieser die Obergrenze[297]. Denn die Aufwertung sei kein rechtlich bestimmter Begriff und Richtlinien aufzustellen keine Frage des Rechts, sondern der tatsächlichen Beurteilung[298]. Dabei sollte sich der veränderte Vertragsinhalt direkt aus dem Gesetz ergeben und vom Richter nur festgestellt werden[299]. Der Unterschied zur richterlichen Gestaltung bestand freilich nur in der Formulierung[300].

Ein Aufwertungsanspruch war selbst dann nicht ausgeschlossen, wenn der Schuldner die Forderung bereits durch Zahlung des Papiermarkbetrages „beglichen“ hatte. Die Aufwertung konnte somit rückwirkend geltend gemacht werden. Ermöglicht wurde die Rückwirkung durch die Vorstellung, Aufwertungsanspruch und Papiermarkanspruch seien Teil einer einheitlichen Forderung[301]. Bei Zahlung mit entwertetem Geld lag folglich nur eine Teilleistung vor, unabhängig davon, ob der Gläubiger sie als volle Erfüllung angenommen hatte[302]. Der Gläubiger konnte daher den Aufwertungsbetrag als Restbetrag verlangen[303]. In der vorbehaltlosen Annahme des Papiermarkbetrages lag insbesondere kein Verzicht[304]. Ein über den Papiermarkbetrag ergangenes rechtskräftiges Urteil stand nicht entgegen, weil sich die Rechtskraft nicht auf den aufgewerteten Teil der Forderung bezog[305].

Die Rückwirkung der Aufwertungsansprüche bedeutete für den Schuldner eine große Ungewißheit. Selbst wenn der Gläubiger den Papiermarkbetrag vorbehaltlos angenommen hatte, konnte der Schuldner nicht sicher sein, ob der Gläubiger später nicht doch Aufwertung verlangen würde. Eine gewisse zeitliche Begrenzung erfolgte durch die Verjährungsvorschriften. Aufgrund der Einheit von Papiermarkanspruch und Aufwertungsanspruch ergriff die für den Papiermarkanspruch geltende Verjährung grundsätzlich auch den Aufwertungsanspruch. Die Verjährung begann allerdings nicht, bevor der Aufwertungsanspruch von der Rechtsprechung nicht erstmals anerkannt worden war. Bis dahin sollte ein der Verjährungshemmung ähnlicher Vorgang vorliegen. Über den

---

297 RGKR/*Michaelis*, BGB, § 242 Anm. 5 d α, S. 381 f.
298 RGZ 110, 371 (377, 380).
299 RGZ 111, 60 (63).
300 *Rüthers*, Die unbegrenzte Auslegung, S. 85; vgl. *Nörr*, Zwischen den Mühlsteinen, S. 67 Fn. 55.
301 RG LZ 1927, Sp. 612; *Mügel*, Das gesamte Aufwertungsrecht, S. 180.
302 RGZ 110, 127 (132); *Mügel*, a. a. O., S. 223.
303 RGZ 109, 111 (112, 114); 110, 65 (78); 114, 399 (403).
304 RGZ 109, 111 (112); 110, 127 (133).
305 RGZ 109, 195 (197); 110, 127 (131); 110, 388 (389).

Zeitpunkt, bis zu welchem eine Hemmung der Verjährung anzunehmen war, herrschte Uneinigkeit[306].

Das Bedürfnis, der Ungewißheit des Schuldners über die Verjährung hinaus zeitliche Grenzen zu setzen, führte schließlich zur Anerkennung des Verwirkungsgedankens[307]. Die Frage der Verwirkung tauchte zunächst vorwiegend bei Forderungen auf, die bereits in Papiermark bezahlt worden waren[308]. Hier konnte der Schuldner am ehesten davon ausgehen, die Angelegenheit habe sich für den Gläubiger erledigt. Später wurde Verwirkung auch dann angenommen, wenn der Gläubiger die Zahlung des Papiermarkbetrages unter Vorbehalt angenommen oder der Schuldner noch überhaupt nicht gezahlt hatte[309].

Zu den dogmatischen Neuerungen der Aufwertungsrechtsprechung zählte neben dem Rechtsinstitut der Verwirkung die Schaffung eines Ausgleichsanspruchs aus gestörter Geschäftsgrundlage[310]. Mit dem Ausgleichsanspruch sollte eine Problematik gelöst werden, die bei der Veräußerung von mit Hypotheken belasteten Grundstücken auftrat. Folgende Fallkonstellationen waren denkbar: Das verkaufte Grundstück war mit Hypotheken belastet. Dem Verkäufer oblag gemäß §§ 434, 439 Abs. 2 BGB (a. F.) die Verpflichtung, dem Käufer das Grundstück lastenfrei, also frei von Hypotheken, zu verschaffen. Bei der Vereinbarung des Kaufpreises hatte man eine spätere Aufwertung der hypothekarisch gesicherten Forderung nicht vorausgesehen. Der Kaufpreis war dementsprechend so niedrig kalkuliert, daß der Verkäufer für die Befreiung des Käufers von der Last der aufgewerteten Hypothek oft mehr aufbringen mußte, als er selbst als Kaufpreis für das Grundstück erhalten hatte. Es tauchte die Frage auf, ob sich der Käufer an dieser den Verkäufer treffenden Aufwertungslast beteiligen müsse.

Verschärft wurde das Problem durch die in § 15 AufwG angeordnete Rückwirkung. Auch bereits gelöschte Hypotheken sowie die zugrunde liegenden Forderungen wurden danach aufgewertet. Der Käufer konnte das Grundstück zwar gemäß § 20 AufwG gutgläubig lastenfrei erwerben. Der Verkäufer hingegen blieb mit der persönlichen Forderung belastet, ohne daß diese bei Bemessung des Kaufpreises Berücksichtigung gefunden hätte. In der umgekehrten Konstel-

---

306 *Mügel*, Das gesamte Aufwertungsrecht, S. 228 ff.; Staudinger/*Weber*, BGB, 11. Aufl., § 242 Rn. F 48.

307 Zuerst RGZ 110, 127 (132).

308 RGZ 114, 399 (404); 117, 358 (359 f.).

309 Staudinger/*Weber*, BGB, 11. Aufl., § 242 Rn. F 51.

310 Zur Rspr. ausführlich RGRK/*Michaelis*, BGB, § 242, Anm. 5 d β, S. 387 ff.

lation, wenn sich der Käufer unter Anrechnung auf den Kaufpreis zur Übernahme der Hypotheken verpflichtet hatte, war fraglich, ob dem Käufer ein Ausgleichsanspruch zustand.

Grundlegend für die geschilderte und vom Gesetzgeber bewußt offen gelassene[311] Ausgleichsproblematik war eine Entscheidung des Reichsgerichts vom 10.2.1926[312]. Zu entscheiden war über die Klage eines Grundstückskäufers auf Löschung einer aufgewerteten Hypothek. Das Reichsgericht erklärte, zu prüfen sei, ob die geforderte Beseitigung dem Verkäufer gemäß § 242 BGB noch zugemutet werden könne. Hierfür sei maßgebend, ob das Gleichgewicht zwischen Leistung und Gegenleistung, das die Geschäftsgrundlage des Vertrages bilde, erschüttert sei, etwa weil der Verkäufer infolge der Verpflichtung zur Beseitigung der aufgewerteten Hypotheken größere Beträge für deren Beseitigung aufwenden müsse, als die Parteien bei Vertragsschluß vorausgesehen hätten. Im Einzelfall könne „ein so erhebliches Mißverhältnis zwischen Leistung und Gegenleistung eintreten, daß es gegen Treu und Glauben verstoßen würde, wenn der Grundstückserwerber den Grundstücksveräußerer unter den alten Vertragsbedingungen an der von ihm übernommenen Verpflichtung zur Beseitigung der Hypotheken festhalten würde. In solchen Fällen ... muß dem Erwerber das Recht zugestanden werden, von dem Erwerber des Grundstücks zu verlangen, daß er zu der vom Veräußerer zur Bewirkung der Hypothekenbeseitigung aufzuwendenden erhöhten Summe einen Beitrag leistet“[313]. Falls der Erwerber einen Beitrag zum Aufwertungsbetrag ablehne, könne der Veräußerer vom Kaufvertrag zurücktreten. Wolle der Veräußerer am Vertrag festhalten, dürfe er die Beseitigung der Hypotheken ablehnen, bis der Erwerber seinen Beitrag zur Aufwertungslast geleistet habe[314].

Später wurde das Rücktrittsrecht des Veräußerers an die Voraussetzungen des § 326 BGB (a. F.) geknüpft[315]. Der Käufer sollte jedoch seinerseits zurücktreten können, falls ihm die Mehrleistung nicht zuzumuten war[316]. Falls nach dem Vertrag der Käufer die Aufwertungslast zu tragen hatte, richtete sich der Ausgleichsanspruch gegen den Verkäufer[317]. Ob und in welcher Höhe eine Partei

---

311 Hierzu *Mügel*, Das gesamte Aufwertungsrecht, S. 484 f.
312 RGZ 112, 329.
313 RGZ 112, 329 (333).
314 RGZ 112, 329 (334 f.).
315 RGZ 121, 130 (134).
316 RGZ 119, 133 (141).
317 RGZ 133, 63 (65).

Ausgleich verlangen konnte, hing von den Umständen des Einzelfalls ab. Als Beispiele nannte das Reichsgericht die Höhe des Kaufpreises, die Höhe des zur Beseitigung der Hypothek aufzuwendenden Betrages, das Verhältnis des Nennbetrages der Hypothek zum Kaufpreis, den gegenwärtigen Wert des Grundstücks, die Art der Anlage des Kaufpreises und die wirtschaftliche Lage der Parteien[318]. Verkompliziert wurde die Lage durch unterschiedliche Zuständigkeiten. Für den Ausgleichsanspruch zwischen Erwerber und Veräußerer waren die ordentlichen Gerichte, für den Aufwertungsanspruch der Gläubiger gegen den Veräußerer gemäß § 69 AufwG die Aufwertungsstellen zuständig.

4. Die verfassungspolitische Seite des Aufwertungsurteils

Wichtiger als der dogmatische Ertrag des Aufwertungsurteils war seine verfassungspolitische Tragweite. Das Reichsgericht hatte in seiner Entscheidung zivilrechtlich argumentiert. Den Konflikt mit dem Gesetzgeber hatte es verschwiegen. Gleichwohl blieb die Frontstellung gegen den Gesetzgeber erkennbar. Auch der Gesetzgeber erkannte sie und sah sich unter Zugzwang gesetzt[319]. An einer gesetzlichen Regelung der Aufwertungsproblematik führte nun kein Weg mehr vorbei. Besonders die Tatsache, daß das Reichsgericht daran festhielt, eine Aufwertung nur nach Maßgabe des Einzelfalls auszusprechen, barg die Gefahr großer Rechtsunsicherheit und zwang zu sofortigem gesetzgeberischen Tätigwerden.

a) Die Vorarbeiten für den Erlaß einer 3. Steuernotverordnung

Das Aufwertungsurteil vom 23. November 1923 fiel in eine der vielen Umbruchphasen der Weimarer Republik. Das Kabinett Cuno war am 12. August 1922 zurückgetreten. Das nachfolgende Kabinett Stresemann hatte die währungspolitisch bedeutsame Entscheidung getroffen, die Notenpresse stillzulegen und mit der Einführung der Rentenmark zum 15. November 1923 den Grundstein für eine neue Währungsordnung gelegt. Nach dem Rücktritt Stresemanns am 23. November 1923 übernahm am 30. November 1923 das Kabinett Marx die Reichsregierung. Die mit der Einführung der Rentenmark begonnene Geldwertstabilisierung wurde auch für die neue Reichsregierung zentrales Thema[320].

---

318 RGZ 112, 329 (334).

319 *Luther*, Politiker ohne Partei, S. 233 f., 238 f.

320 *Abramowski*, in: Akten der Reichskanzlei, S. XIX ff.

Mit dem Aufwertungsurteil befaßte sich das Kabinett Marx erstmals in einer Sitzung vom 15. Dezember 1923. Man plante, die Aufwertungsfrage in einer dritten Steuernotverordnung zu regeln[321]. Das Ermächtigungsgesetz vom 8. Dezember 1923[322] schien hierfür die erforderliche gesetzliche Grundlage zu bieten. Nach § 1 Satz 1 durfte die Reichsregierung Maßnahmen treffen, welche sie „im Hinblick auf die Not von Volk und Reich erforderlich und dringend erachtet". Das Aufwertungsurteil war bei Erlaß des Ermächtigungsgesetzes bereits bekannt[323]. Dennoch dürfte das Ermächtigungsgesetz nicht von vornherein dazu gedacht gewesen sein, der sich abzeichnenden Rechtsprechung des Reichsgerichts Einhalt zu gebieten[324].

Gedanklich gab es für die Lösung des Aufwertungsproblems drei Möglichkeiten. Es konnte versucht werden, die inflationsbedingte Umverteilung des Vermögens vollständig, überhaupt nicht oder teilweise rückgängig zu machen. Die erste Möglichkeit setzte voraus, alle Forderungen – zwischen Privatpersonen und gegen öffentliche Körperschaften – vollständig aufzuwerten. Befürworter der zweiten Möglichkeit lehnten jede Aufwertung ab. Die teilweise Rückgängigmachung bot Variationsmöglichkeiten. Denkbar war es drittens, die Aufwertungen gegen öffentliche Körperschaften zu untersagen, eine teilweise Aufwertung unter Privaten jedoch zuzulassen.

Die erste Möglichkeit, alle Forderungen vollständig aufzuwerten, schied schon mangels staatlicher Leistungsfähigkeit aus. Zu den beiden anderen Möglichkeiten wurden im Kabinett die gegensätzlichsten Ansichten vertreten.

Vor allem Reichsfinanzminister Luther sprach sich entschieden gegen eine Aufwertung und damit gegen einen Ausgleich zwischen den Vertragsparteien aus. Der Inflationsgewinn des Schuldners solle im Wege der Besteuerung abgeschöpft werden und dem Staat zufallen[325]. Reichsjustizminister Emminger hingegen befürwortete eine privatrechtliche Regelung, was im Grundsatz der Lösung des Reichsgerichts entsprach. Der Aufwertungsanspruch sei in Höhe von

---

321 Protokoll der Sitzung des Wirtschaftsausschusses vom 15.12.1923, in: Akten der Reichskanzlei, Nr. 25, S. 109 ff.

322 RGBl. I S. 1179.

323 *Luther*, Politiker ohne Partei, S. 229.

324 *Berkemann*, EuGRZ 1986, 80 (84).

325 *Luther* in der Sitzung des Wirtschaftsausschusses des Kabinetts am 15.12.1923, in: Akten der Reichskanzlei, Nr. 25, S. 110.

10–15 % des Goldwertes zu gewähren. Die genaue Höhe habe der Richter je nach Lage des Einzelfalls zu bestimmen[326].

Der Reichsfinanzminister rechtfertigte das Aufwertungsverbot nicht allein mit finanziellen Erwägungen. Man muß sich die Vielschichtigkeit der Argumentation vor Augen führen, um ermessen zu können, wie komplex die Frage war, die das Reichsgericht in seinem Aufwertungsurteil zu entscheiden in Anspruch genommen hatte.

Verfassungsrechtliche Bedenken standen nach Auffassung des Reichsfinanzministers einer vollständigen Ablehnung des Aufwertungsanspruchs nicht entgegen. Jedenfalls griffen etwaige Bedenken auch gegenüber einer nur geringen Aufwertungsquote ein. Die Bestimmungen über die Enteignung fänden keine Anwendung. Es handle sich lediglich um die gesetzliche Regelung eines unerträglichen Zustandes der Rechtsunsicherheit. Es solle bestimmtes Recht geschaffen werden; dabei werde nicht enteignet. Es würden nur die Ergebnisse der Wirtschaftsentwicklung, der durch die Verfassung nicht gehinderten Geldentwertung rechtlich anerkannt. Ungerechtigkeiten im Ergebnis würden durch Steuern ausgeglichen oder gemildert[327].

In rechtspolitischer Hinsicht, erklärte der Reichsfinanzminister, sei zu bedenken, Gerechtigkeit gegenüber denen, deren Forderungen noch bestünden, bedeute Ungerechtigkeit gegenüber den Vielen, die den Verlust bereits endgültig zu tragen hätten. Zudem träte an die Stelle von Gerechtigkeit willkürliche Bevorzugung, wenn eine Aufwertung öffentlicher Schulden unterbleiben müsse, weil der Staat die Last der Aufwertung nicht tragen könne. Ferner gehörten zu den noch bereicherten Gläubigern zahlreiche auch ausländische Spekulanten, die als Schuldner ihre Gläubiger bereits in entwertetem Geld abgefunden oder die Forderungen in Kenntnis des abgleitenden Markwertes erworben hätten. Denjenigen, die aus Not ihre Forderungen bereits hätten veräußern müssen, käme die Aufwertung dagegen nicht zugute. Auch der für den Mittelstand erhoffte Nutzen der Aufwertung werde ausbleiben. Die aus der Geringfügigkeit der Aufwertung und der Zeitdauer des Verfahrens erwachsende Enttäuschung werde weitgehende Beunruhigung schaffen. Der größte Teil der Aufwertung würde

---

326 *Emminger* in der Sitzung des Wirtschaftsausschusses des Kabinetts am 15.12.1923, in: Akten der Reichskanzlei, Nr. 25, S. 111; *ders.*, Stellungnahme vom 7.1.1924, in: Akten der Reichskanzlei, Nr. 48, S. 197.

327 *Luther*, Übersicht über die Gründe, die für und gegen die Aufwertung von Forderungen sprechen, vom 23.1.1924, in: Akten der Reichskanzlei, Nr. 68, S. 262.

durch Verwaltungskosten verschlungen werden. Zudem bedeute eine Aufwertung nach Lage des Einzelfalls Rechtsunsicherheit, nicht Rechtssicherheit[328].

Auch in wirtschaftspolitischer Hinsicht lehnte der Reichsfinanzminister eine Aufwertung ab. Eine Aufwertung erschüttere den Kredit der Privatwirtschaft im In- und Ausland, weil die Belastung mit alten Papiermarkforderungen für den Kreditgeber unüberschaubar sei. Der Kampf um die Aufwertung werde die mühsam geschaffene Wirtschaftsruhe gefährden. Das Aufwertungsrisiko zöge Preissteigerungen und unberechtigte Kauflust nach sich. Ausländische Markgläubiger würden nach grundsätzlicher Anerkennung der Aufwertung die Grenzen der deutschen Gesetzgebung nicht anerkennen. Im Falle der Aufwertung sei ein Zugriff dieser Gläubiger auf ausländisches deutsches Eigentum unvermeidbar[329].

In staatswirtschaftlicher Hinsicht, betonte der Reichsfinanzminister, bedeute die Aufwertung bis zur Beendigung aller Aufwertungsverfahren eine für die Steuerwirtschaft unerträgliche Willkür in der Bewertung von Forderungen und Schulden. Da die Rechtslage ungeklärt sei und niemand wisse, wie der Richter letztlich entscheiden werde, könnten Schuldner ihre Verbindlichkeiten in den Bilanzen voll aufwerten, Gläubiger ihre Forderungen voll abschreiben. Die Aufwertung von Privatforderungen stelle ferner ein schwerwiegendes Präjudiz für die Forderungen gegen öffentlich-rechtliche Körperschaften dar[330].

Eine Aufwertung von Forderungen gegen öffentlich-rechtliche Körperschaften kam nach Ansicht des Reichsfinanzministers aus finanziellen Gründen nicht in Betracht. Der Staat sei nicht in der Lage, die Last der Aufwertung zu tragen. Allenfalls könne ein geringer Bruchteil des Nennwertes in Gold gewährt werden, und das nicht sofort, sondern in ferner Zukunft. Auch in außenpolitischer Hinsicht werde eine Aufwertung von Forderungen gegen öffentlich-rechtliche Körperschaften unerwünschte Folgeerscheinungen zeitigen. Sobald die Aufwertung grundsätzlich anerkannt sei, werde das Ausland volle Aufwertung fordern. Hinter die Reparationslast würde eine unübersehbare Goldbelastung gestellt, die von den Spekulanten des Auslandes der nächsten Generation Deutscher präsentiert werden würde. Hierdurch werde eine dauernde Gefährdung der deutschen Währung geschaffen[331].

---

328 *Luther*, a. a. O., S. 262 f.
329 *Luther*, a. a. O., S. 263.
330 *Luther*, a. a. O., S. 263.
331 *Luther*, a. a. O., S. 264.

Demgegenüber sprachen aus Sicht des Reichsjustizministers vor allem rechtspolitische Gesichtspunkte dafür, eine teilweise Aufwertung in Höhe von 10-15 % zuzulassen. Eine Verneinung des Aufwertungsanspruchs müßte als Korrektur der höchstrichterlichen Rechtsprechung aufgefaßt werden. Dies gelte um so mehr deshalb, als die Gesetzgebung bislang in voller Absicht von einer Regelung der Aufwertungsfrage abgesehen habe. Ein solcher Vorwurf würde das Ansehen des Reichsgerichts empfindlich beeinträchtigen. Nach der Entscheidung des Reichsgerichts habe der Gläubiger auf Grund des geltenden Rechts in dem in der Begründung näher gekennzeichneten Rahmen einen Anspruch auf Aufwertung. Die Beseitigung des Aufwertungsanspruchs wäre eine entschädigungslose Enteignung. Eine solche Enteignung erscheine um so unerträglicher, als vor allem weite Teile besonders hilfsbedürftiger Personen, wie Angehörige des Mittelstandes, Kleinrentner, Mündel und Stiftungen betroffen wären. Viele von ihnen seien nach der bisherigen Gesetzeslage sogar dazu verpflichtet gewesen, ihr Geld in den von der Geldentwertung besonders betroffenen Vermögensanlagen anzulegen. Durch die Aufhebung des nach geltendem Recht bestehenden Aufwertungsanspruchs würden weite Teile der Bevölkerung, auch soweit sie nicht selbst von der Geldentwertung betroffen seien, in ihrem Rechtsempfinden verletzt und dem Staatsgedanken entfremdet[332].

Auch wirtschaftspolitisch hätte die Versagung eines Aufwertungsanspruchs, erklärte der Reichsjustizminister, weitreichende Konsequenzen. Der gesamte Kreditverkehr im In- und Ausland wäre schwersten Erschütterungen ausgesetzt; insbesondere aus dem Ausland seien umfangreiche Kredite gewährt worden, die mit Hypotheken auf deutschem Grundbesitz abgesichert worden seien. Zudem bestünden verfassungsrechtliche Bedenken, soweit das Aufwertungsverbot Länder, Gemeinden und gemeinnützige Verbände betreffe. Ihnen gegenüber könne eine Enteignung gemäß Art. 153 Abs. 2 Satz 4 WRV nur gegen Entschädigung vorgenommen werden[333].

Die von Finanzminister Luther vertretene, steuerrechtliche Lösung schien sich im Kabinett zunächst durchzusetzen. Der erste, aus dem Reichsfinanzministerium stammende Entwurf der 3. Steuernotverordnung enthielt in Art. I § 1 ein generelles Aufwertungsverbot. Ausgenommen waren nicht erfüllte gegenseitige Verträge sowie Unterhaltsansprüche und unterhaltsähnliche Ansprüche[334]. In

332 *Emminger*, Stellungnahme vom 7.1.1924, a. a. O., S. 195 f.
333 *Emminger*, a. a. O., S. 196.
334 Akten der Reichskanzlei, S. 109 Fn. 1.

einer Sitzung des Wirtschaftsausschusses des Kabinetts vom 15. Dezember 1923 wurde Art. I § 1 des Verordnungsentwurfs § 1 mit den Stimmen des Vizekanzlers, des Reichsfinanzministers, des Reichsarbeitsministers und des Reichswirtschaftsministers angenommen. Der Antrag Emmingers, eine Aufwertung in Höhe von 10 % zuzulassen, wurde abgelehnt[335].

In der zweiten Dezemberhälfte ruhte die Aufwertungsfrage im Kabinett. Gleichzeitig wurden gezielt Gerüchte verbreitet, welche die Öffentlichkeit über das geplante Aufwertungsverbot in Kenntnis setzten[336]. Anfang Januar 1924 kam in der Aufwertungsfrage auf einmal wieder Bewegung ins Kabinett. Per Brieftelegramm vom 3. Januar 1923 bat der Reichskanzler alle Kabinettsmitglieder um kurzfristige Stellungnahmen zur Aufwertungsfrage. Die Angelegenheit sei dringlich, weil die Vorarbeiten des Reichsfinanzministers zum Entwurf einer 3. Steuernotverordnung vor dem Abschuß stünden[337]. Bereits einige Tage später lagen die Gutachten dem Reichskanzler vor. Das Meinungsbild hatte sich inzwischen grundlegend gewandelt. Nur noch wenige Minister sprachen sich für ein Aufwertungsverbot aus[338]. Der Grund für diesen Meinungsumschwung dürften nicht nur die Bedenken des Reichsjustizministers gewesen sein, die dieser in rechtsstaatlicher Hinsicht vorgebracht hatte. Hinzu kam der Druck aus der Öffentlichkeit und die Tatsache, daß auch die meisten politischen Parteien nunmehr eine mäßige Aufwertung forderten[339].

b) Die Eingabe des Richtervereins beim Reichsgericht

Am 8. Januar, genau zu der Zeit, als die Gutachten der Reichsminister beim Reichskanzler eingingen, richtete der Vorstand des Richtervereins beim Reichsgericht an den Reichskanzler eine formelle Eingabe[340]. Die Eingabe war höflich zurückhaltend formuliert, die Ankündigung, der 3. Steuernotverordnung gegebenenfalls die Anwendung zu versagen, dadurch nicht weniger drohend. Der Vorstand erklärte, das Reichsgericht habe Zeitungsnachrichten über ein gesetzliches Aufwertungsverbot mit Befremden aufgenommen. Der Vorstand des Richtervereins des Reichsgerichts verstieße gegen seine Pflicht, wenn er es un-

335 Protokoll der Sitzung des Wirtschaftsausschusses vom 15.12.1923, a. a. O., S. 111.
336 *Luther*, Politiker ohne Partei, S. 233.
337 Akten der Reichskanzlei, Nr. 48, S. 194 f. Fn. 1.
338 Vgl. Akten der Reichskanzlei, Nr. 48, S. 95 Fn. 1; *Eckert*, Privatrecht und Staatsbankrott, S. 98 f.
339 *Eckert*, a. a. O., S. 99.
340 Akten der Reichskanzlei, Nr. 49, S. 200 f. = JW 53 (1924), S. 90.

terließe, hiergegen seine warnende Stimme zu erheben. Die Entscheidung des 5. Zivilsenats vom 28.11.1923 sei gestützt „auf den großen Gedanken von Treu und Glauben, der unser Rechtsleben beherrscht, gestützt auf die Erkenntnis, daß ein ferneres Festhalten an der Vorstellung, Mark sei gleich Mark, zu einem höchsten Maß des Unrechts führen würde, unerträglich in einem Rechtsstaat." Dieser Gedanke von Treu und Glauben stehe außerhalb des einzelnen Gesetzes, außerhalb einer positiv-rechtlichen Bestimmung. Keine Rechtsordnung könne ohne diesen Grundsatz bestehen. „Darum darf der Gesetzgeber nicht ein Ergebnis, das Treu und Glauben gebieterisch fordern, durch sein Machtwort vereiteln". Eine gesetzgeberische Maßnahme könne sich nachträglich als unzweckmäßig herausstellen. Der Gefahr solcher Mißgriffe könne kein Gesetzgeber entgehen. „Aber ein schwerer Stoß nicht nur für das Ansehen der Regierung, sondern für das Rechtsgefühl im Volke und für den Glauben an das Recht wäre es, wenn es dazu kommen müßte, daß jemand, der sich im Rechtsstreit auf die neue gesetzliche Vorschrift beriefe, damit von den Gerichten mit der Begründung abgewiesen würde, seine Berufung auf die Vorschrift verstoße gegen Treu und Glauben". In der Öffentlichkeit sei eindringlich die Frage erörtert worden, ob der geplante Eingriff als ein Verstoß gegen Treu und Glauben, als unsittlich wegen seiner unsittlichen Folgen, als eine verfassungswidrige Enteignung oder als eine dem verfassungsmäßig gewährleisteten Grundsatz der Allgemeinheit der Besteuerung Hohn sprechende Steuer unwirksam wäre. Es bestehe die ernste Gefahr einer solchen oder ähnlichen richterlichen Beurteilung durch das höchste Gericht. Der Vorstand bat abschließend, „dieses Bild von der Stimmung beim Reichsgericht so ernst, wie es geschildert ist, zu würdigen". Unterzeichnet war die Erklärung von Senatspräsident Lobe.

Die Eingabe erregte großes Aufsehen[341]. Sie erinnerte an die Lehre vom Widerstandsrecht des Volkes gegen die unrechtmäßige Ausübung der Staatsgewalt[342]. Gewicht und Wirkung der Erklärung wurden jedoch damals wie heute bei weitem überbewertet[343]. Sicher war die dort ausgesprochene Drohung ungeheuer-

---

341 In der Lit. wurde die in der Eingabe vertretene Auffassung begrüßt von *Marschall*, Vom Kampf des Rechts gegen die Gesetze, S. 151; *Goldschmidt*, JW 53 (1924) 245 (247 f.); *Isay*, Die Isolierung des deutschen Rechtsdenkens, S. 39 f.; *Bendix*, DJZ 29 (1924), 864; abgelehnt von *Stoll*, JherJhb 76 (1926), 134 (202 f.); *Rümelin*, AcP 122 (1924), 265 (266); *Morstein Marx*, Variationen, S. 22; *Klee*, DRiZ 16 (1924), 149 (158 f.); *Anschütz*, WRV, Art. 102 Anm. 4; *Poetzsch-Heffter*, WRV, Art. 102 Anm. 4 b.

342 *Goldschmidt*, JW 53 (1924), 245 (247); *Berkemann*, EuGRZ 1986, 80 (85).

343 *Eckert*, Privatrecht und Staatsbankrott, S. 99; *Nörr*, Zwischen den Mühlsteinen, S. 57.

lich. Nicht das Reichsgericht in seiner Gesamtheit lehnte sich jedoch gegen den Gesetzgeber auf. Letztlich gab die von Reichsgerichtsrat Alois Zeiler entworfene Erklärung[344] nur „die vollmachtlosen Auslassungen und Auffassungen eines Einzelnen oder Weniger wieder". Hinter ihr stand „höchstens ein verschwindender Bruchteil der Mitglieder des Reichsgerichts"[345], nämlich der siebenköpfige Vorstand einer privatrechtlichen Vereinigung[346].

Der Vorstand des Richtervereins befand sich mit seiner ablehnenden Haltung gegenüber dem geplanten Aufwertungsverbot nicht allein. Mit Schreiben vom 12. Januar 1924, gerichtet an den Reichskanzler, der zugleich Vorsitzender der katholisch geprägten Zentrumspartei war, sprach sich auch Kardinal Bertram, der Vorsitzende der Fuldaer Bischofskonferenz, gegen ein Aufwertungsverbot aus[347].

Die Reichsregierung zögerte, wie sie auf diese Eingabe reagieren sollte. Staatssekretär Bracht bezeichnete die Erklärung des Richtervereins als „außerordentlich schroff". Sie zeuge „von einer Verkennung der Aufgaben des Richters überhaupt". Die Vorstellung, „daß die Rechtsauffassung des Reichsgerichts über geltendes Recht auch in der künftigen Gesetzgebung zu berücksichtigen sei, ist unhaltbar und unerträglich". Die in der Eingabe mittelbar ausgesprochene Drohung, ein gesetzliches Aufwertungsverbot als wider Treu und Glauben verstoßend nicht anzuwenden, sei „auf das schärfste" zurückzuweisen[348]. Der Reichskanzler beabsichtigte zunächst, die Eingabe im obigen Sinne selbst zu beantworten, zuvor aber eine Stellungnahme von Reichsjustizminister Emminger einzuholen[349]. Zu einer Beantwortung durch den Reichskanzler kam es nicht. An seiner Stelle antwortete Reichsjustizminister Emminger mit Schreiben vom 30. Januar 1924, allerdings in wesentlich gemäßigterem Tonfall als von Staatssekretär Bracht vorgeschlagen. An Deutlichkeit stand die Erklärung Emmingers den Ausführungen Brachts jedoch in nichts nach. „Es würde zur Auflösung der Rechtsordnung und zu einer unheilvollen Erschütterung des Staatsgefüges führen, sollte ein Gericht für sich das Recht in Anspruch nehmen, ein verfassungs-

---

344 *Zeiler*, Meine Mitarbeit, S. 156.

345 *Salinger*, Das Recht 28 (1924), 351.

346 *Nörr*, Zwischen den Mühlsteinen, S. 57.; *Luther*, Politiker ohne Partei, S. 236.

347 *Eckert*, Privatrecht und Staatsbankrott, S. 100; *Luther*, a. a. O., S. 236; *Berkemann*, EuGRZ 1986, 80 (85)

348 Schreiben des Staatssekretärs Bracht an den Reichsjustizminister vom 24.1.1924, in: Akten der Reichskanzlei, Nr. 69, S. 264 f.

349 *Bracht*, a. a. O., S. 265.

mäßig zustande gekommenes Gesetz nicht anzuwenden, weil es nach der Ansicht der Mehrheit seiner Mitglieder mit dem allgemeinen Sittengesetz nicht in Einklang stehe". Es müßte dem schwer um seine Existenz und für seine Erneuerung ringenden Volke jeden Halt nehmen, „wollte man auch nur einen Zweifel daran bestehen lassen, daß sich das Leben des Einzelnen und der Gesamtheit nach den Gesetzen zu richten hat und die Gerichte nach den bestehenden Gesetzen Recht sprechen"[350].

Die Eingabe des Richtervereins hätte leicht den ohnehin angeschlagenen Rechtsstaat in eine tiefe Krise führen können. Doch die angedrohte Machtprobe zwischen Reichsgericht und Reichsregierung blieb aus. Das Reichsgericht distanzierte sich umgehend von der in der Eingabe geäußerten Ansicht, und die Reichsregierung zeigte sich in der Sache kompromißbereit.

c) Weitere Vorarbeiten

Auch ehemalige Aufwertungsgegner sprachen sich nunmehr grundsätzlich für eine Aufwertung aus. Ein Antrag des Reichsernährungsministers, die Aufwertung ganz zu verbieten, wurde in einer Kabinettssitzung am 25.1.1924 mit nur zwei Gegenstimmen abgelehnt[351]. Gestritten wurde nur noch über die Modalitäten, insbesondere welche Forderungen in welcher Höhe aufzuwerten waren. Reichsjustizminister Emminger forderte eine Aufwertung von mindestens 10 %[352]. Bei der Abstimmung obsiegten die Befürworter einer nur 5%igen Aufwertung[353]. Schließlich einigte man sich 29.1.1924 mit sechs zu einer Stimme bei einer Stimmenthaltung auf eine Aufwertung von 10 %[354]. Am 7. und 9.2.1924 fanden Besprechungen mit Mitgliedern des Reichstags statt, die eine Erhöhung des Aufwertungssatzes von 10 auf 15 % verlangten[355]. Die Besprechungen waren erforderlich, weil nach dem Ermächtigungsgesetz das Verordnungsrecht nur nach Anhörung eines Reichsrats- und eines Reichstagsausschusses ausgeübt werden durfte. Die katholische Kirche intervenierte erneut;

---

350 *Emminger*, in: Akten der Reichskanzlei, Nr. 69, 265 Fn. 3 = DRiZ 16 (1924), 40 f.

351 Protokoll der Kabinettssitzung vom 25.1.1924, in: Akten der Reichskanzlei, Nr. 71, S. 269.

352 *Emminger*, Protokoll der Kabinettssitzung vom 25. 1. 1924, a. a. O., S. 267.

353 Protokoll der Kabinettssitzung vom 25.1.1924, a. a. O., S. 270 f.

354 Protokoll der Kabinettssitzung vom 29.1.1924, in: Akten der Reichskanzlei, Nr. 78, S. 291 (297).

355 Akten der Reichskanzlei, Nr. 97 S. 343 ff.; vgl. auch die Mitteilung des Reichsfinanzministers an das Kabinett am 12.2.1924, a. a. O. Nr. 99, S. 348 (349).

sie betrachte auch eine Aufwertung von 10 % noch als Enteignung[356]. Ein in letzter Minute unternommener Versuch, die Aufwertungsfrage doch noch im Wege der Parlamentsgesetzgebung zu regeln, scheiterte[357]. Am 13.2.1924, einen Tag vor Ablauf der gesetzlichen Ermächtigung, setzte das Kabinett den Aufwertungssatz schließlich mit fünf zu drei Stimmen auf 15 % fest[358].

d) Die 3. Steuernotverordnung

Einen Tag später, am 14.2.1924 trat die viel umstrittene[359] 3. Steuernotverordnung in Kraft[360]. In ihr waren die beiden im Kabinett diskutierten Lösungsansätze, die privatrechtliche und die steuerrechtliche Lösung der Aufwertungsfrage, kombiniert. Art. I und II regelten das privatrechtliche Problem der Geldentwertung. Art. III enthielt Bestimmungen zur Besteuerung des Inflationsgewinns.

In Art. I war die Aufwertung von Forderungen geregelt, die zugleich Vermögensanlagen darstellten. Nach § 1 Abs. 1 zählten hierzu Hypotheken, Grund- und Rentenschulden, hypothekarisch gesicherte Forderungen, verzinsliche Inhaberschuldverschreibungen, Sparkassenguthaben und Ansprüche aus Lebensversicherungsverträgen. Für die meisten dieser Ansprüche war eine schematische Aufwertung in Höhe von 15 % vorgesehen. Bei Pfandbriefen, gewissen Schuldverschreibungen, Sparkassenguthaben und Versicherungsansprüchen wurde die Höhe der Aufwertung in einem insolvenzähnlichen Verfahren durch Bildung von Teilungsmassen bestimmt. Soweit bei einem dinglichen Recht die Löschung bewilligt oder bei einer persönlichen Forderung die Zahlung in entwerteter Mark angenommen worden war, war eine Aufwertung ausgeschlossen, es sei denn, der Gläubiger hatte sich seine Rechte vorbehalten (§ 11). Ansprüche aus gegenseitigen Verträgen, Gesellschaftsverträgen und anderen Beteiligungsverhältnissen sowie Ansprüche auf wiederkehrende Leistungen, die bei Abfindungen, Auseinandersetzungen oder ähnlichen Rechtsvorgängen begründet waren, galten nicht als Vermögensanlage (§ 12 Abs. 2). Für sie blieb es bei der Aufwertung durch Richterspruch gemäß § 242 BGB („freie Aufwertung").

---

356 *Eckert*, Privatrecht und Staatsbankrott, S. 102.

357 *Luther*, Politiker ohne Partei, S. 238; *Abramowski*, in: Akten der Reichskanzlei, S. XXVIII.

358 Protokoll der Kabinettssitzung vom 13.2.1924, in: Akten der Reichskanzlei, Nr. 99, S. 361.

359 Zum Schrifttum siehe die Nachweise bei Staudinger/*Werner*, BGB, 9. Aufl., § 242 Anm. V 1 d β, β γγ, S. 55, 58.

360 Siehe oben Fn. 292, Seite 73.

Streitigkeiten über die Höhe des nach der Verordnung zu bestimmenden Aufwertungsbetrages sollten vor sogenannten Aufwertungsstellen beigelegt werden (§ 9 Abs. 1), die von Einzelrichtern am Amtsgericht gebildet wurden und nach den Regeln der freiwilligen Gerichtsbarkeit entschieden. Art. II betraf öffentliche Anleihen. Ihre Verzinsung und Einlösung wurden bis zur Erledigung sämtlicher Reparationsverpflichtungen aufgeschoben, also auf unabsehbare Zeit. Art. III regelte die steuerrechtliche Seite der Aufwertung. Der Schuldnergewinn wurde mittels einer Schuldverschreibungssteuer, die dem Reich, und einer Gebäudeentschuldungs- und Hauszinssteuer, die den Ländern und Gemeinden zufließen sollte, abgeschöpft.

Für die wirtschaftlich wichtigsten Anspruchsarten schloß die Verordnung damit eine freie Aufwertung aus. Dennoch lag in der grundsätzlichen Anerkennung der freien Aufwertung ein Kompromißangebot an das Reichsgericht. Verwirrend mag die Bezeichnung der Verordnung als „Steuernotverordnung" sein. Teilweise wurde sie sogar als „Etikettenschwindel" bezeichnet[361]; denn nur der unbedeutendere Art. III der Verordnung enthielt steuerrechtliche Vorschriften. Grund für die einseitige Bezeichnung dürfte das ursprüngliche Vorhaben gewesen sein, die Aufwertung kurz und knapp in einem Paragraphen zu verbieten und das Geldentwertungsproblem ausschließlich steuerrechtlich zu lösen. Dementsprechend trug der erste Arbeitsentwurf, den Reichsfinanzminister Luther dem Kabinett vorlegte[362], die Bezeichnung Steuernotverordnung. Diese Bezeichnung traf damals voll und ganz zu. Sie dürfte die zahlreichen Änderungen des Verordnungsentwurfs eher zufällig überlebt haben.

e) Das Aufwertungsgesetz

Die Absicht der Reichsregierung, mit der 3. Steuernotverordnung die Aufwertungsfrage bei Vermögensanlagen endgültig zu lösen, scheiterte. Die in der 3. Steuernotverordnung getroffene Aufwertungsregelung war zeit ihres Bestehens heftigen Angriffen von allen Seiten ausgesetzt. Es kam zu einer regelrechten Bürgerbewegung, die schließlich dazu führte, daß sich die enttäuschten Inflationsopfer zum sogenannten Sparerbund zusammenschlossen. Sie forderten, zur individuellen Aufwertung durch die Rechtsprechung zurückzukehren, je-

---

361 *Rüthers*, Die unbegrenzte Auslegung, S. 81.
362 Akten der Reichskanzlei, Nr. 25, S. 109 Fn. 1.

denfalls aber eine deutliche Erhöhung des Aufwertungssatzes und die Wiederaufnahme des Zinsendienstes bei öffentlichen Anleihen[363].

Im Reichstag wurden alsbald Aufhebungs- und Änderungsanträge gestellt. Die Beratung der Anträge wurde von der Reichsregierung durch die Auflösung des Reichstags verhindert. Auch der neu gewählte Reichstag nahm die Beratungen über ein Aufwertungsgesetz zügig in Angriff. Noch vor Abschluß der Beratungen wurde der Reichstag im Oktober 1924 erneut aufgelöst. Die Aufwertungsfrage war in beiden Reichstagswahlkämpfen zentrales Thema[364].

Als einige Gerichte einzelne Bestimmungen der bisherigen Aufwertungsregelung für ungültig erklärten[365], ließ das Kabinett die Geltung der Aufwertungsvorschriften durch Diktaturverordnung des Reichspräsidenten vom 4.12.1924[366] „bis zur Regelung im Wege der ordentlichen Gesetzgebung“ ausdrücklich feststellen. Gleichzeitig wurden die verschiedenen Fristen der 3. Steuernotverordnung bis zum 31.3.1925 verlängert[367]. Der Reichsfinanzhof hielt auch diese Verordnung für ungültig[368].

Auch die Reichsregierung war nunmehr entschlossen, einen Gesetzesentwurf vorzulegen und die Aufwertungsfrage möglichst rasch durch den ordentlichen Gesetzgeber klären zu lassen. Die Fristen der 3. Steuernotverordnung waren daher auch nur bis zum 31.3.1925 verlängert worden. Die Vorarbeiten für eine gesetzliche Regelung des Aufwertungsproblems gestalteten sich jedoch schwieriger als erwartet. Mit Gesetz vom 27.3.1925 mußten die Fristen der Dritten Steuernotverordnung erneut verlängert werden[369]. Den Beratungen des Reichstags lagen die unterschiedlichsten Gesetzesentwürfe zugrunde; erschwert wurde die Situation noch dadurch, daß die Fronten zum Teil quer durch die Parteien liefen[370]. Das Aufwertungsgesetz vom 16.7.1925 [371] und das Anleiheablösungsgesetz vom selben Tag[372], mit denen Art. I und II der 3. Steuernotverord-

---

363 *Nörr*, Zwischen den Mühlsteinen, S. 69.

364 *Mügel*, Das gesamte Aufwertungsrecht, S. 119 f.

365 LG Berlin I JW 53 (1924), 332 f. (3. Steuernotverordnung); RGZ 109, 216 (219 f.), KG JW 53 (1924), 2001 f. (Durchführungsbestimmungen).

366 RGBl. I S. 765.

367 *Mügel*, Das gesamte Aufwertungsrecht, S. 120.

368 RFH DJZ 30 (1925), 235 (236 f.); hierzu *Jakobi*, DJZ 30 (1925), 306 ff.

369 Gesetz über die Verlängerung der Fristen der Dritten Steuernotverordnung vom 27.3.1925 (RGBl. I S. 29).

370 Hierzu *Mügel*, Das gesamte Aufwertungsrecht, S. 121 ff.

371 Siehe oben Fn. 294, Seite 73.

372 Siehe oben Fn. 295, Seite 73.

nung außer Kraft gesetzt wurden, waren daher ein Kompromiß auf ganzer Linie[373].

Das Aufwertungsgesetz ersetzte Art. I der 3. Steuernotverordnung. Die Aufwertungsquote erhöhte sich für Hypotheken, Grundschulden, Rentenschulden und Reallasten von 15 auf 25 %. Die Zahlung des Aufwertungsbetrages wurde bis zum 1. Januar 1932 gestundet. Für Industrieobligationen blieb es bei einer Aufwertung in Höhe von 15 %. Als Ausgleich für die nur 25%ige Aufwertungsquote wurde den Gläubigen ein Genußrecht gewährt (§§ 37 ff.). Für Ansprüche aus Pfandbriefen, Sparkassenguthaben und Versicherungsansprüchen erfolgte die Aufwertung, wie schon in der 3. Steuernotverordnung geregelt, in einem insolvenzähnlichen Verfahren durch Bildung von Teilungsmassen. Bankguthaben wurden nicht aufgewertet (§ 66). Anders als nach der 3. Steuernotverordnung konnten bereits erfüllte hypothekarisch gesicherte Forderungen und Hypotheken auch dann aufgewertet werden, wenn sich der Gläubiger seine Rechte bei der Annahme der Leistung nicht vorbehalten hatte. Voraussetzung war, daß die Leistung zwischen dem 15. Juni 1922 und dem 14. Februar 1924 erfolgt war. Die gleiche Rückwirkung galt für alle anderen „Vermögensanlagen". Die übrigen Ansprüche – mit Ausnahme der Ansprüche, die im Teilungsverfahren aufgewertet wurden – konnten nachträglich nur dann aufgewertet werden, wenn sich der Gläubiger seine Rechte bei der Annahme vorbehalten hatte. Die Wiederaufrollung eines erledigten Schuldverhältnisses wurde ferner nicht dadurch ausgeschlossen, daß das Schuldverhältnis nach Maßgabe eines rechtskräftigen Urteils bereits erfüllt worden war. Für die anderen, nicht im Aufwertungsgesetz geregelten Ansprüche blieb es bei einer Aufwertung nach den „allgemeinen Vorschriften", also einer freien, richterlichen Aufwertung auf der Grundlage von § 242 BGB.

Das Anleiheablösungsgesetz trat an die Stelle von Art. II der 3. Steuernotverordnung über öffentliche Anleihen. Die Markanleihen des Reichs, der Länder, Gemeinden und Gemeindeverbände sowie anderer öffentlich rechtlicher Körperschaften wurden durch Umwandlung in Ablösungsanleihen getilgt. Ansprüche, für die ein solcher Umtausch in eine Anleiheablöseschuld nicht vorgesehen war, erloschen. Die Anleiheablösungsschulden lauteten auf Reichsmark und konnten von den Gläubigern nicht gekündigt werden. Eine Verzinsung konnte erst nach Erlöschen der Reparationsforderungen gefordert werden. Die Ablö-

373 Hierzu *Wunderlich*, Die rechtspolitischen und wirtschaftlichen Tendenzen der Aufwertungsgesetzgebung, S. 3 ff.

sungsanleihen betrugen regelmäßig 2,5 % des Goldwertes. Den Altbesitzern, die ihre Markanleihen vor dem 1. Juli 1920 erworben hatten, wurde ein Auslosungsrecht gewährt, aufgrund dessen sie den fünffachen Betrag des Nennbetrages, also 12,5 % des Goldwerts, nebst Zinsen seit dem 1. Januar 1926 erhielten. Besonders bedürftigen Personen wurde bis zur Auslosung eine Vorzugsrente gewährt.

f) Die Distanzierung des Reichsgerichts von der Eingabe

Auch das Reichsgericht bemühte sich darum, den mit der Eingabe heraufbeschworenen Konflikt nicht eskalieren zu lassen. Bereits kurze Zeit nach der Eingabe, in einer Entscheidung vom 25.1.1924[374], nutzte der 3. Senat die Gelegenheit, die in der Eingabe vertretene Ansicht, der Richter dürfe ein Gesetz unter Berufung auf Treu und Glauben für rechtsunwirksam erklären, zu verwerfen. Zu entscheiden war über die Gültigkeit einer ermächtigungsgesetzlichen Reichsverordnung. Unter anderem wurde angeführt, die Verordnung sei ungültig, weil sie mit den guten Sitten unvereinbar sei oder gegen die Grundsätze von Treu und Glauben im Verkehr verstoße. Ein weiteres Eingehen auf diese Argumentation hielt der Senat nicht für erforderlich, weil „grundsätzlich der Richter überhaupt nicht befugt ist, einem ordnungsgemäß erlassenen Gesetz seines Inhalts wegen die Anwendung abzusprechen“[375]. Wenig später lag der Fall den Vereinigten Zivilsenaten zur Entscheidung vor[376]. Eine eventuelle Ungültigkeit der Verordnung wegen Verstoßes gegen die guten Sitten oder Treu und Glauben wurde mit keinem Wort erwähnt. Man begnügte sich mit dem allgemeinen Hinweis, der 3. Senat habe die sonst gegen die Rechtsgültigkeit erhobenen Einwendungen zutreffend widerlegt[377]. Auch der Reichsgerichtspräsident Walter Simons distanzierte sich in der Aprilausgabe der Deutschen Juristenzeitung von der Eingabe des Richtervereins. Die Senate lehnten es ab, „eine verfassungsmäßig zustande gekommene Norm unter dem Gesichtspunkt des richtigen Rechts zu kritisieren und sich damit über den souveränen Gesetzgeber zu stellen“[378]. Am 1. März 1924 bestätigte der 5. Senat – derselbe Senat, der die Aufwertungsentscheidung erlassen hatte – die Rechtsgültigkeit der 3. Steuernotverord-

---

374 RGZ 107, 315.
375 RGZ 107, 315 (317).
376 RGZ 107, 320.
377 RGZ 107, 320 (325).
378 *Simons*, DJZ 29 (1924), 241 (243).

nung[379]. Zweieinhalb Jahre später, in der heute als Durchbruch des richterlichen Prüfungsrechts gefeierten Entscheidung vom 4. November 1925[380], erklärte der 5. Senat auch das Aufwertungsgesetz für verfassungsgemäß und rechtsgültig.

5. Die verfassungsrechtliche Seite des Aufwertungsurteils

Das Aufwertungsurteil war aber nicht nur verfassungspolitisch, sondern auch verfassungsrechtlich von weitreichender Bedeutung.

a) Freie Aufwertung und richterliches Prüfungsrecht

Als das Reichsgericht die Aufwertung hypothekarisch gesicherter Darlehensforderungen zuließ und sich über geltendes Währungsrecht hinwegsetzte[381], berief es sich nicht auf die Verfassung. Es argumentierte mit § 242 BGB ausschließlich zivilrechtlich, wie in den vorangegangenen Entscheidungen. Gleichwohl nahm es – freilich nicht im klassischen Sinne – ein richterliches Prüfungsrecht in Anspruch. Bei einem klassischen richterlichen Prüfungsrecht mißt der Richter das einfache Gesetz an der Verfassung. Der Sache nach ging das Reichsgericht im Aufwertungsurteil nicht anders vor. Es maß das geltende Währungsrecht an § 242 BGB und überprüfte damit ein einfaches Gesetz an einem übergeordneten Maßstab und wandte es nicht an. Den Zusammenhang mit der Verfassung stellte kurze Zeit später der Vorstand des Richtervereins am Reichsgericht her, als er erklärte, man werde prüfen, ob das geplante Aufwertungsverbot wegen Verstoßes gegen die guten Sitten oder wegen verfassungswidriger Enteignung unwirksam sei[382]. Der Richterverein schien keinen Unterschied darin zu sehen, ob die künftige Verordnung wegen Verstoßes gegen die guten Sitten oder wegen Verstoßes gegen Vorschriften der Verfassung unwirksam war. Die Funktion des richterlichen Prüfungsrechts als Kampfmittel gegen eine als ungerecht empfundene Gesetzgebung trat deutlich zutage[383].

---

379 RGZ 107, 370.
380 RGZ 111, 320
381 RGZ 107, 78; siehe oben Seite 68 ff.
382 JW 53 (1924), 90; siehe oben Seite 83.
383 Vgl. oben Seite 83 m. Fn. 342.

b) Richterliches Prüfungsrecht und Weimarer Reichsverfassung

Unter der Weimarer Reichsverfassung war ein allgemeines richterliches Prüfungsrecht unproblematisch zulässig, wenn es um die Vereinbarkeit von Landes- mit Reichsrecht ging. Nach Art. 13 Abs. 1 WRV war eine landesrechtliche Vorschrift, die im Widerspruch zum Reichsrecht stand, ex tunc nichtig[384]. Das in Art. 13 Abs. 2 WRV geregelte Normenkontrollverfahren, dessen Entscheidung Gesetzeskraft zukam[385], schloß nach herrschender Meinung ein vorheriges, allgemeines Inzidentprüfungsrecht der Gerichte nicht aus[386], auch wenn es sich nicht mit logischer Strenge aus der Verfassung ergab[387]. Ein richterliches Prüfungsrecht war ferner unstreitig zulässig, wenn die Vereinbarkeit einer Verordnung mit der Reichsverfassung in Frage stand. Die Weimarer Reichsverfassung enthielt diesbezüglich keine Vorschrift. Es entsprach aber allgemeiner, auch im Kaiserreich herrschender[388] Meinung, daß ein solches Recht bestehe[389]. Meist wurde es mit dem Rangverhältnis zwischen Verfassung und Verordnung begründet[390].

Ein richterliches Prüfungsrecht gegenüber Reichsgesetzen war in der Weimarer Reichsverfassung nicht geregelt. Es gab weder eine Vorschrift über die Rechtsfolgen, die aus der Verfassungswidrigkeit eines Gesetzes folgten, noch eine Bestimmung, die bestimmten Staatsorganen die Befugnis, Reichsgesetze auf ihre Verfassungsmäßigkeit zu überprüfen, zu- oder abgesprochen hätte. Das Schweigen der Verfassung war nicht darauf zurückzuführen, daß der Verfassungsgeber die Frage übersehen oder ihre Bedeutung verkannt hätte. Das richterliche Prüfungsrecht war im Verfassungsausschuß der verfassungsgebenden Nationalversammlung ausführlich beraten worden[391].

Zur Diskussion stand die Einrichtung eines abstrakten Normenkontrollverfahrens beim Staatsgerichtshof. Dem Verfassungsausschuß lag folgender Antrag des Abgeordneten Ablaß (DDP) vor: „Wenn 100 Mitglieder des Reichstags es

---

384 *Anschütz*, WRV, Art. 13 Anm. 3.

385 Gemäß § 3 Abs. 3 des Gesetzes vom 8. April 1920 (RGBl. S. 510).

386 *Anschütz*, WRV, Art. 13 Anm. 4; *Giese*, WRV, Art. 13 Anm. 2; RGZ 104, 58 (59); 103, 200 (201).

387 *Morstein Marx*, Variationen, S. 29.

388 Siehe oben Seite 24 m. Fn. 22.

389 v. *Hippel*, HbDStR II, S. 562; *Anschütz*, WRV, Art. 102 Anm. 3 c, 5, Art. 70 Anm. 5; *Poetzsch-Heffter*, WRV, Art. 102 Anm. 4 a.

390 *Anschütz*, a. a. O.

391 Verhandlungen der verfassungsgebenden Deutschen Nationalversammlung, Bd. 336, Anlagen zu den Sten. Ber. Nr. 391, S. 483 ff.

beantragen, ist der Staatsgerichtshof dazu berufen, die Verfassungsmäßigkeit der Gesetze und die Übereinstimmung von Verwaltungsakten mit den Grundsätzen der Verfassung zu prüfen. Die Entscheidung ist bindend". Dabei ging Ablaß unter Berufung auf Laband und Gneist von der Unzulässigkeit des allgemeinen richterlichen Prüfungsrechts aus. Die richterliche Nachprüfung erstrekke sich nur auf die Publikation, nicht auch auf die Rechtsgrundlagen des Zustandekommens des Gesetzes. Dies klarstellend ergänzte Ablaß seinen Antrag um den Zusatz: „Die Verfassungsmäßigkeit der Reichsgesetze und Verordnungen ist dem richterlichen Prüfungsrecht entzogen"[392].

Insbesondere die vorgeschlagene Ergänzung, der ausdrückliche Ausschluß eines allgemeinen richterlichen Prüfungsrechts, war Gegenstand kontroverser Erörterung. War für Ablaß das allgemeine, materielle richterliche Prüfungsrecht von Verfassungs wegen ausgeschlossen, sofern es nicht ausdrücklich normiert war, vertrat Preuß den entgegengesetzten Standpunkt. Das richterliche Prüfungsrecht existiere überall dort, wo es nicht ausdrücklich ausgeschlossen sei. Gleiches habe in Preußen gegolten, bis das richterliche Prüfungsrecht 1850 durch Art. 106 der preußischen Verfassung explizit ausgeschlossen worden sei, „was stets als eklatanter Sieg der Reaktion über den Rechtsstaat von 1848 angesehen wurde". Er stehe „auf dem Standpunkte Gneists gegen Laband". Der Richter habe insofern nicht nachzuprüfen, ob die nötige Anzahl Stimmen im Reichstag abgegeben worden sei. Die Prüfung der materiellen Verfassungsmäßigkeit dagegen sei unerläßlich. Eine richterliche Tätigkeit sei nicht vorstellbar, wenn das Gericht ein seiner festen Überzeugung nach materiell verfassungswidriges Gesetz anzuwenden gezwungen sei. Der Ausschluß des allgemeinen richterlichen Prüfungsrechts bedeute die Negierung des Rechtsstaats[393]. Die Bezugnahme von Preuß auf „Gneist gegenüber Laband" war irreführend[394]. Gneist hatte völlig im Gegensatz zu Preuß ein formelles Prüfungsrecht grundsätzlich bejaht, ein materielles Prüfungsrecht dagegen – genau wie Laband – verneint[395].

Der Abgeordnete Cohn (USPD) setzte ein allgemeines richterliches Prüfungsrecht ebenfalls als bestehend voraus, sofern es nicht ausdrücklich ausgeschlossen war[396]. Auch Düringer (DNVP) schloß sich der Auffassung von Preuß an. Es sei ein Angriff auf die richterliche Unabhängigkeit, wenn man dem Richter

---

392 Verhandlungen, a. a. O., S. 483.
393 Verhandlungen, a. a. O., S. 483 f.
394 So bereits *Jellinek*, DJZ 26 (1921), 753 (754).
395 Siehe oben Seite 29.
396 Verhandlungen, a. a. O., S. 485 f.

das Recht, Gesetze auf ihre Verfassungsmäßigkeit zu prüfen, entziehe. Es gebe kein äußeres mechanisches Mittel wie die Publikation, welches den Richter dieser Prüfung enthebe. Es entspreche einzig der Stellung des Richters, seiner Freiheit und Unabhängigkeit, wenn er der Sache auf den Grund gehe und sich nicht daran binde, in welcher Form ein Gesetz oder eine Verordnung bekannt gegeben sei[397].

Demgegenüber sprach sich der Abgeordnete Kahl (DVP) gegen ein allgemeines richterliches Prüfungsrecht aus. In formeller Hinsicht beschränke sich die Prüfung des Richters auf die Frage, ob das Gesetz ordnungsgemäß verkündet worden sei. Eine materielle Prüfung könnte dem Richter niemals übertragen werden. Es entstehe eine tatsächliche Verschiebung der Grenzen von Justiz und Verwaltung und ein großer Widerspruch. „Damit ist grundsätzlich der Richter über das Gesetz gestellt, während sonst immer betont wird, der Richter stehe unter dem Gesetz“[398]. Beyerle (Zentrum) stellte schließlich fest: „Wir können uns auf der Linie einigen, daß wir auf die große Frage des richterlichen Nachprüfungsrechts verzichten“. Sowohl der ursprüngliche als auch der ergänzte Antrag von Ablaß wurden abgelehnt[399].

Der Verfassungsgeber hatte damit die Frage des richterlichen Prüfungsrechts bewußt offengelassen. Das Ausfüllen der entstandenen Lücke war Rechtsprechung und Rechtswissenschaft überantwortet, ohne daß die Entstehungsgeschichte zur Bekräftigung der einen oder anderen Ansicht hätte herangezogen werden können. Denn das Schweigen der Verfassung konnte – das hatte die Diskussion im Verfassungsausschuß gezeigt – als Argument sowohl für als auch gegen ein richterliches Prüfungsrecht verwandt werden. Über die Unergiebigkeit der Entstehungsgeschichte bestand später grundsätzliche Einigkeit[400], wenn auch einzelne Äußerungen zu unterschiedlichen Deutungen Anlaß gaben. Dies galt insbesondere für die Feststellung Kahls, er sei mit Düringer vollkommen darüber einig, daß unter keinen Umständen die Prüfung des verfassungsmäßigen Inhalts eines Gesetzes dem Richter oder einer sonstigen Behörde zustehen solle[401]. Da Düringer der Feststellung Kahls nicht widersprochen hatte,

397 Verhandlungen, a. a. O., S. 485 f.

398 Verhandlungen, a. a. O., S. 484 f.

399 Verhandlungen, a. a. O., S. 486.

400 *Anschütz*, WRV, Art. 70 Anm. 5; *Morstein Marx*, Variationen, S. 32; *Giese*, WRV, Art. 70 Anm. 3.

401 Verhandlungen, a. a. O., S. 486.

wurde sie teilweise als authentische Interpretation der Ansichten Düringers ausgegeben[402], teilweise auch nicht[403].

c) Das richterliche Prüfungsrecht bis zur Aufwertungsrechtsprechung

Mit dem Aufwertungsurteil und den sich anschließenden Ereignissen – der Eingabe des Richtervereins, der 3. Steuernotverordnung, dem Aufwertungsgesetz – kam in der Rechtsprechung des Reichsgerichts in der Frage des richterlichen Prüfungsrechts gegenüber Reichsgesetzen ein Stein ins Rollen. Auf eine gefestigte Rechtsprechung konnten die Richter des Reichsgerichts nicht zurückblikken. Die Rechtsprechung des Kaiserreichs hatte zu einem materiellen richterlichen Prüfungsrecht gegenüber Reichsgesetzen nur vereinzelt Stellung genommen[404]. Hinzu kam, daß allen im Kaiserreich ergangenen Entscheidungen ein von der Weimarer Republik grundsätzlich verschiedenes Staatsgefüge zugrunde lag. Selbst eine gefestigte Rechtsprechung wäre daher nicht ohne weiteres übertragbar gewesen. Auch in der Weimarer Republik gab es bis zur Aufwertungsrechtsprechung kaum Entscheidungen zum richterlichen Prüfungsrecht. Eine allgemeine Entwicklungslinie war diesen vereinzelten Entscheidungen nicht zu entnehmen.

In zwei Entscheidungen des Reichsfinanzhofs vom 23.3.1921[405] und des Reichsversorgungsgerichts vom 21.10.1924[406] wurde ein richterliches Prüfungsrecht in formeller und materieller Hinsicht bejaht; das Reichsversorgungsgericht kam zudem zur Verfassungswidrigkeit des geprüften Gesetzes[407].

Das Reichsgericht befaßte sich mit der Frage des richterlichen Prüfungsrechts in einer Entscheidung vom 28.4.1921[408]. Der 6. Senat erklärte: „Das Reichsgericht hat in ständiger Rechtsprechung die Gerichte für befugt erklärt, die formelle wie materielle Rechtmäßigkeit von Gesetzen und Verordnungen nachzuprüfen, soweit die Nachprüfung nicht durch Gesetz ausgeschlossen ist ... Hieran ist festzuhalten“[409]. Als Nachweis zitierte der Senat sieben Entscheidungen des

402 *Jellinek*, DJZ 26 (1926), 753.
403 *Theisen*, AöR 47 (1925), 257 (268 f.); *Bendix*, JW 53 (1924), 257.
404 Siehe oben Seite 26 f.
405 RFHE 5, 333.
406 RVGE 4, 168.
407 Hierzu *Gusy*, Richterliches Prüfungsrecht, S. 80 f., 82 f.; *Fangmann*, Justiz gegen Demokratie S. 81 f., 89 ff.
408 RGZ 102, 161.
409 RGZ 102, 161 (164).

Reichsgerichts aus dem Kaiserreich. Eine nähere Begründung enthielt die Entscheidung nicht. Die angeführten Entscheidungen betrafen vollkommen unterschiedliche Fallkonstellationen, teilweise paßten sie überhaupt nicht, teilweise wurde ein richterliches Prüfungsrecht ausdrücklich abgelehnt.

Um ein richterliches Prüfungsrecht gegenüber Verordnungen ging es in der zweiten[410], vierten[411] und sechsten[412] der zitierten Entscheidungen. Alle drei Entscheidungen bejahten ein formelles und materielles Prüfungsrecht. Nur die zweite Entscheidung betraf die Vereinbarkeit einer Reichsverordnung mit der Reichsverfassung. In den anderen Entscheidungen ging es um die Rechtsgültigkeit von Landesverordnungen. Eine ständige Rechtsprechung ließ sich aus nur drei Entscheidungen, die zudem unterschiedliche Fallkonstellationen betrafen, nur schwer ableiten.

Auch ein materielles Prüfungsrecht gegenüber Parlamentsgesetzen war mit den zitierten Entscheidungen kaum zu belegen, jedenfalls keine ständige Rechtsprechung. Ein richterliches Prüfungsrecht gegenüber Parlamentsgesetzen wurde in der ersten[413], zweiten, fünften[414] und siebenten[415] Entscheidung thematisiert. In der ersten Entscheidung, die ohnehin nur die Vereinbarkeit von Landesrecht mit der Landesverfassung betraf, aber so allgemein gehalten war, daß die Gründe auf das Verhältnis von Reichsverordnung und Reichsverfassung übertragbar waren, lehnte das Reichsgericht ein materielles Prüfungsrecht ab. In der zweiten Entscheidung bezeichnete es in einem obiter dictum „die Frage, ob ein richterliches Prüfungsrecht in Ansehung der Verfassungsmäßigkeit von Bundes- und Reichsgesetzen besteht, bis heute noch als streitig, wennschon solche überwiegend bejaht wird“. Die fünfte und siebente Entscheidung waren zweideutig, ihnen ließ sich sowohl die Verneinung als auch die Bejahung eines materiellen richterlichen Prüfungsrechts entnehmen[416]. Die dritte Entscheidung[417] schließlich hatte mit einem richterlichen Prüfungsrecht überhaupt nichts zu tun.

Bereits Zeitgenossen hatten beanstandet, der vom Reichsgericht aufgestellte Satz – das Reichsgericht nehme in ständiger Rechtsprechung gegenüber Geset-

---

410 RGZ 24, 1 (3).
411 RGZ 45, 267 (270).
412 RGZ 48, 195 (205).
413 RGZ 9, 232 (235); siehe oben Seite 26.
414 RGZ 48, 84; siehe oben Seite 27.
415 RGZ 77, 229 (231); siehe oben Seite 27.
416 Siehe oben Seite 27.
417 RGZ 25, 271.

zen und Verordnungen ein formelles und materielles richterliches Prüfungsrecht wahr – treffe in seiner Allgemeinheit nicht zu[418]. Aber selbst wenn die Behauptung richtig gewesen wäre, wäre zu fragen gewesen, ob aus der Zeit des Konstitutionalismus stammende Begründungsmuster auf das neue Staatssystem übertragbar waren. Der Satz von der ständigen Rechtsprechung war aber nicht nur falsch, sondern auch überflüssig. Im konkreten Fall ging es allein um die Gültigkeit einer Rechtsverordnung. Zu Ausführungen über ein richterliches Prüfungsrecht gegenüber Parlamentsgesetzen bestand kein Anlaß[419].

Hinzu kam, daß das richterliche Prüfungsrecht nur bestehen sollte, sofern es durch Gesetz nicht entzogen war. Konnte das richterliche Prüfungsrecht den Gerichten durch einfaches Gesetz entzogen werden, mußte es zur gesetzgeberischen Disposition stehen. Dann aber konnte es sich nicht aus der Verfassung ergeben. Hielt man dagegen daran fest, es ergebe sich aus der Verfassung, befand sich das Gesetz, das die richterliche Prüfungsbefugnis entzog, seinerseits im Widerspruch zur Verfassung. Die Lösung des Reichsgerichts – das von Verfassungs wegen bestehende richterliche Prüfungsrecht, sofern es nicht durch einfaches Gesetz entzogen war – war demnach ein Paradoxon[420]. So falsch, überflüssig und paradox der Satz des Reichsgerichts zum richterlichen Prüfungsrecht war, er fand, jedenfalls in seinem ersten Teil, Eingang in weitere Entscheidungen[421].

In einer Entscheidung vom 8.12.1923[422] erklärte der 5. Senat, es sei anerkanntes Recht, daß die Gerichte grundsätzlich befugt seien, die formelle und materielle Rechtmäßigkeit von Gesetzen und Verordnungen nachzuprüfen. Der Senat begnügte sich mit einem Verweis auf RGZ 102, 161, ohne die Richtigkeit der dortigen Behauptung zu hinterfragen[423]. In Frage stand die Rechtsgültigkeit einer Reichsverordnung; der Hinweis zur richterlichen Prüfungsbefugnis gegenüber Reichsgesetzen war auch hier überflüssig.

---

418 *Jellinek*, JW 54 (1925), 454 f; *Wassertrüdinger*, JW 54 (1925), 44; *Lassar*, VVDStRL 2 (1925), 81 (94); anders dagegen *Görres*, JW 53 (1924), 1564 (1566); *Simons*, DRiZ 16 (1924), 419 (424); *Lobe*, 33. DJT, S. 65

419 In diesem Sinne auch *Gusy*, Richterliches Prüfungsrecht, S. 81 f.

420 *Berkemann*, EuGRZ 1986, 80 (83).

421 Zitiert auch in dem bereits erwähnten Urteil des RVG (oben Fn. 406): RGVE 4, 168 (189).

422 RGZ 107, 377.

423 RGZ 107, 377 (379).

Demgegenüber hieß es in der bereits bekannten Entscheidung des 3. Senats vom 25. Januar 1924[424], der Richter sei grundsätzlich überhaupt nicht befugt, einem ordnungsgemäß erlassenen Gesetz seines Inhaltes wegen die Anwendung abzusprechen[425]. Allerdings wollte sich der Senat vor allem von der Eingabe des Richtervereins distanzieren. Eine inhaltliche Überprüfung ordnungsgemäß erlassener Reichsgesetze sollte nur grundsätzlich, nicht aber hinsichtlich ihrer Verfassungsmäßigkeit ausscheiden[426]. Nur so wird verständlich, weshalb der Senat die streitentscheidende Verordnung auf ihre Vereinbarkeit mit der Verfassung überprüfte. Die Verfassungsmäßigkeit des Ermächtigungsgesetzes hingegen wurde nur teilweise geprüft[427]. So stellte der Senat fest, es sei nach der Reichsverfassung zulässig, daß die Gesetzgebung die Befugnis zum Erlaß von Rechtsvorschriften in sachlicher Beschränkung einer anderen Stelle übertrage[428].

Wenig später waren die Vereinigten Zivilsenate mit der Sache befaßt[429]. Ein richterliches Prüfungsrecht wurde in Anspruch genommen, schien aber nicht weiter thematisiert worden zu sein. Allerdings enthielt der in der Deutschen Juristenzeitung veröffentlichte Beschluß einen Satz, der in der amtlichen Sammlung fehlte und verdeutlichte, daß die Frage des richterlichen Prüfungsrechts sehr wohl erörtert worden war. „Zunächst ist das Plenum davon ausgegangen, daß es Pflicht und Recht der Gerichte sei, die Verfassungsmäßigkeit gehörig publizierter Normen nachzuprüfen“[430]. Mit „Normen“ waren Verordnungen und Parlamentsgesetze gemeint, auch wenn es konkret nur um eine Verordnung ging. Der Präsident des Reichsgerichts erklärte kurz darauf, das Plenum der Zivilsenate habe „dem Richter das Recht der Prüfung aller Gesetze auf ihre Verfassungsmäßigkeit vindiziert“[431].

---

424 RGZ 107, 315; siehe oben Seite 90.

425 RGZ 107, 315 (317).

426 *Nörr*, Der Richter zwischen Gesetz und Wirklichkeit, S. 19; anders *Berkemann*, EuGRZ 1986, 80 (87).

427 Anders *Berkemann*, EuGRZ 1986, 80 (87), welcher der Entscheidung überhaupt keine Prüfung des Ermächtigungsgesetzes entnimmt.

428 RGZ 107, 315 (317 f.).

429 RGZ 107, 320; siehe oben Seite 90.

430 RG DJZ 29 (1924), 289 (190).

431 *Simons*, DRiZ 16 (1924), 419 (424).

d) Das richterliche Prüfungsrecht in der Aufwertungsrechtsprechung

aa) Die verfassungspolitische Ausgangslage

Das Reichsgericht hatte in seinem Aufwertungsurteil angesichts eines bewußt untätigen Gesetzgebers Partei für die Opfer der Inflation ergriffen. Inzwischen war die Aufwertung - zuerst durch die 3. Steuernotverordnung[432], dann durch das Aufwertungsgesetz[433] und das Anleiheablösungsgesetz[434] - gesetzlich geregelt. Beide Gesetze waren von Anfang an heftigen Anfeindungen ausgesetzt. Insbesondere die Aufwertungsquoten wurden als zu niedrig empfunden. Von allen Seiten wurde ihnen die Rechtsgültigkeit abgesprochen, sei es daß man in ihnen einen Verstoß gegen Treu und Glauben oder die guten Sitten sah, oder sie für verfassungswidrig hielt. Wieder richteten sich die Hoffnungen der durch die Gesetzgebung enttäuschten Inflationsopfer auf die Gerichte. Diese standen unter enormem Entscheidungsdruck. Die Rechtsgültigkeit der 3. Steuernotverordnung und die Frage, ob und in welcher Höhe aufgewertet wurde, betraf weite Teile der Bevölkerung. An niemandem war die Inflation spurlos vorbeigegangen. Fast jeder war durch sie entweder begünstigt oder benachteiligt, wobei die Masse zu den Verlierern der Inflation gehörte. Dementsprechend war der Streit um die Höhe der Aufwertung emotionsgeladen und die vertretenen Ansichten lagen weit auseinander. Letzteres hatten vor allem die der 3. Steuernotverordnung vorausgegangenen Erörterungen innerhalb des Kabinetts gezeigt[435]. Nach zähen Verhandlungen war die Aufwertungsfrage endlich gesetzlich geregelt. Es wäre einem Scheitern der Reichsregierung gleichgekommen, hätten die Gerichte die in der 3. Steuernotverordnung getroffene gesetzgeberische Entscheidung nicht anerkannt.

bb) RGZ 107, 370 – 3. Steuernotverordnung

Bereits kurz nach Erlaß der 3. Steuernotverordnung, am 1. März 1924[436], nutzte der 5. Senat die Gelegenheit, die Rechtmäßigkeit der 3. Steuernotverordnung zu prüfen und zu bestätigen. Die Kläger hatten ein hypothekarisch belastetes Grundstück erworben, ohne für die Hypothek die persönliche Haftung zu übernehmen. Fraglich war, ob die dingliche Verbindlichkeit aufzuwerten war. Der

---

432 Siehe oben Fn. 292, Seite 73, 86 f.
433 Siehe oben Fn. 294, Seite 73, 88 f.
434 Siehe oben Fn. 295, Seite 73, 88 ff.
435 Siehe oben Seite 78 ff.
436 RGZ 107, 370.

Senat wiederholte zunächst die in seiner Entscheidung vom 23. November 1923[437] aufgestellten Aufwertungsgrundsätze. Diese bezögen sich zwar nur auf die Aufwertung der persönlichen Forderung. Das Berufungsgericht hätte jedoch prüfen müssen, ob nicht in gleicher oder entsprechender Weise der dingliche Anspruch aufzuwerten sei. Dieses Versäumnis habe sich jedoch durch den Erlaß der 3. Steuernotverordnung erledigt[438].

Das warf die naheliegende Frage auf, weshalb der Senat die von ihm ausgesprochenen Aufwertungsgrundsätze überhaupt darlegte, wenn es auf sie nicht ankam. Hinzu kam, daß die 3. Steuernotverordnung eine von den Grundsätzen des Aufwertungsurteils gänzlich verschiedene Lösung vorsah, jene Rechtsprechungsgrundsätze also für das Verständnis und die Akzeptanz der neuen Regeln eher hinderlich als hilfreich waren[439]. Gleichwohl unterließ es der Senat nicht, den Gegensatz zwischen den eigenen Vorstellungen zur Hypothekenaufwertung und denen des Gesetzgebers ausdrücklich herauszustellen[440]. Mit nachfolgenden Erwägungen lenkte er jedoch sofort wieder ein. So habe auch der Senat nicht verkannt, daß ohne gesetzgeberisches Eingreifen eine große Zahl von Rechtsstreitigkeiten entstünden, die nicht nur einen erheblichen Kostenaufwand verursachten, sondern deren Durchführung zudem geraume Zeit in Anspruch nähme[441].

Der Senat legte sodann die Gründe dar, welche die Reichsregierung in Abweichung von der Rechtsprechung des erkennenden Senats dazu bewogen hätten, die Höhe der Aufwertung nicht den Gerichten zu überlassen, sondern schematisch zu regeln. Schließlich konnte er feststellen, es handele sich bei der in der 3. Steuernotverordnung getroffenen Regelung der Hypothekenaufwertung um eine Maßnahme, welche die Reichsregierung „im Hinblick auf die Not von Volk und Reich für erforderlich und dringend erachtet" habe. Zu einer solchen Maßnahme sei sie nach § 1 Satz 1 des Ermächtigungsgesetzes vom 8. Dezember 1923 befugt. Ob die getroffene Maßnahme zweckentsprechend und zur Erreichung des erstrebten Ziels tatsächlich geeignet sei, könne vom Gericht bei der Prüfung ihrer Rechtsgültigkeit nicht untersucht werden[442].

---

437 RGZ 107, 78.
438 RGZ 107, 370 (372 f.).
439 Vgl. *Berkemann*, EuGRZ 1986, 80 (88).
440 RGZ 107, 370 (373 f.).
441 RGZ 107, 370 (374).
442 RGZ 107, 370 (374 f.).

Es folgte eine Überprüfung der Vorschriften der 3. Steuernotverordnung über die Hypothekenaufwertung auf ihre Vereinbarkeit mit der Verfassung. Laut Ermächtigungsgesetz war ein Abweichen von der Verfassung nicht gestattet. Eine unzulässige Enteignung verneinte der Senat. Nach Art. 153 Abs. 2 Satz 1 WRV durfte eine Enteignung nur zum Wohle der Allgemeinheit und auf gesetzlicher Grundlage vorgenommen werden. Es sei schon fraglich, ob die Regelungen über die Hypothekenaufwertung überhaupt eine Enteignung darstellten. Die Frage könne jedoch dahinstehen, weil in keinem Fall eine verfassungsmäßig unzulässige Enteignung vorliege. Für die erforderliche Allgemeinwohlbezogenheit verwies der Senat auf die vom Verordnungsgeber angestellten Überlegungen. Es müsse genügen, „daß die Maßnahme dem Wohle der Allgemeinheit zu dienen bestimmt ist; nicht dagegen kann ihre Gültigkeit davon abhängen, inwieweit dieses Ergebnis tatsächlich erreicht wird“[443]. Die grundsätzliche Entschädigungspflicht könne gemäß Art. 153 Abs. 2 Satz 2 WRV durch Reichsgesetz ausgeschlossen werden. Die 3. Steuernotverordnung sei ein solches Gesetz[444].

Ferner seien in diesem Zusammenhang Zweifel angeregt worden, ob nicht die in der 3. Steuernotverordnung vorgesehene Beschränkung der Rechte der Hypothekengläubiger „als Verstoß gegen Treu und Glauben oder, weil sie zu Ergebnissen führe, die dem Anstandsgefühl aller billig und gerecht Denkenden widersprächen, als Verstoß gegen die guten Sitten rechtsunwirksam wäre“. Der Senat entzog sich einer Beantwortung der Frage mit den Worten: „Zur Widerlegung dieses Angriffs bedarf es keiner Erörterung der strittigen Frage, ob und wieweit überhaupt Fälle denkbar sind, in denen ein Gesetz wegen eines solchen Verstoßes einer den Richter bindenden Kraft entbehren könnte. Denn bei der Regelung der Hypothekenaufwertung in der 3. Steuernotverordnung kann von einem solchen Verstoß füglich nicht die Rede sein. Es handelt sich um die Lösung einer schwierigen rechtlichen und wirtschaftlichen Aufgabe, die, gleichviel wie der einzelne sie beurteilen mag, keinesfalls den Gerichten einen Anlaß bieten kann, sie aus allgemeinen Erwägungen für rechtsunwirksam zu erklären“[445].

Darüber hinaus sah der Senat in den Regelungen der 3. Steuernotverordnung über die Hypothekenaufwertung keinen Verstoß gegen Art. 105 Satz 2 WRV;

443 RGZ 107, 370 (375).
444 RGZ 107, 370 (375 f.).
445 RGZ 107, 370 (376).

danach durfte niemand seinem gesetzlichen Richter entzogen werden. Auch eine gemäß Art. 134 WRV unzulässige Sonderbesteuerung wurde verneint[446].

Damit hatte sich der Senat der von der Reichsregierung in der 3. Steuernotverordnung getroffenen Entscheidung gebeugt, nicht ohne nochmals zu betonen, seine Vorstellung von der Aufwertung sei eine andere gewesen. Die Zulässigkeit einer richterlichen Prüfungsbefugnis wurde nicht thematisiert, sondern stillschweigend vorausgesetzt. Die Intensität der richterlichen Kontrolle war gering. Der Senat gewährte der Reichsregierung bei Ausübung ihrer gesetzgeberischen Befugnisse einen weiten, gerichtlich nicht überprüfbaren Gestaltungsspielraum. So ließ es der Senat ausreichen, daß die Reichsregierung die angeordneten Maßnahmen für erforderlich und dringend erachtet habe. In ähnlicher Weise verfuhr er bei der Allgemeinwohlbezogenheit des Art. 153 Abs. 2 WRV. Auch hier sollte genügen, daß der Gesetzgeber von der Allgemeinwohlbezogenheit ausgegangen war. Die Verfassungsmäßigkeit des Ermächtigungsgesetzes, welches immerhin die von Verfassungs wegen vorgesehene Gewaltenteilung nicht unerheblich verschob, wurde nicht problematisiert. Die Frage, ob ein Gesetz wegen Verstoßes gegen § 242 BGB rechtsungültig sein könne, ließ der Senat offen. Allerdings deutete die Formulierung „ob und inwieweit überhaupt Fälle denkbar seien" darauf hin, daß der Senat die Möglichkeit, ein Gesetz könnte wegen Verstoßes gegen § 242 BGB rechtsunwirksam sein, allenfalls theoretisch in Betracht zog[447]. Ein weiterer[448] Senat distanzierte sich damit von der Eingabe des Richtervereins. Dabei wurde die Möglichkeit, ein Gesetz könne wegen Verstoßes gegen § 242 BGB rechtsunwirksam sein, nicht vor oder nach der Prüfung der Verfassungsvorschriften, sondern zwischen Art. 153 WRV und den Art. 105 Satz 2 und Art. 134 WRV und somit nebenbei als fernliegend verworfen. Das zeugte ein weiteres Mal davon, daß dieser Frage ein eigener Stellenwert nicht mehr eingeräumt wurde.

cc) RGZ 111, 320 - Aufwertungsgesetz

Zweieinhalb Jahre später, am 4. November 1925, erklärte der 5. Senat auch das Aufwertungsgesetz für verfassungsgemäß[449]. „Voraussetzung für die Anwendung des Aufwertungsgesetzes ist, daß sich keine durchgreifenden Bedenken

---

446 RGZ 107, 370 (376 f.).
447 *Berkemann*, EuGRZ 1986, 80 (88).
448 Davor bereits RGZ 107, 315 (317).
449 RGZ 111, 320.

gegen die Verfassungsmäßigkeit des Gesetzes ergeben, das mit einfacher Mehrheit des Reichstags zustande gekommen ist. Im Hinblick auf die in der Öffentlichkeit gegen die Rechtsgültigkeit des Aufwertungsgesetzes erhobenen Ansprüche erscheint es hiernach geboten, die Verfassungsmäßigkeit des Gesetzes von Amts wegen einer Prüfung zu unterziehen“[450].

Begrifflich war nunmehr, anders als in den vorangegangenen Entscheidungen, von „Verfassungswidrigkeit“ die Rede. Der fast unbestrittene[451], aber nicht zwingende Zusammenhang zwischen Verfassungswidrigkeit und Rechtsgültigkeit wurde nicht näher begründet. Die weitere Prüfung des Senats war zweigeteilt. In einem ersten Teil begründete er seine Prüfungsbefugnis; in einem zweiten Teil prüfte er das Aufwertungsgesetz auf seine inhaltliche Vereinbarkeit mit der Reichsverfassung.

Der erste Teil umfaßte nur knapp eine Seite. Unter Verweis auf ein Urteil des 1. Strafsenats aus dem Jahre 1921 erklärte der Senat in erster Linie etwaige „reichsrechtliche Bestimmungen, seien es gesetzliche oder gewohnheitsrechtliche“, für maßgebend. Fehlten solche Bestimmungen, sei auf die allgemeinen Grundsätze zurückzugehen, „die aus dem Wesen der gesetzgebenden oder richterlichen Gewalt und der von diesen Gewalten ausgehenden Betätigungen sowie aus ihrem gegenseitigen Verhältnis abzuleiten sind“[452].

Die aus den „allgemeinen Grundsätzen“ abgeleitete Begründung des Senats war kurz: Die Reichsverfassung habe in Art. 102 den im § 1 GVG aufgestellten Grundsatz aufgenommen, daß die Richter unabhängig und nur dem Gesetz unterworfen seien. Letztere Bestimmung schließe nicht aus, daß einem Reichsgesetz oder einzelnen seiner Bestimmungen vom Richter die Gültigkeit insofern aberkannt werden könne, als sie mit anderen, vom Richter zu beachtenden Vorschriften, die ihnen vorgingen, in Widerspruch stünden. Das sei der Fall, wenn ein Gesetz einem in der Reichsverfassung aufgestellten Rechtssatz widerspreche und bei seinem Erlaß die durch Art. 76 WRV für eine Verfassungsänderung vorgeschriebenen Erfordernisse nicht vorgelegen hätten. Denn die Vorschriften

---

450 RGZ 111, 320 (322).

451 Betritten wurde dieser Zusammenhang von *Jellinek*, DJZ 26 (1921), 753 (754); *ders.*, JöR IX (1920), 1 (108 f.) mit dem Argument, das einfache Gesetz und das verfassungsändernde Gesetz würden von demselben Organ (Reichstag) erlassen, weshalb auch ein materiell verfassungswidriges Gesetz nur an einem Verfahrensmangel leide, ohne ungültig zu sein; ferner *Schelcher*, Fischers Zeitschrift 59 (1926), 2 (64 f.), der eine Parallele zu der Lehre O. Mayers vom fehlerhaften Verwaltungsakt zog.

452 RGZ 111, 320 (322).

der Reichsverfassung könnten nur durch ein ordnungsgemäß zustande gekommenes Gesetz außer Kraft gesetzt werden. Sie blieben daher auch gegenüber abweichenden Bestimmungen eines späteren, ohne Beobachtung der Erfordernisse des Art. 76 erlassenen Reichsgesetzes für den Richter verbindlich und nötigten ihn, die widersprechenden Bestimmungen des späteren Gesetzes außer Anwendung zu lassen. Da die Reichsverfassung selbst keine Vorschrift enthalte, nach der die Entscheidung über die Verfassungsmäßigkeit der Reichsgesetze den Gerichten entzogen und einer bestimmten anderen Stelle übertragen sei, müsse das Recht und die Pflicht des Richters, die Verfassungsmäßigkeit von Reichsgesetzen zu prüfen, anerkannt werden[453].

Die Argumentation des Senats war widersprüchlich. Im letzten Satz der Begründung hieß es, die Prüfungsbefugnis folge nicht aus einer ausdrücklichen, sondern aus einer fehlenden Kompetenzzuweisung. Dies knüpfte an die eingangs angestellten Überlegungen, zunächst sei nach reichsrechtlichen Bestimmungen zu fragen, an. Hierzu paßte nicht, daß der Senat seine fehlende Kompetenzzuweisung dann doch nur auf die Verfassung und nicht auf andere reichsrechtliche Bestimmungen stützte[454]. Ferner hätte der Senat fragen müssen, weshalb gerade die Gerichte und nicht ein anderes Organ zum Hüter der Verfassung berufen waren. Daraus allein, daß die Verfassung dem Richter das Prüfungsrecht nicht entzog, folgte nicht, daß es ihm zustand[455]. Vor allem aber ging das Reichsgericht selbst nicht von einer fehlenden Kompetenzzuweisung aus, wenn es seine Prüfungsbefugnis mit Art. 76 WRV und Art. 102 WRV begründete und es den Richter „genötigt“ sah, das der Verfassung widersprechende Gesetz außer Anwendung zu lassen[456]. Ergab sich das richterliche Prüfungsrecht aber aus der Verfassung, paßte auch der einleitende Satz, maßgebend seien zunächst etwaige reichsrechtliche Bestimmungen, nicht mehr. Dann konnte es nämlich durch einfaches Reichsgesetz nicht entzogen oder eingeschränkt werden[457].

Die Argumentationsstruktur des Reichsgerichts war aus dem Kaiserreich bekannt, vorausgesetzt man entnimmt den beiden mehrdeutigen Entscheidungen aus der Kaiserzeit[458] die Bejahung eines richterlichen Prüfungsrechts. Auch dort

453 RGZ 111, 320 (322 f.).
454 *Bettermann*, FS für Broermann, S. 510.
455 *Berkemann*, EuGRZ 1986, 80 (91 f.); *Schmitt*, Das Reichsgericht als Hüter der Verfassung, S. 85 f; *ders.*, Verfassungslehre, S. 195.
456 *Bettermann*, FS für Broermann, S. 510.
457 *Bettermann*, a. a. O.; *Schmitt*, Das Reichsgericht als Hüter der Verfassung, S. 94 f.
458 RGZ 48, 84 (88); 77, 229 (231); siehe oben Seite 27.

war für die Verfassungsmäßigkeit entscheidend gewesen, ob ein der Reichsverfassung inhaltlich widersprechendes Gesetz mit qualifizierter Mehrheit zustande gekommen war. Auf die bisherige Rechtsprechung zum richterlichen Prüfungsrecht nahm der Senat, abgesehen von einer Entscheidung des 1. Strafsenats[459], keinen Bezug. Dieser Entscheidung entnahm er die „allgemeinen Grundsätze“, nach denen sich die Frage des richterlichen Prüfungsrechts auch im vorliegenden Fall beurteilen solle. Dabei ging es in der Entscheidung des 1. Strafsenats allein um ein richterliches Prüfungsrecht gegenüber Landesgesetzen und Reichsverordnungen. Die Frage des richterlichen Prüfungsrechts wurde ausdrücklich offen gelassen[460]. Das Schweigen des Senats über die bisherige Rechtsprechung des Reichsgerichts in Zivilsachen war um so erstaunlicher, weil das Reichsgericht in mehreren vorangegangen Entscheidungen ein richterliches Prüfungsrecht gegenüber formellen Gesetzen ausdrücklich bejaht hatte, auch wenn es im konkreten Fall nie in Anspruch genommen worden war. Ausführungen zum Vorrang der Verfassung gegenüber dem einfachen Gesetz, den das Reichsgericht stillschweigend voraussetzte, fehlten. Ebensowenig wurde gefragt, ob das Prüfungsrecht des Reichspräsidenten nach Art. 70 WRV das allgemeine richterliche Prüfungsrecht ausschloß, wie es Vertreter einer positivistischen Grundauffassung annahmen[461].

Das Bild aber bliebe unvollständig, berücksichtigte man nicht, in welcher Weise der Senat schließlich die zuvor begründete Prüfungsbefugnis in Anspruch nahm. Der Senat überprüfte das Aufwertungsgesetz anhand der gleichen Verfassungsvorschriften – Art. 153, 105 und 134 WRV – wie eineinhalb Jahre zuvor die 3. Steuernotverordnung. Hinzu kamen der allgemeine Gleichheitssatz des Art. 109 Abs. 1 WRV und die in Art. 152 WRV gewährleistete Vertragsfreiheit.

Den Schwerpunkt der Prüfung bildeten die Ausführungen zu Art. 153 WRV. Abermals ließ der Senat offen, ob die Aufwertungsvorschriften eine Enteignung oder lediglich eine Inhaltsbestimmung darstellten. Auch eine Enteignung wäre zulässig. Den vom Gesetzgeber angegebenen Zweck, die Wiederherstellung von Ruhe, Ordnung und Sicherheit im Innern, erklärte der Senat – insofern anders als in der Entscheidung zur 3. Steuernotverordnung[462] – ausdrücklich für allgemeinwohlbezogen. Es sei unerheblich, ob der mit dem Gesetz verfolgte ge-

---

459 RGSt 56, 177.

460 RGSt 56 177 (180).

461 *Anschütz*, WRV, Art. 102 Anm. 3 a, Art. 70 Anm. 2, 4.

462 RGZ 107, 370 (375); siehe oben Seite 101.

meinnützige Zweck in dem erhofften Umfang tatsächlich erreicht werde. „Wesentlich für die Zulässigkeit einer Enteignung kann immer nur sein, daß ein dem Wohle der Allgemeinheit dienender Zweck erstrebt wird und wenigstens teilweise erreichbar erscheint, und dies trifft unter den gegebenen Verhältnissen zu“[463]. Wiederum nahm das Reichsgericht also bei der Allgemeinwohlbezogenheit nur eine eingeschränkte Prüfung vor. Die in Anspruch genommene Prüfungsbefugnis war jedoch weiter als bei der Überprüfung der 3. Steuernotverordnung. Nunmehr sollte der erstrebte Zweck wenigstens teilweise auch erreichbar erscheinen. Ob sich der Senat dieses Unterschiedes bewußt war, darf bezweifelt werden. Trotz erweiterten Prüfungsmaßstabes bejahte er die Allgemeinwohlbezogenheit des verfolgten Zweckes genauso unproblematisch wie in der anderen Entscheidung.

Ferner verstoße das Aufwertungsgesetz nicht gegen den allgemeinen Gleichheitssatz des Art. 109 Abs. 1 WRV. Die umstrittene Frage, ob Art. 109 Abs. 1 WRV nur eine Gewährleistung gleicher Rechtsanwendung enthalte oder darüber hinaus den Gesetzgeber binde, ließ der Senat unentschieden. Selbst wenn der allgemeine Gleichheitssatz den Gesetzgeber binde, liege kein Verstoß vor. Art. 109 Abs. 1 WRV könne, wenn überhaupt, nur so verstanden werden, daß Tatbestände vom Gesetz als gleich zu behandeln seien, die ungleich zu behandeln Willkür bedeuten würde. Eine verschiedene Behandlung, die durch keinen auf vernünftigen Erwägungen beruhenden Grund zu rechtfertigen sei, würde als willkürlich erscheinen und gegen den Gleichheitssatz verstoßen[464]. Die Frage, ob die Unterscheidung tatsächlich vernünftig war, wurde weitgehend in das Ermessen des Gesetzgebers gestellt. „Man mag über die Zweckmäßigkeit oder Notwendigkeit einzelner Bestimmungen des Gesetzes streiten können; gerade die umstrittenen Vorschriften sind aber bei den Beratungen im Reichstagsausschuß Gegenstand eingehender Prüfung und Erörterung gewesen und schließlich zur Annahme gelangt, weil eine anderweitige Regelung mit dem erstrebten Zwecke des Gesetzes nicht verträglich erschien“. Von einer willkürlichen, vernünftiger Erwägungen entbehrenden Regelung könne daher auch in diesen Beziehungen nicht gesprochen werden[465].

Erst diese Zusammenschau von inhaltlicher Prüfung des Aufwertungsgesetzes an den Maßstäben der Verfassung und vorangestellter theoretischer Begründung

---

463 RGZ 111, 320 (326).
464 RGZ 111, 320 (329).
465 RGZ 111, 320 (330).

der richterlichen Prüfungsbefugnis ermöglicht es, die Bedeutung der Entscheidung im Hinblick auf das richterliche Prüfungsrecht voll zu erfassen. Neu war weniger der erste Teil, die theoretische Begründung, auch wenn jene Ausführungen meist gemeint sind, wenn die Entscheidung vom 4. November 1923 als endgültiger Durchbruch des richterlichen Prüfungsrechts gefeiert wird. Beachtung verdient vor allem der zweite Teil, die tatsächlich vorgenommene Prüfung des Aufwertungsgesetzes anhand der Vorschriften der Reichsverfassung.

Diese stand zum ersten, theoretischen Teil insofern im Gegensatz, als die zunächst angekündigte inhaltliche Überprüfung der Reichsgesetze gemäß den Vorschriften der Verfassung nur maßvoll beschränkt stattfand. Der Senat gewährte dem Gesetzgeber einen weit verstandenen Einschätzungsspielraum. Die gesetzgeberische Zwecksetzung im Rahmen von Art. 153 Abs. 2 und die Vernünftigkeit der getroffenen Unterscheidung bei Art. 109 Abs. 1 WRV waren der gerichtlichen Kontrolle weitgehend entzogen. Die in Anspruch genommene Prüfungskompetenz war daher vor allem eine Drohung, die ihre präventive Wirkung jedoch nicht verfehlte[466]. Sie sicherte der Judikative als dritter Gewalt eine eigenständige Stellung im Gefüge der Staatsgewalten und wertete die bis dahin wenig beachteten Grundrechte auf.

Die Entscheidung bedeutete insofern eine Zäsur, als das Reichsgericht erstmals ein Reichsgesetz tatsächlich auf seine inhaltliche Übereinstimmung mit der Verfassung überprüfte. Die in der Weimarer Republik vorangegangenen Entscheidungen hatten ein richterliches Prüfungsrecht gegenüber Reichsgesetzen zwar bejaht, in Frage stand aber immer nur die Rechtsgültigkeit einer Verordnung. Im Kaiserreich hatte das Reichsgericht stets betont, es bestünden ohnehin keine Zweifel an dem verfassungsmäßigen Zustandekommen auch gemäß Art. 78 RV 1871. Nunmehr ging es um ein Gesetz, das – wie das Reichsgericht hervorhob – mit einfacher Mehrheit zustande gekommen war. Vor allem aber waren die verfassungsrechtlichen Kontrollnormen von denen des Kaiserreichs grundverschieden. Im Kaiserreich waren die Widersprüche zwischen Reichsgesetz und Reichsverfassung durch einfache Subsumtion zu lösen gewesen. Die Verfassungsvorschriften waren meist aus sich heraus verständliche Ordnungsvorschriften[467]. Nunmehr ging es um Grundrechte. Ob ein Gesetz allgemeinwohlbezogen oder ob eine gesetzliche Unterscheidung vernünftig war, ließ sich ohne Rückschluß auf eine der Verfassung zugrunde liegende Wertvorstellung nicht

466 *Berkemann*, EuGRZ 1986, 80 (92 f.).
467 Insbes. RGZ 77, 229; siehe oben Seite 27.

entscheiden. Der Senat entschied sie auch nicht, sondern überließ sie dem Gesetzgeber, indem er ihm einen weiten Ermessensspielraum einräumte. Die Tatsache aber, daß jene Fragen überhaupt gestellt wurden, daß die Grundrechte zum Rechtmäßigkeitsmaßstab erhoben wurden, deutete auf erste Ansätze eines materiellen Verfassungsverständnisses hin[468] und ein solches war den Entscheidungen des Reichsgerichts in der Kaiserzeit fremd[469].

Verfassungspolitisch war das Urteil vom 4. November 1925 „eine strategische Meisterleistung“[470]. Hätte es das Aufwertungsgesetz für verfassungswidrig erklärt, wäre das Ansehen des Gesetzgebers auf das empfindlichste verletzt gewesen. Hätte es eine Überprüfung des Aufwertungsgesetzes auf seine Vereinbarkeit mit der Verfassung abgelehnt, hätten sich die durch den Gesetzgeber enttäuschten Inflationsopfer, die ihre Hoffnungen auch diesmal auf die Rechtsprechung gerichtet hatten, im Stich gelassen gefühlt. So aber mußte es vor allem dem Gesetzgeber – wie zuvor der Reichsregierung, als es um die Rechtsgültigkeit der 3. Steuernotverordnung ging – schwerfallen, das Reichsgericht zu kritisieren. Hatte es doch mit seiner Entscheidung einen entscheidenden Beitrag dazu geleistet, die Glaubwürdigkeit des Gesetzgebers zu stärken, indem es das von ihm erlassene Aufwertungsgesetz für verfassungsgemäß erklärt hatte.

dd) Die weitere Inanspruchnahme des richterlichen Prüfungsrechts

In der Folge wurde das richterliche Prüfungsrecht gegenüber Reichsgesetzen nicht mehr eigenständig begründet, sondern stillschweigend vorausgesetzt[471]. Die in dem Urteil vom 4. November 1925 zum Ausdruck gekommene richterliche Selbstbeschränkung wurde beibehalten. Eine Überprüfung von Reichsgesetzen am Maßstab der guten Sitten, Treu und Glauben oder unter allgemeinen Billigkeitsgesichtspunkten lehnte das Reichsgericht auch später ab. Von weni-

---

468 Anders *Renger*, FS für Müller, S. 287 f., der dem Reichsgericht ein ausschließlich formales Verfassungsverständnis bescheinigt, allerdings das damalige Verfassungsverständnis nur mit dem heutigen und nicht dem des Kaiserreichs vergleicht.

469 Insofern zu einseitig *Bettermann*, FS für Broermann, S. 511 f., der in dem Urt. v. 4.11.1925 überhaupt keine Zensur in dem Streit um das richterliche Prüfungsrecht sieht, sich allerdings auch nur auf das Prüfungsrecht und nicht den Prüfungsmaßstab bezieht, *ders.*, a. a. O., S. 491.

470 *Berkemann*, EuGRZ 1986, 80 (89).

471 RGZ 114, 27 (33); 118, 325 (327); 124, 173 (176 ff.); 126, 161 (163 f.); 128; 165 (167 ff.); 129, 189 (198 f.); 139, 6 (9 ff.); 139, 177 (182 ff.).

gen Ausnahmen abgesehen[472] kam das Reichsgericht stets zur Verfassungsmäßigkeit der geprüften Gesetze.

Dem Vorwurf, das Aufwertungsgesetz sowie das Anleiheablösungsgesetz verstießen gegen die guten Sitten, trat der 3. Senat in einer Entscheidung vom 4. November 1927[473] mit den Worten entgegen: „Der Gesetzgeber ist selbstherrlich und an keine anderen Schranken gebunden als diejenigen, die er sich selbst in der Verfassung oder in anderen Gesetzen gezogen hat"[474]. Daß der Gesetzgeber sie nicht überschritten habe, sei sowohl für das Aufwertungsgesetz als auch für das Anleiheablösungsgesetz bereits entschieden. Der Senat schließe sich der dort ausgesprochenen Begründung an und „verneint in Übereinstimmung mit beiden Senaten die Verfassungswidrigkeit der genannten Gesetze"[475]. Die Bindung an die Verfassung wurde damit ausdrücklich betont und die Befugnis, Reichsgesetze auf ihre Vereinbarkeit mit der Verfassung zu prüfen, wahrgenommen, auch wenn sich die Wahrnehmung darauf beschränkte, sich den Erwägungen anderer Senate anzuschließen. Nur auf den Versuch, die genannten Gesetze am Maßstab der guten Sitten zu prüfen, bezog sich daher das Adjektiv „selbstherrlich"[476].

Der 6. Senat lehnte es in einer Entscheidung vom 21. Mai 1928[477] ebenfalls ab, das Aufwertungsgesetz einer Billigkeitsprüfung zu unterziehen: „Allein einmal ist, zumal bei dem vielfach zu Härten führenden Aufwertungsgesetz, nicht die Rechtsprechung, sondern die Gesetzgebung berufen, Unbilligkeiten zu beseitigen. Denn auch das etwa für sich fehlerhaft zu erachtende Gesetz ist Gesetz und als solches verbindlich"[478]. In einer Entscheidung vom 13. Juni 1929[479] wiederholte der 6. Senat diesen Grundsatz. Zu entscheiden war, ob der Veräußerer eines Grundstücks vom Erwerber Erstattung der von ihm gezahlten Schuldverschreibungssteuer im Wege des auf § 242 BGB gestützten Ausgleichsanspruchs

---

472 RGZ 124, 173; 126, 161.

473 RGZ 118, 325.

474 RGZ 118, 325 (327). Der 7. Senat übernahm diese Formulierung in einer Entscheidung vom 10.1.1933, RGZ 139, 177 (189).

475 RGZ 118, 325 (327).

476 In diesem Sinne auch *Nörr*, Der Richter zwischen Gesetz und Wirklichkeit, S. 30; anders *Rüthers*, Die unbegrenzte Auslegung, S. 84; *Eckert*, Privatrecht und Staatsbankrott, S. 104, die hierin eine Verneinung des richterlichen Prüfungsrechts insgesamt sehen.

477 RGZ 121, 169.

478 RGZ 121, 169 (172).

479 RGZ 125, 37.

verlangten konnte. § 242 BGB gewähre dem billigen Ermessen des Richters einen weiten Spielraum und versetze ihn in der Regel in den Stand, unbillige Entscheidungen zu vermeiden. „Insoweit freilich, als dem Richter durch gesetzliche Vorschriften die Hände gebunden sind, ist der Weg der Abhilfe nach 242 BGB verschlossen; denn auch der etwa für fehlerhaft erachtete Gesetzesbefehl ist Gesetz und als solches verbindlich“[480].

Auch der 7. Senat verwarf in einer Entscheidung vom 3. Dezember 1929[481] allgemeine Billigkeitserwägungen, als es um die Vereinbarkeit eines Reichsgesetzes mit dem in Art. 109 WRV gewährleisteten Gleichheitssatz ging. Ebenso wie der 5. Senat in seiner Entscheidung vom 4. November 1925[482] ließ er die Frage, ob der Gleichheitssatz den Gesetzgeber binde, offen. Selbst wenn dies der Fall sei, liege kein Verstoß dagegen vor. Die vom 7. Senat angestellten Erwägungen entsprachen weitgehend denen des 5. Senats. Sie gingen insofern über jene hinaus, als den Gerichten untersagt sein sollte, nicht nur die Notwendigkeit und Zweckmäßigkeit, sondern auch die Billigkeit eines Gesetzes zu prüfen. „Es würde eine völlige Verkennung der Aufgabe der Gerichte und ihrer Stellung zum Gesetzgeber bedeuten, wenn von ihnen eine Nachprüfung der Gesetze aus diesen Gesichtspunkten unternommen oder wenn man eine solche von ihnen verlangen würde[483]“.

6. Zusammenfassung und Würdigung

Die richterliche Aufwertung blieb bis November 1923 auf beiderseits unerfüllte gegenseitige Verträge beschränkt. Eine Ausdehnung auf einseitige Zahlungsverpflichtungen lehnte das Reichsgericht ab. Es wäre Aufgabe des Gesetzgebers gewesen, das Nennwertprinzip aufzuheben. Doch der Gesetzgeber sah der Entwicklung tatenlos zu, auch als der Währungsverfall seit 1923 immer dramatischere Ausmaße annahm. Viele Hypothekenschuldner nutzten die Gelegenheit, sich durch Zahlung mit wertlosem Papiergeld von ihren Schulden zu befreien, was jedem Gerechtigkeitsgefühl widersprach. In einer Entscheidung vom 23. November 1923 ließ der 5. Senat des Reichsgerichts schließlich die Aufwertung hypothekarisch gesicherter Darlehensforderungen unter Berufung auf § 242 BGB zu. Damit setzte er sich über geltendes Währungsrecht hinweg und

---

480 RGZ 125, 37 (41).
481 RGZ 128, 165.
482 RGZ 111, 320.
483 RGZ 128, 165 (170).

nahm der Sache nach ein richterliches Prüfungsrecht in Anspruch. Der verfassungsrechtlichen Dimension seines Tuns war sich das Reichsgericht freilich nicht bewußt. Das Aufwertungsurteil beruhte ausschließlich auf zivilrechtlichen Erwägungen.

Man mag das Aufwertungsurteil, ebenso wie die vorangegangenen Entscheidungen, unter dogmatischen Gesichtspunkten kritisieren. Zu kritisieren ist auch, daß das Reichsgericht seine wahren Gründe, nämlich die Untätigkeit des Gesetzgebers, verschwieg. Es bleibt jedoch das Verdienst des Reichsgerichts, in einer Situation unermeßlicher sozialer Not eine noch tiefere Krise verhindert zu haben, die eingetreten wäre, hätte es der bewußten Untätigkeit des Gesetzgebers schweigend zugesehen. Das Aufwertungsurteil schreckte den Gesetzgeber aus seiner Untätigkeit auf und zwang ihn zum Handeln. Die vom Reichsgericht beanspruchte Machtkompetenz, sich mit Hilfe von § 242 BGB über geltendes Währungsrecht hinwegzusetzen, blieb ein Ausnahmefall. Das Reichsgericht stellte umgehend klar, nicht mehr an § 242 BGB, nur noch an den Vorschriften der Verfassung sollten sich Gesetze messen lassen. Das Reichsgericht blieb sich auch später der Einmaligkeit der historischen Umstände bewußt und verweigerte in der Deflation Anfang der dreißiger Jahre eine entsprechende Abwertung von Geldschulden[484]. Alle späteren Einschränkungsbemühungen änderten jedoch nichts daran, daß die Stellung des Richters gegenüber dem Buchstaben des Gesetzes freier und die Rechtsprechung sich ihrer Möglichkeiten im Verhältnis von Recht und politischer Macht bewußt geworden war[485].

Die in der Eingabe des Richtervereins angekündigte Drohung, das Reichsgericht werde der 3. Steuernotverordnung unter Berufung auf § 242 BGB die Gefolgschaft versagen, hatte sich nicht bewahrheitet. Weder die 3. Steuernotverordnung noch das Aufwertungsgesetz wurden vom Reichsgericht an § 242 BGB gemessen. Wohl aber prüfte es die 3. Steuernotverordnung und das Aufwertungsgesetz an den Vorschriften der Verfassung, wie der Richtervorstand des Reichsgerichts in der Eingabe ebenfalls angedroht hatte. Die Eingabe des Vorstandes des Richtervereins war insofern nicht wirkungslos geblieben, wenn auch entgegengesetzt ihrer Absicht[486].

---

484 RGRK/*Michaelis*, BGB, § 242, 5 e, S. 394; Staudinger/*Weber*, BGB, 11. Aufl., § 242 Rn. F 86 f.

485 *Eckert*, Privatrecht und Staatsbankrott, S. 106; *Nörr*, Zwischen den Mühlsteinen, S. 71.

486 *Nörr*, Zwischen den Mühlsteinen, S. 71.

Ausgerechnet der 5. Senat, von dem das Aufwertungsurteil stammte, mußte die 3. Steuernotverordnung zuerst anwenden. Die Verordnung wurde an den Vorschriften der Verfassung, insbesondere der Eigentumsgarantie, geprüft und für verfassungsmäßig befunden. Gleiches wiederholte sich in einem Urteil vom 4. November 1925 für das Aufwertungsgesetz. Erstmals nahm das Reichsgericht eindeutig ein richterliches Prüfungsrecht gegenüber parlamentarisch beschlossenen Gesetzen in Anspruch. Von den Gerichten wurde das richterliche Prüfungsrecht seitdem nie wieder ernsthaft in Frage gestellt. Allerdings waren es auch später immer nur bestimmte Grundrechte, die das Reichsgericht als Prüfungsmaßstab heranzog: den Gleichheitssatz, die Eigentumsgarantie und die Rechte der Beamten. Das begründet die Vermutung, es sei dem Reichsgericht nicht allein um den Schutz der Verfassung, sondern ebenso um die Bewahrung überkommener bürgerlicher Positionen gegangen[487].

Viele Entscheidungen des Reichsgerichts zu den Folgen der Inflation erinnern an freirechtliches Gedankengut, insbesondere die in der Spruchpraxis des 3. Senats immer wieder auftauchende Forderung, der Richter solle selbstschöpferisch tätig werden. Direkte Verbindungslinien zwischen der Freirechtsbewegung und der Aufwertungsrechtsprechung können nicht gezogen werden. Dennoch läßt sich von einer Fernwirkung der Freirechtsbewegung sprechen, weil sie der Neubestimmung der Stellung des Richters gegenüber dem Gesetz methodisch den Weg ebnete[488].

Von antiparlamentarischen oder antidemokratischen Tendenzen ist in den genannten Urteilen des Reichsgerichts nichts zu spüren[489]. Das Reichsgericht nahm seine Prüfungskompetenz maßvoll in Anspruch. Dem Gesetzgeber wurden weite Ermessensspielräume gewährt; bei Art. 109 WRV ließ das Reichsgericht die umstrittene Frage, ob der Gleichheitssatz auch den Gesetzgeber binde und damit den Gerichten die Möglichkeit eröffne, Gesetze am allgemeinen Gleichheitssatz zu messen, bewußt offen. Bis auf wenige Ausnahmen kam das Reichsgericht stets zur Verfassungsmäßigkeit der geprüften Gesetze. Die in Anspruch genommene Prüfungsbefugnis war daher vor allem eine – wenn auch sehr wirksame – Drohung. Gleichzeitig stärkte das richterliche Prüfungsrecht die Bedeutung der bis dahin stiefmütterlich behandelten Grundrechte. Diese entwickelten sich in der Folgezeit zu Normen, an die alle staatlichen Organe

---

487 *Gusy*, Richterliches Prüfungsrecht, S. 87 f.; vgl. *Grimm*, NJW 1997, 2719 (2725).

488 *Nörr*, Der Richter zwischen Gesetz und Wirklichkeit, S. 15, 31; vgl. *Riebschläger*, Die Freirechtsbewegung, S. 74.

489 *Nörr*, Der Richter zwischen Gesetz und Wirklichkeit, S. 26.

gebunden wurden. Historisch einzigartig ist, daß Richter mit zivilrechtlichem Hintergrund den Anstoß für diesen, heute nicht mehr wegzudenkenden Bedeutungswandel der Grundrechte gaben. Erst danach widmete sich die Staatsrechtslehre als die eigentlich zuständige Profession dem Thema.

IV. Das richterliche Prüfungsrecht in den Verhandlungen des Deutschen Juristentages und auf den Tagungen der Vereinigung der deutschen Staatsrechtslehrer

Fast alle Juristentage und Staatsrechtslehrertagungen der Weimarer Republik setzten sich in der einen oder anderen Form mit der Frage des richterlichen Prüfungsrechts auseinander. Die Frage reihte sich ein in jene vielschichtige, teils mit großer Heftigkeit geführte Diskussion um Weg und Ziel der Staatsrechtslehre in einer Zeit des Umbruchs und Neuanfangs. Auf den Tagungen beider Vereinigungen kamen in den Referaten und Diskussionsbeiträgen fast alle bedeutenden Staatsrechtler der Weimarer Zeit zu Wort. Sie geben kein vollständiges Bild der damaligen Diskussion, bieten aber einen guten Überblick, insbesondere über den Diskussionsverlauf[490].

1. Die Verhandlungen des Deutschen Juristentages

a) Der 32. Deutsche Juristentag 1921 in Bamberg

Neun Jahre waren seit der letzten Zusammenkunft vergangen, als der Deutsche Juristentag 1921 zum 32. Mal zusammentrat. In dem Bemühen, Recht und Politik zu trennen, hatte sich die öffentlich-rechtliche Abteilung des Deutschen Juristentages bislang ausschließlich dem „inneren" Verwaltungsrecht zugewandt. 1921 stand, bedingt durch die „Wucht der Ereignisse", erstmals ein staatsrechtliches Thema auf der Tagesordnung[491]. Zu erörtern waren Zulässigkeit und Umfang von gesetzlichen Verordnungsermächtigungen[492]. Gerade in jüngster Zeit hatte die Thematik insofern an Aktualität gewonnen, als „durch die außergewöhnlichen Verhältnisse der Kriegs-, Revolutions- und Übergangszeit veran-

---

490 Vgl. *Scheuner*, AöR 97 (1972), 345 (355 f.); *Friedrich*, AöR 102 (1977), 161 (174).

491 Vgl. *Kahl*, 32. DJT, S. 2 f., *Triepel*, 32. DJT, S. 11.

492 Die genaue Fragestellung lautete: „Empfiehlt es sich, in die Reichsverfassung neue Vorschriften über die Grenzen zwischen Gesetz und Verordnung aufzunehmen?" a. a. O., S. 12.

laßt, ... die Reichsgesetzgebung neuerdings Verordnungsrechte weit über das früher gewohnte Maß hinaus geschaffen" hatte[493]. Erstberichterstatter war Triepel, Zweitreferent Poetzsch[494].

Ausgangspunkt für Triepel war der Vorrang der Verfassung gegenüber einfachgesetzlichem Recht. „Die Verfassung von Weimar ist das Werk eines Volkes, das sich für souverän erklärt und sich in seinem Grundgesetz als die oberste Quelle der Gewalten bezeichnet hat"[495]. Ein Staatsorgan, dem die Verfassung eine Kompetenz zuweise, sei im Zweifel gehalten, diese Kompetenz auch selbst auszuüben und könne sie nicht auf ein anderes Subjekt übertragen[496]. Verordnungsermächtigungen seien „nur im Dienste begrenzter Zwecke für ein bestimmtes Lebensverhältnis" verfassungsrechtlich zulässig[497]. Innerhalb jenes Spielraums walte das Ermessen des Gesetzgebers. Eine Delegation von Verordnungsrechten aber, die sich nicht auf eine bestimmte einzelne Seite einer Gesetzgebung zugewiesener Angelegenheiten beschränke oder der es an Bestimmtheit überhaupt fehle, sei eine Ermessensüberschreitung. Sie sei verfassungswidrig, und die Gerichte hätten das Recht und die Pflicht, ihr die Anerkennung zu versagen. Es sei zu wünschen, daß die Gerichte in diesem Punkte von ihrem Rechte in Zukunft energisch Gebrauch machten"[498]. In seinem Schlußwort forderte Triepel die Richter nochmals ausdrücklich auf, „von ihrem Prüfungsrecht über die Gültigkeit von Gesetz und Verordnung strikten Gebrauch zu machen"[499].

Näher begründet wurde das richterliche Prüfungsrecht gegenüber Gesetzen von Triepel nicht. Der Vorrang der Verfassung vor einfachen Gesetzen durchzog seinen Vortrag wie ein roter Faden. Zur Begründung des richterlichen Prüfungsrechts zog er dieses Vorrangverhältnis jedoch nicht heran. Ohnehin wäre die Höherrangigkeit der Verfassung nur eine notwendige, nicht aber eine hinreichende Voraussetzung für die Anerkennung eines richterlichen Prüfungsrechts gewesen.

---

493 *Triepel*, a. a. O., S. 33.

494 Es handelte sich um Fritz Poetzsch, später Fritz Poetzsch-Heffter genannt. Der Name Heffter stammte von seiner Ehefrau Helene Luise Eva (Wer ist's? S. 1196).

495 *Triepel*, a. a. O., S. 20.

496 *Triepel*, a. a. O., S. 21.

497 *Triepel*, a. a. O., S. 17.

498 *Triepel*, a. a. O., S. 25 f.

499 *Triepel*, a. a. O., S. 53.

Die Versammlung nahm die Leitsätze Triepels – unter Ablehnung der seines Mitberichterstatters Poetzsch[500] – an. Ob man sich allerdings der Tragweite und Bedeutung des Beschlusses im Hinblick auf das richterliche Prüfungsrecht bewußt war, ist zweifelhaft. Das richterliche Prüfungsrecht gegenüber formellen Reichsgesetzen wurde mit keinem Wort begründet. Triepel hatte das richterliche Prüfungsrecht, nicht nur in seinem Schlußwort, zwar ausdrücklich auf Verordnungen und Gesetze bezogen[501]. Die Verfassungsmäßigkeit einer gesetzlichen Verordnungsermächtigung konnte aber nur bei der Prüfung der Verordnung praktisch werden, wenn es darum ging, ob diese auf einer zureichenden gesetzlichen Grundlage beruhte. Es mag daher der falsche Eindruck entstanden sein, allein über ein Prüfungsrecht in bezug auf Verordnungen werde abgestimmt. Anders jedenfalls ist es kaum zu erklären, daß die Zulässigkeit eines richterlichen Prüfungsrechts gegenüber Gesetzen als derart selbstverständlich vorausgesetzt wurde[502]. Das Problem galt nach wie vor als umstritten; lediglich gegenüber Verordnungen war eine Prüfungsbefugnis unstreitig anerkannt.

Von Interesse ist daher weniger die erstaunlich einmütige und unkritische Bejahung eines richterlichen Prüfungsrechts als die Vorstellung, in der Verfassung könnten Grundsätze niedergelegt sein, die der Regelungsmacht des Gesetzgebers entzogen sind. Auch für die Frage eines richterlichen Prüfungsrechts waren diese Ansätze eines materiellen Verfassungsverständnisses von nicht zu unterschätzender Bedeutung. Bislang war die Anerkennung eines richterlichen Prüfungsrechts daran gescheitert, daß man einen inhaltlichen Vorrang der Verfassung gegenüber dem einfachen Recht nicht kannte.

b) Der 33. Deutsche Juristentag 1924 in Heidelberg

Thema der ersten Sitzung der öffentlich-rechtlichen Abteilung war die Frage nach „Zulässigkeit und Form von Verfassungsänderungen ohne Änderung der Verfassungsurkunde". Berichterstatter waren Graf zu Dohna und Triepel, der kurzfristig für den unerwartet verstorbenen Düringer eingesprungen war. Die

---

500 Siehe oben Fn. 494.

501 Insofern unzutreffend *Wendenburg*, Die Debatte um die Verfassungsgerichtsbarkeit, S. 69.

502 *Wendenburg*, a. a. O., S. 69 verweist als Begründung auf die Zusammensetzung des Juristentages, i. e. die Dominanz der Justizjuristen und die Entscheidung des Reichsgerichts v. 28.4.1921 (RGZ 102, 161), in der ein richterliches Prüfungsrecht bejaht wurde, zu dieser Entscheidung siehe oben Seite 95 f.

Leitsätze Düringers, die dieser vor seinem Tode formuliert hatte, lagen der Versammlung vor.

Es ging, wie die Themenstellung deutlich machte, um die bisherige Praxis, inhaltliche Verfassungsänderungen ohne Änderung des Verfassungswortlautes zuzulassen, sogenannte stillschweigende Verfassungsänderungen[503]. Es lag auf der Hand, daß bei einer solchen Methode der Glaube an die Unverbrüchlichkeit der Verfassung schwer war. Mit zunehmender Gesetzgebungstätigkeit mußte immer ungewisser werden, welcher Satz der Verfassung noch Geltung beanspruchen konnte und welcher nicht[504]. Die Vorstellung eines materiellen Vorrangs der Verfassung gegenüber einfachen Gesetzen konnte gar nicht erst aufkommen[505]. Hinzu kam, daß ein die Verfassung stillschweigend änderndes Gesetz – unbeschadet der Tatsache, daß es selber in den für Verfassungsänderungen vorgesehenen Formen erlassen worden war – durch einfaches Gesetz zu ändern sein sollte[506].

Beide Berichterstatter forderten, bei Verfassungsänderungen müsse der verfassungsändernde Charakter eines Gesetzes im Text oder der Verkündungsformel zum Ausdruck kommen. Dadurch zwinge man die gesetzgebenden Faktoren, sich der Verfassungsänderung bewußt zu werden und stelle sicher, daß die Änderung der Verfassung wirklich gewollt sei[507]. Darüber hinaus sollten Graf zu Dohna zufolge stillschweigende Verfassungsänderungen weiterhin zulässig sein, sofern die Verfassung im Einzelfall lediglich durchbrochen werde[508]. Triepel hingegen sprach sich gegen jede stillschweigende Verfassungsänderung aus. Die Verfassung müsse zu ihrem eigenen Schutz bei jeder inhaltlichen Änderung im Text geändert werden. „Eine Verfassungsänderung muß etwas ganz Seltenes, soll ein Ausnahmefall, soll ein Markstein in der Verfassungsentwicklung sein“. Zur Begründung berief sich Triepel auf die geänderte verfassungsrechtliche Gesamtlage und die „Grundrechte“[509] des Einzelnen als Gewährleistungen bürgerlicher Freiheit, die es unter der alten Reichsverfassung noch nicht gegeben habe. „Da diese Freiheit in einem demokratisch-parlamentarischen Staate vielleicht mehr bedroht ist als in jedem anderen, so besteht ein großes Interesse

---

503 Vgl. *Huber*, Verfassungsgeschichte VI, S. 421 f.
504 Vgl. *Triepel*, 33. DJT, S. 53 ff.
505 *Wahl*, Der Staat 20 (1981), 485 (493).
506 Vgl. *Triepel*, 33. DJT, S. 52.
507 *Dohna*, 33. DJT, S. 31 (Leitsatz 2), 37 ff.; *Triepel*, a. a. O., S. 57 ff.
508 *Dohna*, a. a. O., S. 31 (Leitsatz 1 Abs. 2).
509 Hervorhebung im Original, a. a. O., S. 56.

daran, daß Verfassungsänderungen nicht auf die leichte Achsel genommen werden"[510].

Hinzu kam, daß zwar unstreitig auch für stillschweigende Verfassungsänderungen die Zweidrittelmehrheit des Art. 76 WRV galt. Die Frage allerdings, ob ein Gesetzesvorschlag der Verfassung widersprach, sollte mit einfacher Stimmenmehrheit entschieden werden können[511]. Dies war im Hinblick auf Art. 76 WRV freilich paradox. Von der Schutzfunktion des Art. 76 WRV blieb außer einem gewissen Appellcharakter wenig übrig. Auch die beiden Berichterstatter waren sich dieser Widersprüchlichkeit bewußt und schlugen vor, die strittige Frage, ob ein Gesetz oder ein Gesetzesvorschlag der Verfassung widerspreche und daher nur mit der qualifizierten Mehrheit des Art. 76 WRV zustande kommen könne, dem Staatsgerichtshof zur endgültigen Entscheidung zu übertragen. Hierfür sei Art. 76 WRV entsprechend zu ergänzen. Uneinigkeit bestand darüber, ob nur Gesetzesvorschläge, etwa im Stadium nach der Schlußabstimmung, oder auch fertige Gesetze überprüft werden sollten[512]. Graf zu Dohna wollte nur in der Beratung befindliche Gesetze[513], Triepel auch bereits erlassene Gesetze einbezogen wissen[514].

Man war sich darüber im klaren, wie sehr das zu behandelnde Problem – namentlich die zu schaffende Kompetenz des Staatsgerichtshofs – mit dem des richterlichen Prüfungsrechts verflochten war. So habe beispielsweise der Abgeordnete Ablaß, erklärte Graf zu Dohna, im Verfassungsausschuß der Nationalversammlung einen ganz ähnlichen Vorschlag gemacht, und dieser sei ausdrücklich als Ersatz für das dem Richter im allgemeinen zu versagende Prüfungsrecht gedacht gewesen. Die nunmehrige Lösung habe den Vorzug, „die gewünschte und heilsame Kautel zu gewähren, ohne der Unverbrüchlichkeit des einmal verkündeten Gesetzes Eintrag zu tun"[515].

Ein nachträgliches materielles Prüfungsrecht verbiete sich ohnehin von selbst, jedenfalls solange an der bisherigen Praxis stillschweigender Verfassungsänderungen festgehalten werde. „Denn es gibt schlechterdings keinen Inhalt, den ein Reichsgesetz von formellen Rechts wegen nicht haben dürfte. Ist es mit dem

510 *Triepel*, a. a. O., S. 55 ff.

511 Vgl. *Dohna*, a. a. O., S. 40.

512 Zu den Differenzen bezüglich der Antragsbefugnis siehe *Dohna*, a. a. O., S. 33 (Leitsatz 3), 43 einerseits und *Triepel*, a. a. O., S. 61 ff., 64 f. (Leitsatz) andererseits.

513 *Dohna*, a. a. O., S. 32 (Leitsatz 3), 41 f.

514 *Triepel*, a. a. O., S. 59 ff., insbes. S. 60, 63 f.

515 *Dohna*, a. a. O., S. 41 f.

Inhalt der Verfassung unverträglich, so hängt seine Verfassungsmäßigkeit wiederum ausschließlich ab von dem Verhältnis der Stimmzahl für und gegen das Gesetz". Die Frage nach der Einhaltung der erforderlichen Mehrheit jedoch sei als Internum des Parlaments jeglicher Kontrolle durch Außenstehende entzogen. Schon der das Gesetz ausfertigende Reichspräsident müsse sich auf die Zuverlässigkeit und Gewissenhaftigkeit des Reichstagspräsidiums verlassen. Er dürfte daher seinerseits ein gleiches Maß an Vertrauen auf Seiten des das Gesetz anwendenden Richters in Anspruch nehmen[516].

Es war Gneists Lehre von den interna corporis[517], die Graf zu Dohna hier übernommen hatte. Von daher wird klar, weshalb Graf zu Dohna, anders als Triepel, kein nachträgliches, sondern nur ein vorbeugendes Prüfungsrecht des Staatsgerichtshofs fordern konnte. Die naheliegende Frage, ob die alte, aus der Zeit des Konstitutionalismus stammende Lehre auch unter der neuen Verfassung Gültigkeit haben konnte, wurde nicht aufgeworfen.

Triepel hingegen befürwortete ein nachträgliches allgemeines richterliches Prüfungsrecht[518]. Zwar liege zu dieser Frage so etwas wie eine res iudicata vor. Vor drei Jahren habe sich der Juristentag ausdrücklich für die Existenz eines richterlichen Prüfungsrechts ausgesprochen. Dennoch wolle er seinen Widersachern eine Brücke bauen und schlage vor, den Staatsgerichtshof mit der verfassungsrechtlichen Prüfung von Reichsgesetzen zu betrauen. Damit könnten die bei einem allgemeinen richterlichen Prüfungsrecht befürchtete Rechtsunsicherheit und Rechtszersplitterung vermieden werden[519].

Auch später, in der Diskussion kam es in der Frage des richterlichen Prüfungsrechts zu keiner Einigung. Während Anschütz eine Beschlußfassung über die Zulässigkeit eines allgemeinen richterlichen Prüfungsrechts verhindert wissen wollte[520], war Triepel nicht bereit, seinen Antrag auf Abstimmung darüber zurückzuziehen. Man stimmte ab über die Frage der Abstimmung. Das Ergebnis fiel negativ aus und entsprach damit den Vorstellungen von Anschütz. Mügel

---

516 *Dohna*, a. a. O., S. 42.

517 Siehe oben Seite 30.

518 *Triepel*, a. a. O., S. 59 unter Bezugnahme auf den 3. Leitsatz von Düringer: „Die Gerichte sind berechtigt und verpflichtet, die Verfassungsmäßigkeit der Gesetze selbständig nachzuprüfen".

519 *Triepel*, a.a.O, S. 59 f.

520 *Anschütz*, 33. DJT, S. 66 gedanklich anknüpfend an *Dohna* zu Beginn seines Vortrages, a. a. O., S. 33: „Methodisch aber muß die Frage, welche Formen für Gesetze bestimmten Inhalts vorgeschrieben sind, von der anderen, wer über der Einhaltung dieser Formen zu wachen berufen ist, getrennt gehalten werden."

wandte ein, dennoch sei man nicht gehindert, die Einstellung zu der Frage des richterlichen Prüfungsrechts als Motiv der übrigen Abstimmungen zu berücksichtigen. Der Vorsitzende der Versammlung bestätigte die Ansicht Mügels unwidersprochen[521]. In der Schlußabstimmung folgten die Teilnehmer dem Vorschlag Graf zu Dohnas und einigten sich auf ein vorbeugendes Prüfungsrecht des Staatsgerichtshofs[522].

c) Der 34. Deutsche Juristentag 1926 in Köln

Zwei Ereignisse lagen zwischen den beiden Juristentagen, welche die Verhandlungen maßgeblich beeinflußten. Am 4. November 1925 erging die Entscheidung des Reichsgerichts zum richterlichen Prüfungsrecht[523]. Ferner nahm sich die Reichsregierung der strittigen Frage an. Anfang 1926 leitete sie dem Reichstag einen Gesetzesvorschlag zu, der ein Prüfungsrecht des Staatsgerichtshofs für in der Beratung befindliche und verkündete Gesetze sowie Verordnungen vorsah[524].

Antragsberechtigt waren nach dem Gesetzesentwurf im abstrakten Normenkontrollverfahren der Reichstag, der Reichsrat und die Reichsregierung, im konkreten Normenkontrollverfahren direkt die Reichsregierung, indirekt, die im einzigen oder letzten Rechtszug entscheidenden Gerichte. Hielt ein im letzten oder einzigen Rechtszug entscheidendes Gericht ein Gesetz für verfassungswidrig, sollte es der Reichsregierung hiervon auf dem Dienstwege unter Aussetzung des Verfahrens Mitteilung machen. Teilte die Reichsregierung dem Gericht innerhalb eines Monats nach Eingang der Anzeige mit, daß sie eine Entscheidung des Staatsgerichtshofs herbeiführen werde, so hatte das Gericht das Verfahren auszusetzen, bis die Entscheidung des Staatsgerichtshofs im Reichsgesetzblatt verkündet war.

Offen ließ der Gesetzesentwurf, ob ein Gericht – lehnte die Reichsregierung es ab, eine Entscheidung des Staatsgerichtshofs zu beantragen – das fragliche Gesetz kraft eigener Kompetenz verwerfen konnte. Eine Stellungnahme zu der umstrittenen Frage des allgemeinen richterlichen Prüfungsrechts war dem Ge-

---

521 A.a.O, S. 66.

522 A. a. O., S. 67 f. ohne Regelung der Antragsbefugnis.

523 RGZ 111, 320; siehe oben Seite 102 ff.

524 Der Wortlaut des Gesetzesentwurfs ist wiedergegeben bei *Külz*, DJZ 31 (1926), 837 (842 f.) und *Grau*, AöR 50 (1926), 287 (288 f.).

setzesentwurf damit nicht zu entnehmen[525]. Dabei hätte eine solche nach der Entscheidung des Reichsgerichts vom November des Vorjahres sowie vor dem Hintergrund der andauernden Diskussion in der Staatsrechtslehre durchaus nahe gelegen. Gerade dieser Punkt war es, der nicht nur dem Deutschen Juristentag Anlaß zu vielfältiger Kritik bot[526].

Die Verhandlungen der öffentlichen Abteilung des Deutschen Juristentages standen zwar ganz im Zeichen jenes Gesetzesentwurfs, das auf der Tagesordnung stehende Thema – „Empfiehlt es sich, die Zuständigkeit des Staatsgerichtshofs auf andere als die im Art. 19 Abs. 1 RV bezeichneten Verfassungsstreitigkeiten auszudehnen?" – griff jedoch weit darüber hinaus. Die Berichterstatter, Anschütz und Mende, bejahten die Frage und schlugen vor, in Art. 19 WRV einen neuen Absatz 2 einzufügen: „Der Staatsgerichtshof für das Deutsche Reich entscheidet ferner in Streitigkeiten Beteiligter über die Auslegung und Anwendung der Reichsverfassung, soweit nicht ein anderer Gerichtshof des Reichs oder eines Landes zuständig ist. Die Zuständigkeit des Staatsgerichtshofs zur Prüfung der Verfassungsmäßigkeit von Vorschriften des Reichsrechts wird durch ein Reichsgesetz geregelt"[527].

Der Staatsgerichtshof, erklärte Anschütz, diene dem Schutz der Verfassung. Er sei dazu berufen, der Verfassung im Falle ihrer Verletzung oder unrichtigen Anwendung Geltung zu verschaffen und im Streitfall eine unparteiische, vom Willen der politischen Gewalten unabhängige Entscheidung zu gewährleisten. Eine Art. 19 Abs. 1 und Art. 13 Abs. 2 WRV entsprechende Regelung fehle für Reichsverfassungsstreitigkeiten bislang. Insbesondere gebe es keine richterliche Instanz für die Entscheidung von Fällen, in denen Vorschriften der Reichsverfassung zwischen obersten Reichsorganen streitig würden, sowie in Streitfragen des Volksentscheids und des Volksbegehrens. Streitigkeiten dieser Art träten häufig auf und könnten bislang nur, wenn kein Teil nachgebe, mittels politischer Übermacht entschieden werden. Man werde nicht behaupten wollen, daß dies mit dem Geiste eines Rechtsstaats im Einklang stehe[528].

Die Zuständigkeit des Staatsgerichtshofs sei daher auf sämtliche Reichsverfassungsstreitigkeiten über die Auslegung und Anwendung der Reichsverfassung auszudehnen, allerdings mit dreifacher Einschränkung: Der Staatsgerichtshof

---

525 So ausdrücklich *Külz*, a. a. O., Sp. 843.
526 Insbes. *Grau*, AöR 50 (1926), 287 ff.
527 A. a. O., S. 193 f.
528 *Anschütz*, 34. DJT, S. 196 ff., insbes. S. 203 f.

solle nur über Rechtsfragen, nicht über politische Zweckmäßigkeiten entscheiden. Rechtsfragen seien Fragen, die „nach dem Recht der Subsumtion unter die Normen des objektiven Rechts und nicht durch den Willen zu entscheiden sind“. Ferner sei zum Ausschluß von Popularklagen ein Antrag Beteiligter erforderlich. Antragsberechtigt sollten auch Einzelpersonen sein[529]. Schließlich dürfe der Staatsgerichtshof Streitigkeiten nur subsidiär entscheiden. Soweit der Schutz der Verfassung, insbesondere der Grundrechte durch unabhängige Verwaltungsgerichte wahrgenommen werde, sei ein Tätigwerden des Staatsgerichtshofs ausgeschlossen[530].

War man sich über die generelle Ausdehnung des Art. 19 WRV auf sämtliche Reichsverfassungsstreitigkeiten einig, traten Differenzen bei der Frage der Prüfung der Verfassungsmäßigkeit von Reichsgesetzen auf. Im Vordergrund stand die Zweckmäßigkeit des Regierungsentwurfs. Mende, der sich vornehmlich auf eine Erläuterung des Regierungsentwurfs beschränkte[531], bezog grundsätzlich befürwortend Stellung. Insbesondere die Tatsache, daß eine abschließende Stellungnahme zu der Frage des richterlichen Prüfungsrechts scheinbar bewußt vermieden worden war, begrüßte er: Andernfalls „würde aber die alte Streitfrage des Prüfungsrechts erneut aufgerollt werden. Wie das Beispiel des Verfassungsausschusses im Jahre 1919 beweist, würden lange und unfruchtbare Debatten heraufbeschworen und womöglich das Zustandekommen des Gesetzes gefährdet werden. Wenn die Reichsregierung daher in ihrem Entwurf einen anderen Wege gegangen ist, so werden wohl diese praktischen Erwägungen, denen man sich kaum verschließen kann, maßgebend gewesen sein“[532]. Werde der Entwurf Gesetz, sei das bedeutungsvollste Problem, das die Verfassungsstreitigkeiten innerhalb des Reiches böten, gelöst[533].

Anschütz hielt den Regierungsentwurf für inakzeptabel und stellte einen Gegenentwurf[534] zur Diskussion. Hauptkritikpunkte waren die fehlende Stellungnahme zur Frage des richterlichen Prüfungsrechts, „eine chronisch fortgeschleppte Kontroverse, an der niemand Freude hat, ausgenommen die, denen

529 Hierzu *Anschütz* nochmals klarstellend in der Diskussion, a. a. O., S. 274., vgl. auch *ders.*, a. a. O., S. 197, 206.

530 *Anschütz*, a. a. O., S. 205 f.

531 *Mende*, 34. DJT, S. 213 ff.; zu der in Aussicht genommenen Einrichtung einer gerichtlichen „Klärstelle“ für nach dem Gesetzesentwurf bislang nicht antragsberechtigter Untergerichte, a. a. O., S. 220 f.

532 *Mende*, a. a. O., S. 219.

533 *Mende*, a. a. O., S. 224.

534 34. DJT, S. 194 ff.

das Debattieren und Disputieren Selbstzweck ist" [535]. Ferner sei die Antragsbefugnis zu eng gefaßt[536]. Man müsse sie auch der ein Drittel übersteigenden Minderheit des Reichstages und des Reichsrates gewähren. Den Gerichten müsse eine direkte Antragsberechtigung eingeräumt werden. Das Recht der betreffenden Gerichte, den Staatsgerichtshof eigenständig, das heißt ohne Zwischenschaltung der Reichsregierung anrufen zu können, sei ein Ersatz für das Recht, die Prüfung selbst vorzunehmen, Ersatz des richterlichen Prüfungsrechts[537].

Abschließend wies Anschütz nochmals nachdrücklich auf die Gefahren hin, die mit einer derart umfassenden Ausdehnung des Art. 19 WRV verbunden wären. Sollte die vorgeschlagene Erweiterung Gesetz werden, belastete sie nicht nur das ganze Verfassungsleben des Reiches mit Hemmungsvorrichtungen, auch der Staatsgerichtshof würde mehr und mehr von einem rechtlichen zu einem politischen Machtfaktor innerhalb des Reiches werden. Aber all diese Bedenken gelte es zu überwinden, um sich der großen Idee des Rechtsstaates unterzuordnen und ihr dort Geltung zu verschaffen, wo sie bislang allzu machtlos war, im Verhältnis und Verkehr der obersten Reichsorgane zu- und untereinander[538].

In der sich anschließenden Diskussion wurde neben der Zusammensetzung des Staatsgerichtshofs und der Zusammenfassung aller Reichsverfassungsstreitigkeiten beim Staatsgerichtshof insbesondere erörtert, ob auch der Einzelne als Individuum berechtigt sein solle, den Staatsgerichtshof anzurufen[539]. Hinsichtlich der als zu eng kritisierten Antragsbefugnis des Regierungsentwurfs sah mittlerweile auch die Reichsregierung Änderungsbedarf. Sie sollte nun auch der Minderheit des Reichstages und des Reichsrates eingeräumt werden[540]. In der Schlußabstimmung[541] folgte man schließlich im wesentlichen dem Vorschlag von Anschütz und einigte sich auf eine ausschließliche Prüfungskompetenz des Staatsgerichtshofs. Nicht geeinigt hatte man sich über die Antragsbefugnis im konkreten Normenkontrollverfahren, das heißt ob die Gerichte direkt oder nur, wie im Regierungsentwurf vorgesehen, indirekt antragsberechtigt sein sollten.

---

535 *Anschütz*, 34. DJT, S. 208 f.

536 Zur Kritik an der im Regierungsentwurf vorgesehenen sachlichen Beschränkung der Prüfungskompetenz u. a. auf Gesetze, die nach Inkrafttreten des Gesetz gewordenen Entwurfs ergehen, siehe *Anschütz*, a. a. O., S. 209 f.

537 *Anschütz*, a. a. O., S. 210 f.

538 *Anschütz*, a. a. O., S. 211 f.

539 A. a. O., S. 236 ff., 266 ff., 274 ff.

540 Vgl. *Anschütz*, a. a. O., S. 279 unter Bezugnahme auf *Brecht*, 34. DJT, S. 255, der allerdings nur die Minderheit des Reichstages erwähnte.

541 A. a. O., S. 285 ff., 288.

So wichtig diese Fragen im einzelnen waren; sie waren Detailfragen. Die große Frage des richterlichen Prüfungsrechts konnte nach dem 34. Deutschen Juristentag theoretisch als geklärt gelten. Praktisch war sie es seit der Entscheidung des Reichsgerichts vom 4. November des Vorjahres ohnehin. Selbst ein noch zwei Jahre zuvor so vehementer Gegner des richterlichen Prüfungsrechts wie Anschütz sprach sich nun für ein beim Staatsgerichtshof konzentriertes Prüfungsrecht aus – eine Konzession, die ihm, wie er selbst zugab, nicht leichtgefallen sei[542]. Ein beim Staatsgerichtshof konzentriertes richterliches Prüfungsrecht war jedoch gegenüber einer allgemeinen richterlichen Prüfungsbefugnis das kleinere Übel[543]. Auf den beiden nächsten und letzten Juristentagen der Weimarer Republik widmete sich die öffentlich-rechtliche Abteilung bereits wieder anderen Themen.

2. Die Tagungen der Vereinigung der deutschen Staatsrechtslehrer

a) Die 1. Tagung 1922 in Berlin

Bereits auf der Gründerversammlung der Staatsrechtslehrervereinigung 1922 in Berlin war das richterliche Prüfungsrecht direkt Erörterungsgegenstand. Triepel bezeichnete den gleichlautenden Vortrag Thomas später als „wissenschaftlichen Höhepunkt" der Tagung[544]. Noch heute bestechen die Ausführungen Thomas durch ihre begriffliche Schärfe. Es habe sich eingebürgert, erklärte Thoma, die Frage, ob der Richter ein einfaches Gesetz auf seine inhaltliche Übereinstimmung mit der Verfassungsurkunde prüfen und ihm im Falle der Nichtübereinstimmung den Gehorsam verweigern dürfe, als Frage der „materiellen" Verfassungsmäßigkeit von Gesetzen zu bezeichnen. Dieser Ausdruck sei beizubehalten, obwohl klar sei, daß die für Verfassungsänderungen vorgesehenen Erschwerungen, insbesondere die Zweidrittelmehrheit genaugenommen auch formell-rechtlicher Natur seien[545].

Im Verfassungsausschuß der Nationalversammlung habe man die Frage mangels Konsensfähigkeit unentschieden gelassen. Der Streit in der Literatur zum neuen Staatsrecht – mit bedeutenden Verfechtern auf beiden Seiten – habe ungehindert weitergehen können. Die Gegner des richterlichen Prüfungsrechts – unter der Führung Labands – beriefen sich meist auf die unwiderlegliche Ver-

---

542 *Anschütz*, a. a. O., S. 209.
543 *Wendenburg*, Die Debatte um die Verfassungsgerichtsbarkeit, S. 74.
544 *Triepel* in seinem Bericht über die Gründerversammlung, AöR 43 (1922), 349 (351).
545 *Thoma*, AöR 43 (1922), 267 Fn. 1.

mutung der Ausfertigung und das Fehlen einer pouvoir constituant, die ein richterliches Prüfungsrecht mit juristischer Logik ausschließe. Diese Argumente seien offene petitiones principii, unzulässige Begriffsjurisprudenz. Für die Anhänger des richterlichen Prüfungsrechts dagegen sei es das „Wesen“ oder der „Begriff“ der unabhängigen, nur dem Gesetz unterworfenen Rechtsprechung, das Wesen der „Funktionenteilung“ oder das Prinzip des bloß verfassungsmäßigen Gehorsams, aus dem sich zwingend das Recht des Richters ergebe, ein Gesetz nicht anzuwenden, wenn es seiner Überzeugung nach verfassungswidrig sei. Auch die Befürworter eines richterlichen Prüfungsrechts hielten ihre Argumente häufig fälschlicherweise für Beweise. Dabei sei es gerade die Frage, ob das formgerechte Produkt der Legislative über oder unter den Gerichten stehe[546].

Logisch beweisbar, das hatte Thoma klar herausgestellt, war weder die eine noch die andere Ansicht. Die Streitfrage könne nur mittels subjektiver Interessenabwägung, also mit dem Willen und nicht mit der Logik gelöst werden. Nur mit Zweckmäßigkeitserwägungen könne argumentiert werden[547]. Bei der erforderlichen Interessenabwägung sei zu berücksichtigen, daß die Verneinung des richterlichen Prüfungsrechts dem traditionellen und historisch gewachsenen Standpunkt der Rechtsprechung entspreche, für den insbesondere – trotz Beeinträchtigung der materiellen Gerechtigkeit – Erwägungen der Rechtsgewißheit sprächen[548].

Übergangen wurde damit das Urteil des Reichsgerichts vom 28. April 1921, in dem ein richterliches Prüfungsrecht gegenüber Reichsgesetzen ausdrücklich bejaht wurde[549]. Die Entscheidung war zwar in der Begründung verfehlt, weil sich mit den zitierten Entscheidungen ein materielles Prüfungsrecht nicht belegen ließ[550]. Es erstaunt jedoch, daß sie nicht einmal erwähnt wurde.

Zwar hätten sich die politischen Verhältnisse inzwischen grundlegend geändert. In der Verfassung seien weitaus mehr Rechte als früher verankert. Folglich erhöhe sich die Gefahr ihrer Verletzung. Auch die Erschwerungen für Verfassungsänderungen seien einschneidender geworden. So sei zu befürchten, daß sich einfache Parlamentsmehrheiten „unter brutaler Überstimmung der Minder-

---

546 *Thoma*, a. a. O., S. 269 ff.
547 *Thoma*, a. a. O., S. 272.
548 *Thoma*, a. a. O., S. 273 f.
549 RGZ 102, 161 (164); siehe oben Seite 95.
550 Siehe oben Seite 96.

heit über diese Schranken hinwegsetzen". Ein Festhalten an dem rechtspolitisch durchaus befriedigenden Grundsatz der Nichtüberprüfbarkeit sei aber weiterhin geboten, „sofern im neuen Verfassungsrecht hinreichend starke und zuverlässige Bürgschaften dafür geschaffen sind, daß die mit höherer Weihe bekleideten Sätze der Verfassungsurkunde weder auf Umwegen noch geradezu durch einfache Parlamentsmehrheiten über den Haufen geworfen werden". Andernfalls müsse – mindestens bis zur Schaffung eines besonderen Prüfungsverfahrens – auch der Richter und gerade er in die Bresche springen und mithelfen, die Verfassung zu verteidigen, als das Fundament der gesamten republikanischen Rechtsordnung[551].

Eine solche Gefahr für die Verfassung, die ein richterliches Prüfungsrecht gefordert hätte, bestand Thoma zufolge nicht. Praktisch könne es nur um Fälle gehen, in denen die Mehrheit der Minderheit den verfassungsändernden Charakter des Gesetzesentwurfs bestreite. Von Vorteil wäre, wenn, wie es der Abgeordnete Ablaß vorgeschlagen habe, der Staatsgerichtshof die Rechtsfrage entscheiden könnte[552]. Auch ohne eine solche Kompetenz des Staatsgerichtshofs sei die Minderheit jedoch nicht schutzlos. Gegen offene Verfassungsverletzungen sei sie durch das Einspruchsrecht des Reichsrats, das Minderheitenrecht auf Aussetzung und Volksentscheid nach Art. 72, 73 WRV und das formelle und materielle Prüfungsrecht des Reichspräsidenten aus Art. 70 WRV geschützt[553]. Es bleibe freilich die Möglichkeit versteckter Verfassungsverstöße. Im Zeitalter des Verhältniswahlrechts und der Interessenverbände könne es jedoch nur um Belanglosigkeiten und juristische Finessen gehen, ohne ernsthafte politische, wirtschaftliche oder kulturelle Tragweite. Ihretwegen ein richterliches Prüfungsrecht anzuerkennen, sei unnötig[554].

Es gebe folglich, erklärte Thoma, zuverlässige Garantien zum Schutz der Weimarer Reichsverfassung. „Oder richtiger: Garantien, die *mir* zuverlässig erscheinen! Denn hier, das ist mir nicht verborgen, haben wir das Gebiet der subjektiven Bewertung und des subjektiven Vertrauens in die Loyalität des neu geordneten Staatsorganismus betreten. Demnach ist zu wünschen, daß die deutschen Gerichte der bisherigen ... Tradition der Praxis treu bleiben und sich Ge-

551 *Thoma*, a. a. O., S. 274 f.
552 *Thoma*, a. a. O., S. 276.
553 *Thoma*, a. a. O., S. 276 ff., 286.
554 *Thoma*, a. a. O., S. 279 ff., 286.

setzen gegenüber auf die Prüfung der Formalien der Publikation beschränken"[555].

Die Reaktion der Teilnehmer auf den Vortrag von Thoma ist heute nur noch schwer nachvollziehbar. In den Berichten über die Tagung[556] ist der Diskussionsverlauf kaum wiedergegeben. Die eigene Schriftenreihe der Staatsrechtslehrervereinigung, in der auch die jeweils an die Vorträge anschließende Diskussion aufgenommen ist, beginnt erst mit der 2. Tagung 1924. Nawiasky berichtet, die Thesen Thomas seien von der Versammlung lebhaft angefochten worden und Ausführungen, die zu gegenteiligen Ergebnissen gelangt seien, hätten starken Anklang gefunden[557].

b) Die 3. Tagung 1925 in Leipzig

1924 in Jena, auf der 2. Staatsrechtslehrertagung, wurde das richterliche Prüfungsrecht nicht berührt[558]. Erst 1925 in Leipzig war es wieder Gegenstand der Erörterung. Zur Diskussion stand der Rechtsschutz auf dem Gebiet des öffentlichen Rechts durch die ordentlichen Gerichte und die Verwaltungsgerichte[559]. Berichterstatter waren Jellinek und Lassar. Neben zahlreichen anderen Gesichtspunkten kam auch die Frage des richterlichen Prüfungsrechts zur Sprache. Die Entscheidung des Reichsgerichts vom 4.11.1925[560], die der Kontroverse endgültig ein Ende bereitete, stand zu diesem Zeitpunkt noch aus.

Mit Recht konnte daher Jellinek der weitverbreiteten, erst unlängst wieder von Senatspräsident Lobe[561] und Reichsgerichtspräsident Simons[562] geäußerten Ansicht entgegentreten, das Reichsgericht habe sich bereits zu Gunsten eines richterlichen Prüfungsrechts entschieden[563]; denn der Beschluß der Vereinigten Zi-

---

555 *Thoma*, a. a. O., S. 286, Hervorhebung im Original.

556 *Triepel*, AöR 43 (1922), S. 349 ff.; *Thoma*, DJZ 27 (1922), Sp. 729 f.; *Nawiasky*, DJZ 28 (1923), Sp. 40 f.

557 *Nawiasky*, DJZ 28 (1923), 40, in Erwiderung auf die Mitteilung der Referatsthesen durch *Thoma*, DJZ 27 (1922), 729 f.

558 Themen waren „Der deutsche Föderalismus" (Anschütz/Bilfinger) und „Die Diktatur des Reichspräsidenten" (Schmitt/Jacobi), VVDStRL 1 (1924), 11 ff., 63 ff.

559 VVDStRL 2 (1925), 8 ff. – „Der Schutz des öffentlichen Rechts – Fortschritte, Rückschritte und Entwicklungstendenzen seit der Revolution".

560 RGZ 111, 320; siehe oben Seite 102 ff.

561 *Lobe*, 33. DJT, S. 65.

562 *Simons*, DRiZ 16 (1924), 419 (424).

563 *Jellinek*, VVDStRL 2 (1925), 39.

vilsenate vom 22.2.1924[564], auf den sich Simons berufen und auf den sich wohl auch Lobe bezogen hatte, betraf nur die Rechtsgültigkeit einer Verordnung, nicht eines förmlichen Gesetzes.

Sollte das Reichsgericht die strittige Frage eines Tages wirklich zu entscheiden haben, erklärte Jellinek, sei zu erwägen, „daß ein doch sehr leicht möglicher richterlicher Irrtum u. U. schädlicher sein kann als ein Irrtum des Gesetzgebers". Vor allem die Ausführungen Thomas von der 1. Staatsrechtslehrertagung seien zu berücksichtigen[565]. Im übrigen befürwortete er den Vorschlag des 33. Deutschen Juristentages, das richterliche Prüfungsrecht beim Staatsgerichtshof zu konzentrieren – im Interesse einer Beendigung dieses „unerquickliche(n) Streit(s)". Jene Lösung hätte den unleugbaren Vorteil, daß der Streitpunkt ein für allemal entschieden würde und die Gerichte nicht ein zweites oder drittes Mal beschäftigen könnte. Nähere Ausführungen zur Ausgestaltung dieser Kompetenz machte Jellinek nicht[566].

Sein Mitberichterstatter Lassar nahm zu dem Problem des allgemeinen richterlichen Prüfungsrechts keine Stellung. Ebenso wie Jellinek sprach er sich für eine Konzentration des richterlichen Prüfungsrechts beim Staatsgerichtshof aus[567]. Im konkreten Normenkontrollverfahren sollten die Gerichte, im abstrakten Normenkontrollverfahren entsprechend Art. 13 Abs. 2 WRV nur Reichs- und Landeszentralbehörden antragsberechtigt sein. Die Minderheit des Art. 76 WRV sollte die Verfassungswidrigkeit eines von der Mehrheit beschlossenen Gesetzes nicht rügen können[568].

In der nachfolgenden Aussprache über die Vorträge ging man auf das allgemeine richterliche Prüfungsrecht – mit Ausnahme von Waldecker, der ein solches Recht aus der notwendigen Unabhängigkeit des Verwaltungsrichters folgerte[569] – nicht ein[570]. Die alte Kontroverse hatte sich beruhigt, vor allem aber, das hatte bereits der 33. Deutsche Juristentag gezeigt, verlagert. Die Beendigung der Meinungsverschiedenheit durch Konzentration des Prüfungsrechts beim Staatsgerichtshof erschien allen Seiten „ersprießlicher als die Fortsetzung der Debatte

564 RGZ 107, 320; siehe oben Seite 98.
565 *Jellinek*, a. a. O., S. 39 f.
566 *Jellinek*, a. a. O., S. 40 f.
567 *Lassar*, VVDStRL 2 (1925), 105, vgl. auch S. 95.
568 Vgl. *Lassar*, a. a. O., S. 94.
569 *Waldecker*, VVDStRL 2 (1925), 107.
570 A. a. O., S. 105 ff.

in Literatur und Judikatur“ [571]. Im Vordergrund des Interesses war die genaue gesetzgeberische Ausgestaltung des beim Staatsgerichtshof konzentrierten Prüfungsrechts gerückt – und das schon vor der Entscheidung des Reichsgerichts vom 4. November 1925.

c) Die 4. Tagung 1926 in Münster

1926 in Münster, auf der 4. Staatsrechtslehrertagung, stand neben einer steuerrechtlichen Problematik „die Gleichheit vor dem Gesetz im Sinne des Art. 109 der Reichsverfassung“ auf der Tagesordnung. Von Bedeutung war die Tagung vor allem wegen des staatsrechtlichen Methoden- und Richtungsstreits[572], der dort zum ersten Mal in voller Schärfe ausbrach und entscheidend dazu beitrug, das Verhältnis von Richter und Gesetz verfassungstheoretisch neu zu bestimmen.

Gegenüber standen sich die Verfechter einer positivistischen Methode, wie sie seit dem Kaiserreich herrschend gewesen und von Kelsen neu definiert worden war, und eine geisteswissenschaftliche Gruppierung. Beide Gruppierungen waren in sich sehr heterogen. Eigentlich waren sie sich nur in einem einig - in der Ablehnung der jeweils anderen Richtung. Für Anhänger der neuen „geisteswissenschaftlichen Methode“[573] war die Verfassung „politisches Recht“, ein damals neu in Umlauf gebrachtes Stichwort. An ihre Instrumentalisierung zwecks Durchsetzung politischer Interessen, noch dazu bestimmter, dachte man allerdings nicht. Auch ihre Gegner verstanden die neue Richtung meist nicht in diesem Sinne. Anders als die Positivisten griffen die Vertreter der geisteswissenschaftlichen Methode auf die der Rechtswissenschaft verwandten Nachbarwissenschaften zurück, um so das Verfassungsrecht in seiner politischen, kulturellen und geistesgeschichtlichen Bedingtheit zu erfassen und auszulegen. Rechtsphilosophie und Rechtssoziologie fanden ebenso Eingang in das Staats- und Verfassungsrecht wie geschichtliche und rechtsvergleichende Aspekte. Die „Po-

---

571 So rückblickend *Thoma* DJZ 30 (1925), 573 f.

572 Zum Methoden- und Richtungsstreit *Friedrich*, AöR 102 (1977), 161 ff.; *Smend*, FS für Scheuner, S. 575 ff.; *Scheuner*, AöR 97 (1972), 349 ff.; *Stolleis*, Der Methodenstreit der Weimarer Staatsrechtslehre; aus der zeitgenössischen Literatur *Holstein*, AöR 50 (1926), 1 ff.

573 Dieser Ausdruck geht zurück auf *Holstein*, a. a. O., der die neue Richtung in seinem Bericht über die Tagung so bezeichnete; *Triepel*, Staatsrecht und Politik, S. 37, sprach kurz darauf von „teleologischer“ Methode.

sitivisten" hingegen wollten das Verfassungsrecht gerade nicht als ein Rechtsgebiet mit eigenen methodisch-systematischen Anforderungen akzeptieren[574].

Bei dem Methodenstreit ging es zwar allgemein um die „richtige" staats- und verfassungsrechtliche Methode. Die Methodengegensätze traten jedoch stets bei der Auslegung konkreter Verfassungsvorschriften auf. 1926 in Münster handelte es mit Art. 109 WRV um die Frage, ob der für ein demokratisches Gemeinwesen fundamentale Gleichheitssatz auch weiterhin nur für die Verwaltung oder darüber hinaus für den Gesetzgeber verbindliches Verfassungsrecht war. Die im Kaiserreich gängige Auffassung, wonach der Gleichheitssatz nur die Verwaltung binde, war nur die allgemeine Umschreibung des Prinzips gleicher Rechtsanwendung, besagte also nicht mehr als der ohnehin uneingeschränkt anerkannte Grundsatz der Gesetzmäßigkeit der Verwaltung. Ferner mußte geklärt werden, wer über seine Befolgung wachen sollte. Theoretisch waren dies zwei verschiedene Probleme[575], die praktisch aber nicht zu trennen waren. Mit Kaufmann und Nawiasky trafen zwei Referenten zusammen, die in ihrer Herangehensweise an die zu erörternde Problematik gegensätzlicher nicht hätten sein können.

Kaufmanns Vortrag war zugleich ein leidenschaftliches Bekenntnis[576] zum Naturrecht. Der Positivismus wachse, erklärte Kaufmann, seiner Natur nach auf dem Boden stabiler oder für stabil gehaltener Verhältnisse und der damit verbundenen Stimmung der Saturiertheit. Diese Saturiertheit sei durch Krieg, Revolution, Zusammenbruch und Friedensvertrag verlorengegangen. Die Gedanken über Recht und Staat müßten einer neuen Prüfung unterworfen werden. Erforderlich sei eine Wiederbesinnung auf das, was hinter allem rechtlichen Geschehen, hinter allem Geschehen überhaupt liege. Hinter jeder positiven Ordnung ständen Rechtsprinzipien, die nicht minder real seien als die geltende positive Ordnung[577].

Der Grundsatz von der Gleichheit vor dem Gesetz war Kaufmann zufolge ein solches Rechtsprinzip. Er sei keine Erfindung der Weimarer Nationalversammlung, seine Aufnahme in die Verfassung lediglich das Bekenntnis zu etwas Vorhandenem[578]. Darum wende sich der Gleichheitssatz mit dem Gebot persönli-

574 *Friedrich*, AöR 102 (1977), 161 (171 f.).
575 *Triepel*, VVDStRL 3 (1927), 53.
576 In diesem Sinne *E. Kaufmann* selbst, VVDStRL 3 (1927), 2.
577 *E. Kaufmann*, a. a. O., S. 3.
578 *E. Kaufmann*, a. a. O., S. 5.

cher und sachlicher Rechtsgleichheit auch und vor allem an die Adresse des Gesetzgebers, der dazu berufen sei, geschriebenes Recht zu schaffen und dabei dieses Rechtsprinzip nicht verletzen dürfe. Nur wenn das positive Recht gewisse Rechtsprinzipien nicht verletze, schaffe das „Gesetz" wirklich „Recht"[579]. Binde der Gleichheitssatz nur die Verwaltung, konkretisiere er lediglich den Grundsatz von der Gesetzmäßigkeit der Verwaltung, beinhalte eine Selbstverständlichkeit und sei überflüssig[580]. Der Gleichheitssatz besage daher, daß die Differenzierungen des Gesetzgebers sachlich begründet sein, das heißt auf vernünftigen durchschlagenden Erwägungen der Natur der Sache beruhen müßten. Nur solche Unterscheidungen seien zulässig, die dem inneren Zweck der Ordnung der betreffenden Lebensverhältnisse gerecht würden. Alle ungerechtfertigten Unterscheidungen und alle ungerechtfertigten Nichtunterscheidungen seien verboten[581].

Die Unterscheidungen des Gesetzgebers sollten also gerecht sein. Doch was bedeutete gerecht? Der Begriff der Gerechtigkeit – betonte Kaufmann – umschreibe nicht allein eine Methode der Diskussion, sondern eine materielle, inhaltlich gerechte Ordnung, die jeder, der in ihrem Dienste stehe, zu verwirklichen habe. Hierzu zählte Kaufmann den Gesetzgeber ebenso wie den Richter. Die materielle Ordnung selbst sei undefinierbar. Sie sei als Gegenstand unmittelbarer Erkenntnis Teil des menschlichen Gewissens. Dieses sei unmittelbare Gewißheit einer höheren objektiven Ordnung[582]. Der Handelnde müsse „ein reines Gefäß" sein: Nur dann spreche aus ihm die über allem stehende Objektivität und nicht die unreine Subjektivität[583]. Zu unmittelbarer Erkenntnis waren Kaufmann zufolge nur absolute Persönlichkeiten fähig. Die Menschen seien diskursive Wesen. Die Erkenntnis des Absoluten sei ihnen verschlossen. Sie könnten das absolut Gerechte nur erahnen und sich ihm mit Hilfe verschiedener Gerechtigkeitsprinzipien annähern[584]. Die überpositive, sittliche Ordnung war für Kaufmann – in Anschluß an Maurice Hauriou – durch objektive Institute gekennzeichnet. Diese hätten ihre spezifische Eigengesetzlichkeit, aus der sich

---

579 *E. Kaufmann*, a. a. O., S. 3 f.
580 *E. Kaufmann*, a. a. O., S. 6.
581 *E. Kaufmann*, a. a. O., S. 10.
582 *E. Kaufmann*, a. a. O., S. 11.
583 *E. Kaufmann*, a. a. O., S. 12.
584 *E. Kaufmann*, a. a. O., S. 13.

unabhängig vom geschriebenen Recht eine Fülle von Rechtssätzen ergebe, die der Richter zu finden und anzuwenden habe[585].

Nicht zuletzt um des richterlichen Prüfungsrechts willen seien jene grundsätzlichen Ausführungen über Recht und Gerechtigkeit notwendig gewesen, erklärte Kaufmann[586]. Dem grundsätzlich befürworteten richterlichen Prüfungsrecht – auch unter dem Gesichtspunkt, ob ein Gesetz mit dem Grundsatz der Rechtsgleichheit vereinbar sei – wollte er enge, im Wesen der richterlichen Stellung liegende Grenzen gezogen wissen. Der Richter dürfe nicht die gegebene, zwischen Gesetzgeber und Richter obwaltende Ordnung umstoßen. Er habe sich im Rahmen seiner spezifisch richterlichen Aufgaben zu halten und dürfe nicht spezifisch gesetzgeberische Aufgaben an sich reißen. Der Richter dürfe nur die Verletzung gewisser äußerer Grenzen prüfen[587].

Um Wesen und Schranken des richterlichen Prüfungsrechts zu erkennen, gelte es, sich wieder darauf zu besinnen, daß die richterliche Tätigkeit der gesetzgeberischen nicht so scharf gegenüberstehe, wie die Lehre von der Gewaltenteilung, auf der die positivistische Rechtswissenschaft aufgebaut sei, annehme. Der Gesetzgeber sei nicht Schöpfer des Rechts. Es gebe eine Fülle von Rechtssätzen, die in keinem Gesetzbuch aufgezeichnet seien. Es habe aber seinen guten Sinn, wenn der Gesetzgeber dem Richter den Vortritt gewähre und gewisse Fragen der richterlichen Rechtsfindung überlasse. Man mache sich meistens überhaupt nicht klar, wie wenig auch auf kodifizierten Rechtsgebieten die Rechtsentscheidungen den geschriebenen und ausdrücklich vom Gesetzgeber formulierten Rechtssätzen entnommen seien. Das Meiste und Beste, vielfach das eigentlich Entscheidende werde nicht den geschriebenen Rechtssätzen, sondern unmittelbar aus den für das Rechtsgebiet maßgeblichen Gerechtigkeitsprinzipien gefolgert, aus dem Wesen der Institute, aus den Legitimitätsvorstellungen der Zeit und der Gemeinschaft[588]. „Man sieht:“, konstatierte Kaufmann, „der Staat schafft nicht Recht, der Staat schafft Gesetze; und Staat und Gesetz stehen unter dem Recht“[589]. Dieser Satz dürfte vielen Teilnehmern als die Quintessenz jenes „Bekenntnisses“ unvergeßlich geblieben sein[590].

---

585 *E. Kaufmann*, a. a. O., S. 15 f.
586 *E. Kaufmann*, a. a. O., S. 18 f.
587 *E. Kaufmann*, a. a. O., S. 18 ff.
588 *E. Kaufmann*, a. a. O., S. 19 f.
589 *E. Kaufmann*, a. a. O., S. 20.
590 In diesem Sinne rückblickend *Smend*, FS für Scheuner, S. 580.

Kaufmann zufolge gab es nur zwei spezifische Aufgaben, die dem Gesetzgeber unbedingt vorbehalten waren und nicht richterliche Aufgaben sein konnten. Der Richter sei an die vom Gesetzgeber ausgewählten Gerechtigkeitsprinzipien gebunden. Ferner sei ihm die Schaffung rechtstechnischer Formen und Normen entzogen. Alles, was zwischen dieser obersten und untersten Stufe liege – die Durchführung und die am Einzelfall orientierte Entwicklung und Ausgestaltung der vom Gesetzgeber gewählten Gerechtigkeitsprinzipien und der Legitimitätsvorstellungen der Gemeinschaft – seien dem Gesetzgeber und Richter gemeinsame Aufgaben, jedenfalls auch spezifisch richterliche Aufgaben. Der Richter finde diese Normen zwar nur am einzelnen Fall, aber zugleich mit Anspruch auf Allgemeingültigkeit. Auch er schaffe im wirklichen Sinne des Wortes Recht, „das Gesetz ist nicht die einzige Entscheidungsform des Rechts[591]. Nur eine ethische Persönlichkeit könne jedoch ein guter und gerechter Richter sein[592]

Aber es war die Exegese des Art. 109 WRV, die über Kaufmanns nicht weiter begründeter Gleichsetzung mit dem Gerechtigkeitsgebot zu kurz gekommen war[593]. Es blieb Nawiasky vorbehalten, Art. 109 WRV in seiner Einbettung in die zahlreichen speziellen verfassungsrechtlichen Vorschriften zur Rechtsgleichheit darzulegen. Im Wege systematischer Interpretation[594] wies er nach, „daß neben der Rechtsanwendungsgleichheit der Gedanke der persönlichen Rechtsgleichheit die ganze Verfassung wie ein roter Faden durchzieht, während sachliche Rechtsgleichheit nur eine untergeordnete Rolle spielt“[595]. Zugleich gelang Nawiasky eine eindrucksvolle Demonstration der positivistischen Methode, zu der er sich zu Beginn seines Vortrags ausdrücklich bekannt hatte: „Kaufmann ist Idealist, d. h. Naturrechtler, ich bin Skeptiker, d. h. Positivist, vielleicht ein noch nicht ganz erledigter. Für Kaufmann bilden Recht und Ethik in gewissem Sinne eine Einheit, für mich sind sie eine Zweiheit. Für ihn ist das Recht das Prius, an dem das Gesetz gewisse größere und kleinere, mehr kleinere Veränderungen vornimmt“[596].

---

591 *E. Kaufmann*, a. a. O., S. 21.
592 *E. Kaufmann*, a. a. O., S. 22 f.
593 *Smend*, FS für Scheuner, S. 580.
594 *Nawisasky*, VVDStRL 3 (1927), 30 ff.
595 *Nawiasky*, a. a. O., S. 43, 36.
596 *Nawiasky*, a. a. O., S. 25.

Das bereits früher befürwortete[597] richterliche Prüfungsrecht setzte Nawiasky als gegeben voraus und überprüfte das gefundene Ergebnis – Art. 109 Abs. 1 WRV binde auch den Gesetzgeber, gewährleiste aber nur die persönliche und nicht die sachliche Rechtsgleichheit – anhand seiner Konsequenzen für den Umfang richterlicher Nachprüfung[598].

Bei der persönlichen Rechtsgleichheit gehe es um die Frage absoluter Gleichheit. Jede wie auch immer geartete Unterscheidung einzelner nach ihrer Zugehörigkeit zu bestimmten sozialen Gruppen sei verboten, der zu handhabende Maßstab eindeutig und klar[599]. Die sachliche Rechtsgleichheit mit ihrer Forderung, gleiche Tatsachen gleich zu behandeln, sei demgegenüber eine abwägende, relative Gleichheit. Werturteile müßten gefällt werden, und Werturteile seien subjektiv. Letztlich komme es auf die verschiedenen Weltanschauungen an. Die Diskussion über den Maßstab der Differenzierungen verschiebe sich auf das Gebiet der Rechtsphilosophie[600]. Recht und Philosophie aber seien verschiedene Dinge, betonte Nawiasky und verdeutlichte noch einmal den positivistischen Standpunkt[601]. Jedes Landesgesetz unterläge im Ergebnis der Billigung der Reichsorgane, legislatorische Akte der Billigung des Richters. Die Folge wäre eine der verfassungsrechtlichen Ordnung widersprechende „Hochzüchtung von Zentralismus und Richterkönigtum“[602].

Während also Kaufmann dem richterlichen Prüfungsrecht selbst Grenzen zog, engte Nawiasky den Maßstab der Prüfung ein. Inwiefern beide Begrenzungen – betrachtet man nur das richterliche Prüfungsrecht am Maßstab des allgemeinen Gleichheitssatzes und läßt Kaufmanns naturrechtliches Rechtsverständnis außen vor – im Ergebnis auf Ähnliches hinausliefen, mag offenbleiben[603]. Die praktische Umsetzbarkeit war in beiden Fällen problematisch. Bereits Triepel hatte in einem Diskussionsbeitrag zu bedenken gegeben, persönliche und sachliche Rechtsgleichheit ließen sich nur schwer trennen[604]. Auch der von Kaufmann

---

597 Vgl. *Nawiasky*, DJZ 28 (1923), 40 f.; dazu *Wendenburg*, Die Debatte um die Verfassungsgerichtsbarkeit, S. 65 m. Fn. 63.

598 *Nawiasky*, VVDStRL 3 (1927), 38 ff.

599 *Nawiasky*, a. a. O., S. 40.

600 *Nawiasky*, a. a. O., S. 41.

601 *Nawiasky*, a. a. O., S. 62 (Schlußwort).

602 *Nawiasky*, a. a. O., S. 40.

603 Vgl. *Nawiasky*, a. a. O., S. 25: „Die Ergebnisse zu denen wir beide gelangen, sind vielleicht gar nicht so verschieden wie der Weg, die Methode.“; vgl. *Wendenburg*, Die Debatte um die Verfassungsgerichtsbarkeit, S. 65 f.

604 *Triepel*, VVDStRL 3 (1927), 51.

vorgeschlagene Weg einer Grenzziehung zwischen richterlichen und gesetzgeberischen Aufgaben konnte letztlich keine rational nachvollziehbaren Kriterien für die Begrenzung der richterlichen Tätigkeit bieten.

Wenn teilweise die Annahme erhoben wird, wer sich im damaligen Methodenstreit zu Gunsten der positivistischen Methode ausgesprochen habe, sei ein Gegner des richterlichen Prüfungsrechts gewesen und umgekehrt[605], ist dies nur bedingt richtig. Nawiasky beispielsweise bejahte als überzeugter Positivist ein richterliches Prüfungsrecht. Es machte gerade die Eigenart der damaligen staatsrechtlichen Diskussion – des Methodenstreits und der Kontroverse um das richterliche Prüfungsrecht – aus, daß die Fronten oft quer durch die Reihen verliefen und sich einer Schematisierung über weite Strecken entzogen[606].

Die sich an die Vorträge anschließende Diskussion verlief lebhaft und war ebenso kontrovers wie die Berichte[607] über die Tagung. Man vermischte und verband die Argumente für und wider das richterliche Prüfungsrecht mit denen nach dem Inhalt des Gleichheitssatzes und hielt sich nicht an den Vorschlag Triepels[608], beides getrennt zu erörtern. Dabei verdeutlichte gerade das Bedürfnis eines solchen Vorschlags die enge Verbindung beider Themenkomplexe. Vor allem Kaufmanns Beschreibung des zur Prüfung am Maßstab der Gerechtigkeit berufenen Richters, der nur als ethische Persönlichkeit ein guter und gerechter Richter sein könne, stieß auf naheliegende Kritik. Naturrechtliche Gedankengänge waren der damaligen Zeit fremd, in der ein Werterelativismus, wie er von Radbruch vertreten wurde, überwog[609]. Die Versammlungsteilnehmer beriefen sich auf die Gefahr einer Unitarisierung der Verfassung[610], den demokratischen Charakter der Verfassung, dem „das aristokratische Moment der Höherwertigkeit des richterlichen Urteiles widerspreche“[611], und die Gefahr einer Politisierung der Justiz[612], die der Idee der Gewaltenteilung und des Rechtsstaates zuwider laufe[613]. Irgendeiner müsse die letzte Entscheidung haben. Es stelle sich bloß die Frage, ob es das Parlament oder der Richter sein sol-

605 Vgl. *Wendenburg*, a. a. O., passim; insbes. S. 205.
606 Vgl. *Friedrich*, AöR 102 (1977), 161 (174).
607 *Holstein*, AöR 50 (1926), 1 ff.; *Stier-Somlo*, DJZ 31 (1926), 652 ff.; *Wolgast*, JW 55 (1926), 1311.
608 *Triepel*, VVDStRL 3 (1927), 44; vgl. auch S. 53.
609 *Scheuner*, AöR 97 (1972), 349 (368).
610 *Thoma*, VVDStRL 3 (1927), 58; *Anschütz*, VVDStRL 3 (1927), 48.
611 *v. Hippel*, VVDStRL 3 (1927), 44.
612 *Thoma*, VVDStRL 3 (1927), 58.
613 *Anschütz*, VVDStRL 3 (1927), 49 f.

le[614]. Nicht von der Hand zu weisen war schließlich der Einwand von Anschütz, ein naturrechtlicher Grundsatz sei niemals abänderbar, Art. 109 WRV aber könne mit Zweidrittelmehrheit geändert werden[615]. Anders als Nawiasky sprach Anschütz dem allgemeinen Gleichheitssatz jede Bindungswirkung für den Gesetzgeber ab. Art. 109 Abs. 1 WRV könne allenfalls als Gesetzgebungsprogramm ohne aktuelle Geltung verstanden werden[616].

Das richterliche Prüfungsrecht wurde von den Diskussionsteilnehmern als gegeben vorausgesetzt[617]. Denn nur bei Bejahung einer allgemeinen oder beim Staatsgerichtshof konzentrierten Prüfungsbefugnis konnten die geltend gemachten Bedenken – Gefahr einer Politisierung der Justiz oder einer Entdemokratisierung – überhaupt bestehen. Denkbar wäre zwar auch eine weit verstandene Bindungswirkung des allgemeinen Gleichheitssatzes bei gleichzeitiger Ablehnung einer richterlichen Nachprüfungskompetenz gewesen. Hierauf ging man jedoch zu Recht nicht ein[618]. Ein nur an den Gesetzgeber gerichtetes Bindungspostulat wäre wirkungslos und letztlich eine nur theoretische Spielerei gewesen.

Die Entscheidung des Reichsgerichts vom 4. November des Vorjahres[619] wurde – außer mit ein paar dürren Worten[620] – nicht erwähnt. Dabei hatte noch Jellinek auf der letzten Staatsrechtslehrertagung beschwörend davor gewarnt, mit der Anerkennung des richterlichen Prüfungsrechts werde das Reichsgericht einen großen Fehler zu begehen[621].

Die wohl vehementeste Erwiderung auf Kaufmanns naturrechtliche Fundierung des Gleichheitssatzes kam von Kelsen. Es sei ein Irrglauben zu behaupten, das Naturrecht überwinde den Positivismus. Eine objektive Metaphysik und damit ein objektives Naturrecht als ein System materialer Wertprinzipien, wie von Kaufmann befürwortet, könne es nur auf dem Boden einer positiven Religion geben. Eine „positive" Religion jedoch sei als geoffenbarte Religion ebenso in historischen Tatsachen manifestiert wie das in historischen Akten gesetzte, positive Recht. Glaube man an das Naturrecht, ersetze man lediglich den einen

---

614 *Thoma*, VVDStRL 3 (1927), 59.
615 *Anschütz*, VVDStRL 3 (1927), 47 f.
616 *Anschütz*, a. a. O., S. 49.
617 Anders nur *Anschütz*, a. a. O., S. 48.
618 Vgl. *Triepel*, VVDStRL 3 (1927), 53; *Anschütz*, a. a. O.
619 RGZ 111, 320.
620 Vgl. die vereinzelten, eher beiläufigen Bemerkungen zu der Entscheidung des RG von *Triepel*, VVDStRL 3 (1927), 44 u. *Jellinek*, VVDStRL 3 (1927), 60.
621 *Jellinek*, VVDStRL 2 (1925), 39 f.

Positivismus durch den andern. An Stelle des positiven Rechts trete die positive Religion als höchste Autorität[622]. „Die Frage, die auf das Naturrecht zielt, ist die ewige Frage, was hinter dem positiven Recht steckt. Und wer die Antwort sucht, der findet, fürchte ich, nicht die absolute Metaphysik noch die absolute Gerechtigkeit eines Naturrechts. Wer den Schleier hebt und sein Auge nicht schließt, dem starrt das Gorgonenhaupt der Macht entgegen“[623].

Trotz solch eindrucksvoller Kritik von prominenter Seite stimmte eine nicht geringe Anzahl der Teilnehmer – Triepel, R. Schmidt, Holstein, Heller, v. Hippel und Jellinek – Kaufmann in seiner Grundhaltung ausdrücklich zu. Den sechs zustimmenden Stimmen standen nur drei ablehnende gegenüber[624]. Von einer „fast allgemeine(n) Ablehnung“, wie Kaufmann später urteilte[625], konnte keine Rede sein.

d) Die 5. Tagung 1927 in München

Einen weiteren Höhepunkt des Methoden- und Richtungsstreits markierte die 5. Staatsrechtslehrertagung 1927 in München. Mit den Vorträgen von Smend über „Das Recht der freien Meinungsäußerung“ und Hellers über den Gesetzesbegriff entstanden zwei weitere Zeugnisse der neuen „geisteswissenschaftlichen“ Richtung. In der darauffolgenden Aussprache trafen die Standpunkte ebenso unversöhnlich aufeinander wie im vorangegangenen Jahr.

Rothenbücher als Erstreferent hatte das „Das Recht der freien Meinungsäußerung“ umfassend behandelt[626] und war aus Sicht Smends seiner Aufgabe „vortrefflich gerecht“ geworden[627]. Smend konnte daher das Vorrecht des Zweitreferenten in Anspruch nehmen, auf einzelne Gesichtspunkte vertiefend, auf andere gar nicht einzugehen. Er konzentrierte sich „auf die Frage der Bedeutung der Weimarer Grundrechte überhaupt“, auf einzelne Bemerkungen zur Meinungsfreiheit nach der Weimarer Verfassung (Art. 118) und auf die Wissenschafts- und Lehrfreiheit nach Art. 142[628].

---

622 *Kelsen*, VVDStRL 3 (1927), 54.
623 *Kelsen*, a. a. O., 54 f.
624 Vgl. *Smend*, FS für Scheuner, S. 580.
625 *E. Kaufmann*, Gesammelte Schriften III, S. XXIX.
626 *Rothenbücher*, VVDStRL 4 (1928), 6 ff.
627 So rückblickend *Smend*, FS für Scheuner, S. 581.
628 Vgl. *Smend*, VVDStRL 4 (1928), 44.

Es sei damals notwendig gewesen, erklärte Smend später, das volle Gewicht der Grundrechte in der neuen Verfassung herauszustellen, voran durch die Anerkennung ihrer Geltung auch für den Gesetzgeber[629]. Beruhten doch die Meinungsverschiedenheiten, die im einzelnen bestanden, nicht auf verschiedener Einzelexegese von Verfassungsartikeln, sondern auf tiefer liegenden Gegensätzen in verfassungstheoretischen Grundanschauungen[630]. Mit Nachdruck wandte sich Smend gegen die herrschende Auslegung, die in den Grundrechten nicht mehr als eine Summe von Novellen zu zahlreichen Reichs- und Landesgesetzen sah. Die Grundrechte „verfolgen nicht die technischen Sonderzwecke jener einzelnen Rechtsgebiete, sondern den konstitutionellen Gesamtzweck des Verfassungsrechts“[631].

Sinn und Zweck der Verfassung sah Smend in ihrer integrierenden Funktion[632]. Gegenstand des Verfassungsrechts sei der Lebensvorgang des Staates im ganzen und damit die Erneuerung und Weiterbildung des staatlichen Willensverbandes als einer wirklichen Lebenseinheit. Man unterschätze die Verfassung, wenn man sie dahin auslege, daß sie den Staat als eine unbegreifliche feste Willenseinheit voraussetze und ihm nun bestimmte rechtsgeschäftliche Willensorgane gebe und bestimmte grundrechtliche Schranken ziehe. Vielmehr normiere sie seine eigentliche Substanz selbst, die nicht ein ruhender Bestand oder eine bestehende Beziehung, sondern lediglich fließendes, sich immerfort erneuerndes Lebens sei[633]. Im Verhältnis zu jenem staatsrechtlichen Inhalt seien die verwaltungsrechtlichen Einzelfolgen eine sekundäre, nur technische Frage[634].

Die Grundrechte verstand Smend als „ein bestimmtes Kultursystem“, als ein „Bestand von Kulturwerten“, in denen das Volk einig sein müsse[635]. Die Demokratie lebe – jedenfalls außerhalb von Wien, was auf Kelsen bezogen war – nicht vom Relativismus, sondern von einer von Rechts wegen bestehenden Einigkeit in sachlichen Werten der Volksgemeinschaft[636].

Den Bedeutungszuwachs, den die Grundrechte mit der Weimarer Verfassung erfahren hatten, sah Smend daher nicht – entgegen einer liberalisierenden Ver-

---

629 *Smend*, FS für Scheuner, 581.
630 *Smend*, VVDStRL 4 (1928), 44.
631 *Smend*, a. a. O., S. 45.
632 *Smend*, a. a. O., S. 46, 49.
633 *Smend*, a. a. O., S. 46.
634 *Smend*, a. a. O., S. 49.
635 *Smend*, a. a. O., S. 47, 73 (Leitsatz Nr. 1).
636 *Smend*, a. a. O., S. 48.

fassungsauslegung – in ihrer Rolle als gesteigerter Minderheitenschutz gegenüber der Gefahr des Parlamentsabsolutismus. Ihre gesteigerte Bedeutung beruhe vielmehr darauf, daß sie, zumindest ihrer Intention nach, einen Teil der Funktion des monarchischen Verfassungselements übernommen hätten, nämlich den geschichtlichen Charakter der Staatsindividualität in seiner irrationalen Fülle zu symbolisieren und zu repräsentieren[637]. Der Grundrechtsinterpretation der herrschenden Meinung warf Smend vor, die Rechtsbegriffe als Folge des von ihr betriebenen Formalismus zu entleeren, ihre möglichst formallogische mechanische Anwendung bevorzugend. Das möge in technischen Spezialgesetzen eine nützliche Regel für den Gesetzgeber sein. Dem Ausleger hingegen sei es versagt, sich durch verantwortungslose Flucht in die angeblichen Regeln formaler Logik den sachlichen Problemen zu entziehen[638].

Das Grundrecht der freien Meinungsäußerung verstand Smend als ein Grundrecht vor allem des „Gemeinschaftslebens“[639]. Der Fehler der bisherigen Auslegungen in bezug auf die „allgemeinen Gesetze“ liege darin, daß nach der Besonderheit gefragt werde, die das Erfordernis der Allgemeinheit grundrechtsbeschränkender Gesetze ausschließen solle[640]. Damit aber werde versucht, die in Frage stehenden Worte formallogisch-technisch aus sich heraus auszulegen und mit der Gegenüberstellung von „allgemein“ und „besonders“ eine leere, nicht weiterführende Negation geschaffen. Richtig sei es, die Grundrechte aus ihrem geisteswissenschaftlichen, insbesondere geistesgeschichtlichen Gesamtzusammenhang heraus zu verstehen und auszulegen.[641].

Die Allgemeinheit im Sinne von Art. 118 WRV begriff Smend als die materiale Allgemeinheit der Aufklärung, die Allgemeinheit derjenigen Gemeinschaftswerte, die als solche den ursprünglich individualistisch gedachten Grundrechtsbetätigungen gegenüber den Vorrang hätten. Allgemeine Gesetze im Sinne von Art. 118 WRV waren für Smend daher Gesetze, die deshalb den Vorrang vor Art. 118 hätten, weil das von ihnen geschützte gesellschaftliche Gut wichtiger

---

637 *Smend*, a. a. O., S. 47 m. Fn. 1 Bezug nehmend auf den Naumannschen Grundrechtsentwurf der Weimarer Nationalversammlung.

638 *Smend*, a. a. O., S. 96 (Schlußwort).

639 *Smend*, a. a. O., S. 73 (Leitsatz 2a).

640 So die von Smends Mitberichterstatter *Rothenbücher*, VVDStRL 4 (1928), 20, *Anschütz*, VVDStRL 4 (1928), 75 und *Häntzschel*, HbDStR II, S. 659 f. vertretene Sonderrechtslehre.

641 *Smend*, a. a. O., S. 51.

sei als die Meinungsfreiheit. Für die formallogische Denkgewöhnung sei dies freilich eine fremdartige Auslegung, wie Smend zugab[642].

Eine weitere Demonstration dieser fremdartigen Auslegung gelang Smend am Beispiel der in Art. 142 WRV verankerten Wissenschafts- und Lehrfreiheit. Art. 142 WRV schütze vor allem die akademische Forschungs- und Lehrfreiheit im Sinne des deutschen Idealismus. Die von Anschütz in seinem Kommentar vertretene Auffassung, Art. 142 WRV konkretisiere lediglich den Grundsatz der Gesetzmäßigkeit der Verwaltung, wurde von Smend verworfen und Art. 142 WRV auch und vor allem als eine an den Gesetzgeber adressierte Norm begriffen[643].

In der sich anschließenden Diskussion wurden die Meinungsgegensätze wie gewohnt mit dem Florett wissenschaftlicher Disziplin ausgetragen[644]. Die für einen Methodenstreit typische Zunahme der Verstehens- und Verständigungsschwierigkeiten war unverkennbar, als Thoma die dem Referat von Smend zustimmenden Ausführungen Kaufmanns in ihrer Begrifflichkeit als „für mich sozusagen chinesisch" bezeichnete[645], und Anschütz von einer Verwechslung von Recht und Politik sprach[646]. Kaufmann hielt ein leidenschaftliches Plädoyer zu Gunsten der neuen Methode, indem er sich dafür aussprach, von den juristischen Relationsbegriffen zu den dahinter stehenden juristischen Dingbegriffen, den Rechtsinstituten, zurückzukehren. Selbst technische Rechtssätze könnten juristisch nur durch eine Besinnung auf den ethischen Gehalt, auf ihr objektives Ethos, interpretiert werden, und dieses lasse sich nur geistesgeschichtlich erfassen[647]. Auch Triepel trat, von Smend später als das wichtigste Ereignis der Tagung bezeichnet[648], „mit dem Gewicht seiner wissenschaftlichen und moralischen Autorität auf die Seite des neuen Grundrechtsverständnisses"[649]. Eine Verwechslung von Recht und Politik, wie von Anschütz behauptet, lag für ihn nicht vor. Alle, die wie Smend arbeiteten und dazu zähle auch er selbst, verführen in einer durchaus rechtlichen Betrachtungsweise. Man operiere mit Werten und dränge nach Herausstellung der im Gesetz festgelegten oder aus ihm er-

---

642 *Smend*, a. a. O., S. 52.
643 *Smend*, a. a. O., S. 56 ff., 65 ff., 73 f (Leitsatz Nr. 3).
644 Vgl. *Scheuner*, AöR 97 (1972), 349 (350).
645 *Thoma*, VVDStRL 4 (1928), 86.
646 *Anschütz*, VVDStRL 4 (1928), 75.
647 *E. Kaufmann*, VVDStRL 4 (1928), 82.
648 *Smend*, FS für Scheuner, S. 581.
649 *Triepel*, VVDStRL 4 (1928), 89 f.

kennbaren Werturteile. Solche Legalwertungen aber seien echte Rechtsnormen und keine unmaßgeblichen Proklamationen. Insofern kam den Grundrechten für Triepel eine enorm praktische Bedeutung zu; er hielt sie fast für den wichtigsten Teil der Verfassung. Bei den Legalwertungen, die in den Grundrechten enthalten seien und die es gelte herauszustellen, war man an Hecks Interessenjurisprudenz erinnert[650]. Triepel sagte seinen Fachgenossen also etwas weit Geläufigeres als Holstein mit seiner „geisteswissenschaftlichen" Methode[651].

Als es am folgenden Tag um den Begriff des Gesetzes in der Reichsverfassung ging, erneuerte sich der Methoden- und Richtungsstreit, diesmal vor allem zwischen Heller und Kelsen. Unter nachdrücklicher, zustimmender Bezugnahme auf das Referat von Smend erklärte Heller, „auf rechtsphilosophische Erörterungen verzichten" und sich „fast ausschließlich rechtshistorischen und positivrechtlichen Erwägungen hingeben zu können"[652]. Mit der Überlegung, „daß die heutige Staatsrechtswissenschaft keinen Schritt tun darf, ohne ihre letzten höchst fragwürdig gewordenen Fundamente zu überprüfen", verwarf er jeden „formalistischen Apriorismus[653].

Den herrschenden doppelten Gesetzesbegriff lehnte er als „theoretisch unhaltbar und praktisch teils bedeutungslos, teils gefährlich" ab[654]. Er sei als Stück der Gewaltenteilung mit der bürgerlichen Revolution entstanden[655] und entspreche in seinen Voraussetzungen einer nicht mehr gegebenen Machtlage. Der herkömmlichen formalistischen Rechtsstaatsauffassung, für ihn Grund allen Übels, setzte er ein materielles Verständnis entgegen. Auf dem Boden eines an den demokratischen Legitimationsgrundlagen von Staat und Recht orientierten materiellen Rechtsstaatsprinzips entwickelte er sodann einen eigenen, einheitlichen Gesetzesbegriff[656]. Gesetz im Sinne der Reichsverfassung sei „die oberste, alle andere Staatstätigkeit determinierende, von der Volkslegislative gesetzte Rechtsnorm"[657].

Auf die richterliche Gesetzesbindung kam Heller im Zusammenhang mit dem Merkmal der Allgemeinheit und dem Rechtssatzbegriff zu sprechen. Die Forde-

---

650 Später als „teleologische Methode" bezeichnet, *Triepel*, Staatsrecht und Politik, S. 37.
651 *Friedrich*, AöR 102 (1977), 161 (196).
652 *Heller*, VVDStRL 4 (1928), 98.
653 *Heller*, a. a. O., S. 203 (Schlußwort).
654 *Heller*, a. a. O., S. 107 ff.
655 *Heller*, a. a. O., S. 101 ff.
656 *Heller*, a. a. O., S. 116 ff.
657 *Heller*, a. a. O., S. 116, 121 130, 134 (Leitsatz Nr. 6).

rung der Aufklärung, wonach der Richter nur Mund des Gesetzes sein solle, sah er nur noch von Kelsen und seinen Schülern vertreten[658]. Der Richter bringe, erklärte Heller, bei jeder Gesetzesanwendung seine Persönlichkeit mit ein. So wenig man die gesetzesanwendende Persönlichkeit rationalisieren könne und dürfe, gelinge dies bei den zukünftigen Aufgaben des Staates. Damit aber müsse auch das Postulat der Allgemeingültigkeit des Gesetzes fallen. „Wo der Mund des Gesetzgebers ... der Singularität des Falles wegen schweigt, da muß er vom Gesetzgeber selbst und kann innerhalb der staatlichen Herrschaftsordnung grundsätzlich nicht vom Richter zum Reden gebracht werden". Anders sei die geforderte Herrschaft der volonté générale nicht denkbar[659].

Das herrschende Rechtssatzverständnis kritisierte Heller als „das Ergebnis jener schiefen rationalistischen Rechtsstaatsidee, für die alle nicht gesetzgebende Staatstätigkeit sich in der Aufgabe erschöpft, de faire un syllogisme, dont la loi et la majeure". Nicht beachtet werde dabei, daß jede Individualisierung einer Norm durch eine kompetente Autorität eine neue, vorher so noch nicht da gewesene Norm schaffe. Alle diese Autoritäten „haben gleich dem urteilenden Richter und dem rechtsgeschäftlich handelnden Bürger einen selbstständigen Anteil am Rechtsschöpfungsberuf des Staates"[660] – ein Satz, der sich fast wörtlich in Oskar von Bülows Schrift „Gesetz und Richteramt" aus dem Jahre 1885 wiederfindet[661].

Die Forderung nach enger richterlicher Gesetzesbindung und der Versuch, den Gesetzesbegriff an das Prinzip der Volkssouveränität zu koppeln, zeugen davon, daß die Bejahung des Demokratieprinzips für Heller nicht nur in Kauf genommenes Übel, sondern Grundvoraussetzung seines gesamten staatsrechtlichen Denkens war. Durchgesetzt hat sich Hellers einheitlicher Gesetzesbegriff indes nicht, wie ein Blick in die heutigen Staatsrechtslehrbücher zeigt.

Die sich an die Vorträge anschließende Diskussion kreiste um die Verknüpfung und Trennung von Rechtssatz und Gesetzesbegriff und die Geltungsgrundlagen des Rechts, insbesondere um die von Merkl und Kelsen vertretene Stufenlehre des Rechts. Auch diesmal standen sich Positivisten und Nicht-Positivisten gegenüber. Kelsen bezichtigte Heller, einen Großteil seiner Thesen übernommen

---

658 Vgl. hierzu den Diskussionsbeitrag von *Kelsen*, VVDStRL 4 (1928), 179, der sich gegen die Inanspruchnahme für diese Ansicht energisch zur Wehr setzte.

659 *Heller*, a. a. O., S. 117 f.

660 *Heller*, a. a. O., S. 119.

661 *Bülow*, Gesetz und Richteramt, S. 13; so ausdrücklich auch *Heller*, a. a. O., S. 203 (Schlußwort).

und für sich deklariert zu haben[662], was Heller seinerseits weit von sich wies[663]. Die 4. Staatsrechtslehrertagung war die polemischste der Weimarer Zeit. Bereits im kommenden Jahr bewegte man sich in deutlich ruhigeren, ja akademischeren Fahrwassern[664].

e) Die 6. Tagung 1928 in Wien

Auf der 6. Tagung 1928 in Wien ging es um „Wesen und Entwicklung der Staatsgerichtsbarkeit". Die Frage nach der konkreten Ausgestaltung einer zu erweiternden Staatsgerichtsbarkeit hatte an Bedeutung verloren. Der 34. Juristentag hatte den Gesetzesentwurf der Reichsregierung eingehend erörtert. Ein Großteil der vorgebrachten Änderungsvorschläge war in der Gesetzesvorlage, welche die Reichsregierung im Dezember 1926 dem Reichstag vorgelegt hatte, berücksichtigt worden. Der Gesetzesvorschlag war jedoch im Rechtsausschuß stecken geblieben[665] und eine gesetzliche Erweiterung der Staatsgerichtsbarkeit in weite Ferne gerückt. Es verwundert daher nicht, daß man sich dem Problem der Staatsgerichtsbarkeit nur noch abstrakt widmete – auf eine Weise, die für die Praxis keine direkt verwertbaren Ergebnisse zeitigen konnte.

Mit Kelsen und Triepel trafen auch in Wien zwei Referenten aufeinander, die den Gegensatz der Methoden verdeutlichten. Thoma erklärte später, man sei sozusagen von zwei Seiten in den Wald eingedrungen und habe Schneisen des Durchblicks geschlagen, um sich schließlich auf einem Platze zu treffen, von wo aus nun weiter zu gehen sein werde[666]. Dies war eine noch verharmlosende Einschätzung der aufeinandergetroffenen Gegensätze. Sowohl Triepel als auch Kelsen stellten am Ende fest, man sei sich nicht begegnet und werde es wohl auch niemals. „Wir haben über zwei verschiedene Dinge gesprochen... . ...Kelsen und ich reden mit verschiedenen Zungen, weil wir mit verschiedenen Augen die Dinge sehen"[667]; allerdings nicht, „weil wir über verschiedene Gegenstände, sondern obgleich wir über denselben Gegenstand gesprochen haben:

---

662 *Kelsen*, VVDStRL 3 (1927), 176 ff.
663 *Heller*, VVDStRL 3 (1927), 202 ff.
664 So rückblickend *Smend*, FS für Scheuner, S. 583.
665 Hierzu *Fangmann*, Justiz gegen Demokratie, S. 121 ff.; *Wehler*, Der Staatsgerichtshof für das Deutsche Reich, S. 107 ff., 113; *Wendeburg*, Die Debatte um die Verfassungsgerichtsbarkeit, S. 41.
666 *Thoma*, VVDStRL 5 (1929), 104.
667 *Triepel*, VVDStRL 5 (1929), 116 f.

Die Verfassung und die Mittel, sie zu schützen"[668]. Dennoch befürworteten beide Referenten eine möglichst umfassende Verfassungsgerichtsbarkeit.

Triepel lehnte den Begriff der Staatsgerichtsbarkeit, wie ihn die Themenstellung vorgab, als ungenau ab. Genauer sei es von Verfassungsgerichtsbarkeit zu sprechen[669]. Verfassungsgerichtsbarkeit sei Gerichtsbarkeit in Fragen der Verfassung und zum Schutze der Verfassung, wobei Verfassung in einem materiellen Sinne zu verstehen sei. Verfassung im formellen Sinn sei das Verfassungsgesetz, die Verfassungsurkunde. Verfassung im materiellen Sinn sei Ordnung, rechtliche Ordnung. Sie bilde ein in sich geschlossenes System der Rechtssätze, die den Versuch machten, das staatliche Leben zu regeln. Nicht alles staatliche Leben werde von der Verfassung normiert. Die Verfassung habe es nur mit Vorgängen zu tun, in denen sich das geistige Erlebnis der staatlichen Gemeinschaft in seiner Totalität vorbereitet, vollzieht, erneuert – in Fordern und Gewähren, in Kampf und Verständigung. Mit Smend müsse die Verfassung als „Rechtsordnung des staatlichen Integrationsprozesses" verstanden werden[670].

Verfassungsstreitigkeiten seien immer politische Streitigkeiten. Politisch sei alles, „was sich auf die Staatszwecke oder deren Abgrenzung gegenüber individuellen Zwecken bezieht"[671]. Politische Streitigkeiten widerstrebten ihrer Natur nach einer Entscheidung in gerichtsförmiger Art. Denn die Welt des Politischen werde von der Durchsetzung des eigenen Willens durch die eigene Macht beherrscht. Politische Gegensätze aber würden, auch wenn sie auf einen rechtlichen Nenner gebracht werden könnten, lieber unüberbrückt gelassen, als der Entscheidung eines Dritten unterworfen[672]. Das Wesen der Verfassung stehe daher bis zu einem gewissen Grade mit dem Wesen der Verfassungsgerichtsbarkeit in Widerspruch[673]. Gleichwohl müsse die bestehende Verfassungsgerichtsbarkeit ausgebaut werden. Namentlich in einem Staat mit vielgliedriger Teilung der politischen Gewalten bestehe das Bedürfnis, „die schwächeren unter ihnen gegen die stärkeren durch das Recht und in der Form Rechtens zu schützen"[674].

---

668 *Kelsen*, VVDStRL 5 (1929), 117.
669 *Triepel*, VVDStRL 5 (1929), 5.
670 *Triepel*, a. a. O., S. 5 f.
671 *Triepel*, a. a. O., S. 7.
672 *Triepel*, a. a. O., S. 8 f.
673 *Triepel*, a. a. O., S. 8.
674 *Triepel*, a. a. O., S. 28.

Die Grundrechte zählten nach Ansicht Triepels nicht zum Bereich des primär Politischen. Sie waren für ihn individuelle Rechte, die einer gerichtsförmigen Entscheidung nicht entgegenstanden. Insofern sei die Weimarer Reichsverfassung der liberal-rechtsstaatlichen Auffassung des 19. Jahrhunderts gefolgt. Diese habe in den Grund- und Freiheitsrechten eine Beschränkung und nicht einen Teil des Staatlichen gesehen. Die meisten Staaten hätten daher die Streitigkeiten über Grundrechtsverletzungen nicht als Verfassungs-, sondern höchstens als Verwaltungsstreitigkeiten behandelt. Daher ergebe sich, lege man Art. 19 WRV liberal-rechtstaatlich aus, daß unter „Verfassungsstreitigkeiten" innerhalb eines Landes nicht Streitigkeiten über Grundrechtsverletzungen verstanden werden könnten[675].

Für politische Streitigkeiten sei das „objektivste" Verfahren das angemessenste. Je objektiver das Verfahren organisiert werde, um so geringer sei die Gefahr, daß der Richter sich an die Stelle der Regierung setze[676]. Das objektivste Verfahren war für Triepel das der Amerikaner. Dort sei die Verfassungsgerichtsbarkeit nicht als eigenes Institut, sondern als ein Akzessorium zur ordentlichen Gerichtsbarkeit ausgestaltet. Über die Verfassungsmäßigkeit staatlicher Akte werde immer nur als Inzidentfrage in Zivil- oder Strafprozessen entschieden. Der Richter komme niemals in die Lage, einen Staatsakt, insbesondere ein Gesetz aufzuheben. Er erkläre allenfalls, ein Gesetz könne, weil es verfassungswidrig und folglich ungültig sei, nicht angewendet werden. In Amerika habe daher die größtmögliche „Entpolitisierung" stattgefunden, weil die politischen Gewalten nicht unmittelbar in den Rechtsstreit verwickelt seien[677]. Den Nachteil eines derartig entpolitisierten Verfahren sah Triepel darin, daß die Verfassungsgerichtsbarkeit eine Gelegenheitsgerichtsbarkeit bleibe, die keine grundsätzlichen Lösungen bringe[678].

Für seinen Mitreferenten Kelsen hingegen war das Verfassungsrecht nicht das Recht für das Politische. Die Betonung lag auf dem Gegensatz von Recht und Politik. „Staatsgerichtsbarkeit ist Verfassungsgerichtsbarkeit und als solche eine gerichtliche Garantie der Verfassung. Sie ist ein Glied in dem System rechtstechnischer Maßnahmen, die den Zweck haben, die Rechtmäßigkeit der Staats-

---

675 *Triepel*, a. a. O., S. 21 f.
676 *Triepel*, a. a. O., S. 27.
677 *Triepel*, a. a. O., S. 16,
678 *Triepel*, a. a. O., S. 26.

funktionen zu sichern"[679]. Das waren der Anfang und die zentrale Aussage seines Vortrages.

Ausgangspunkt für Kelsen war die Lehre vom Stufenbau der Rechtsordnung, die er von seinem Schüler Merkel übernommen hatte. Indem die Verfassung im wesentlichen bestimme, auf welche Weise Gesetze zustande kämen, bedeute die Gesetzgebung der Verfassung gegenüber Rechtsanwendung. Im Verhältnis zur Verordnung und den anderen unter dem Gesetz stehenden Akten sei sie Rechtsschöpfung. Der Weg, den das Recht von der Verfassung bis zum Vollstrekkungstatbestand durchlaufe, sei ein solcher steter Konkretisierung. Der Gegensatz zwischen Rechtsanwendung und Rechtsschöpfung sei kein absoluter. Für den Gesetzgeber sei die rechtliche Gebundenheit eine verhältnismäßig geringe, die Freiheit als die Möglichkeit schöpferischer Gestaltung eine verhältnismäßig große. Mit jeder weiteren Stufe verschiebe sich das Verhältnis von Freiheit und Gebundenheit in Richtung der letzteren. Jede Stufe der Rechtsordnung stelle aber nicht nur gegenüber der niederen eine Produktion, sondern auch gegenüber der höheren eine Reproduktion von Recht dar. Insofern sie Rechtsanwendung sei, sei die Idee der Rechtmäßigkeit anwendbar. Denn Rechtmäßigkeit bedeute nur das Verhältnis der Entsprechung, in dem die niedere zur höheren Stufe der Rechtsordnung stehe. Garantien für die Gesetzmäßigkeit des Gesetzes hielt Kelsen daher genauso für möglich wie Garantien für die Rechtmäßigkeit individueller Rechtsakte. Unter Garantien der Verfassung verstand er vor allem die Garantie der Verfassungsmäßigkeit des Gesetzes[680].

Der eigentliche, ursprüngliche und engere Begriff der Verfassung umfasse die Normen, die das Zustandekommen der Gesetze bestimmten, in deren Vollziehung die Tätigkeit der staatlichen Organe, und zwar der Gerichte und Verwaltungsbehörden erfolge[681]. Daneben gebe es Normen in Verfassungsform, vor allem die Grund- und Freiheitsrechte, die sich auf den Inhalt der zu erzeugenden Gesetze bezögen. Kelsen unterschied daher zwischen formeller und materieller Verfassungswidrigkeit. Freilich sei auch die materielle Verfassungswidrigkeit insofern eine formelle, als ein Gesetz, das inhaltlich mit der Verfassung in Widerspruch gerate, den Makel der Verfassungswidrigkeit verliere, wenn es als Verfassungsgesetz zustande komme[682].

---

679 *Kelsen*, VVDStRL 5 (1929), 30.
680 *Kelsen*, a. a. O., S. 31 ff.
681 *Kelsen*, a. a. O., S. 36.
682 *Kelsen*, a. a. O., S. 37.

Eine rechtswidrige Norm war nach der Lehre vom Stufenbau der Rechtsordnung vernichtbar. Die Kassation eines rechtswidrigen Aktes sei in der Praxis allerdings, wenn überhaupt, auf den konkreten Fall beschränkt. Das führe aufgrund fehlender Einheitlichkeit zu Rechtsunsicherheit. Es entspreche daher einem Gebot der Zweckmäßigkeit, die Befugnis, generelle Normen auf ihre Rechtmäßigkeit zu prüfen, bei einem Verfassungsgericht zu zentralisieren[683]. Ein solches müßte ein von jeder staatlichen Autorität unabhängiges Organ sein[684]. Seine Objektivität müßte durch paritätische Zusammensetzung garantiert werden[685].

Das Prinzip der Volkssouveränität stand nach Ansicht Kelsens einer Verfassungsgerichtsbarkeit nicht entgegen. Die Forderung verfassungsmäßiger Gesetze sei rechtstheoretisch und rechtstechnisch keine andere Forderung als die der Gesetzmäßigkeit der Rechtsprechung und Verwaltung[686]. Auch der Grundsatz der Gewaltenteilung bedeute kein Hindernis. Allerdings sei in einer Demokratie besser von „Trennung" als von „Teilung" der Gewalten die Rede. Die Betonung liege, erklärte Kelsen, nicht in der Isolierung, sondern in der gegenseitigen Kontrolle der Gewalten – nicht nur, um eine zu große Machtkonzentration zu verhindern, sondern insbesondere um die Rechtmäßigkeit der Funktion der verschiedenen Organe zu garantieren. Die Institution der Verfassungsgerichtsbarkeit verstärke daher sogar das Prinzip der Gewaltentrennung[687].

Prüfungsmaßstab für das Verfassungsgericht sollte Kelsen zufolge allein die Verfassung sein. Die Anwendung anderer als rechtlicher, irgendwelcher überpositiver Normen sei ausgeschlossen. In der Verfassung genannte Ideale, wie „Gerechtigkeit", „Freiheit", „Gleichheit", „Billigkeit" und „Sittlichkeit", hielt Kelsen für unverbindliche Postulate. Sie seien nur Ermächtigungen für den Gesetzgeber und Gesetzesvollzieher, den durch Verfassung und Gesetz gewährten Spielraum nach freiem Ermessen zu füllen. Gerade im Bereich der Verfassungsgerichtsbarkeit könnten Begriffe wie Gerechtigkeit eine gefährliche Rolle spielen. Denn es sei möglich, daß ein Verfassungsgericht ein Gesetz mit der Begründung kassiere, es sei ungerecht, denn „Gerechtigkeit" sei ein verfassungsmäßiger Grundsatz und daher vom Verfassungsgericht anzuwenden. Eine solche Machtvollkommenheit aber bezeichnete Kelsen „schlechthin als uner-

---

683 *Kelsen*, a. a. O., S. 48.
684 *Kelsen*, a. a. O., S. 53.
685 *Kelsen*, a. a. O., S. 83.
686 *Kelsen*, a. a. O., S. 53 f.
687 *Kelsen*, a. a. O., S. 55.

träglich". Es sei nicht Sinn der Verfassung durch den Gebrauch eines so vieldeutigen Wortes wie jenes der „Gerechtigkeit", jedes vom Parlament beschlossene Gesetz von dem freien Ermessen eines politisch mehr oder weniger willkürlich zusammengesetzten Kollegiums, wie es das Verfassungsgericht sei, abhängig zu machen[688].

Die Notwendigkeit einer Verfassungsgerichtsbarkeit ergebe sich schließlich daraus, daß die Verfassung nur ein unverbindlicher Wunsch sei, wenn ihre Verletzung nicht sanktioniert werde[689]. Besondere Bedeutung erlange die Verfassung als Garantie des sozialen Friedens im Bundesstaat[690] und in der Demokratie; die Herrschaft der Mehrheit werde „nur dadurch erträglich, daß sie rechtmäßig ausgeübt wird"[691].

In der nachfolgenden Aussprache über die Referate ging es weniger um den „scharfsinnigen" Vortrag von Kelsen, wie Triepel die Ausführungen seines Koreferenten trotz des bestehenden Gegensatzes nannte[692], als um den Begriff des Politischen, das Verhältnis von Recht und Politik und die Justitiabilität politischer Streitigkeiten. Auf die Weimarer Reichsverfassung nahmen weder die Referenten noch die Diskussionsteilnehmer Bezug. Die Erörterung war endgültig in die Sphäre der Abstraktion entglitten.

Auf den letzten beiden Staatsrechtslehrertagungen der Weimarer Republik wurde die Frage einer richterlichen Normenkontrollkompetenz nicht mehr berührt. Auch der Methodenstreit fand mit dem Referat von Gerhard Leibholz zum Wahlrecht[693] auf der achten und letzten Tagung, einem weiteren eindrucksvollen Zeugnis der geisteswissenschaftlichen Methode, sein äußeres Ende. Die Grundstimmung war bereits deutlich apokalyptisch. Die Tagung von 1932 wurde abgesagt. 1933 verzichtete man ganz auf eine Tagung. Die Kommunikation war abgebrochen, die Kluft des Nichtverstehens unüberwindbar geworden[694].

---

688 *Kelsen*, a. a. O., S. 68 ff.
689 *Kelsen*, a. a. O., S. 78.
690 *Kelsen*, a. a. O., S. 81 ff.
691 *Kelsen*, a. a. O., S. 80.
692 *Triepel*, VVDStRL 5 (1929), 116.
693 *Leibholz*, VVDStRL 7 (1932), 159 ff.
694 *Stolleis*, Der Methodenstreit der Weimarer Staatsrechtslehre, S. 17.

3. Zusammenfassung

Auf dem 32. Deutschen Juristentag 1921 wurde die Frage des richterlichen Prüfungsrechts lediglich gestreift. Gesetzliche Verordnungsermächtigungen sollten nur in engen Grenzen verfassungsrechtlich zulässig sein. Die Einhaltung der Grenzen sollte von den Gerichten überprüft werden. So entsprach es den Leitsätzen von Triepel, die von der Versammlung angenommen wurden. Eine nähere Erörterung fand nicht statt, obwohl die Zulässigkeit eines materiellen richterlichen Prüfungsrechts nach wie vor umstritten war. Es ist daher zweifelhaft, ob sich die Teilnehmer bewußt waren, daß sie mit ihren Beschlüssen ein materielles Prüfungsrecht gegenüber Gesetzen bejahten.

Grundlegend im Streit um das richterliche Prüfungsrecht war der Vortrag Thomas 1922 auf der 1. Staatsrechtslehrertagung[695]. Es gelang Thoma, das Problem klar zu umreißen, insbesondere herauszustellen, daß die Bejahung oder Verneinung eines richterlichen Prüfungsrechts nicht richtig oder falsch, sondern eine Frage des jeweiligen Standpunktes war.

Mit dem 33. Deutschen Juristentag 1924 begann sich die Diskussion um das richterliche Prüfungsrecht zu verlagern. Gegner und Befürworter sprachen sich nunmehr für eine Konzentration der richterlichen Prüfungsbefugnis beim Staatsgerichtshof aus. Beratungsgegenstand des 33. Juristentages war die gängige Praxis stillschweigender Verfassungsänderungen. Das Infragestellen der bisherigen Gewohnheit stillschweigender Verfassungsänderungen war ein weiterer bedeutsamer Schritt auf dem Weg, die Verfassung aufzuwerten und sich ihrer Höherrangigkeit gegenüber der einfachen Gesetzgebung bewußt zu werden. Die Frage der richterlichen Prüfungsbefugnis entzündete sich an dem Problem, daß stillschweigende Verfassungsänderungen zwar der qualifizierten Mehrheit des Art. 76 WRV bedurften, die Frage des verfassungsändernden Charakters aber mit einfacher Mehrheit entschieden werden konnte. Man einigte sich darauf, die Frage der Verfassungsänderung vor der Verkündung des Gesetzes vom Staatsgerichtshof entscheiden zu lassen. Über die Frage des allgemeinen richterlichen Prüfungsrechts wurde keine Einigkeit erzielt.

Auf der 3. Staatsrechtslehrertagung 1925 kam das richterliche Prüfungsrecht nur am Rande zur Sprache. Jellinek warnte eindringlich vor der Inanspruchnahme einer richterlichen Prüfungsbefugnis durch das Reichsgericht. Die Entscheidung des Reichsgerichts vom 4. November 1925 stand zu diesem Zeit-

695 In diesem Sinne *Morstein Marx*, Variationen, S. 5.

punkt noch aus. Der Vorschlag des 33. Deutschen Juristentages, das richterliche Prüfungsrecht beim Staatsgerichtshof zu konzentrieren, wurde allseits begrüßt.

Auf dem 34. Deutschen Juristentag 1926 war das allgemeine richterliche Prüfungsrecht, das vom Reichsgericht inzwischen eindeutig anerkannt worden war, nicht mehr Gegenstand der Diskussion. Die Reichsregierung hatte dem Reichstag Anfang 1926 einen Gesetzesentwurf zugeleitet, der ein Prüfungsrecht des Staatsgerichtshofs für in der Beratung befindliche und verkündete Gesetze vorsah. Die streitige Frage des allgemeinen richterlichen Prüfungsrechts blieb nach dem Gesetzesentwurf ungeregelt. Auf der Tagesordnung des 34. Deutschen Juristentages stand die Ausdehnung der Staatsgerichtsbarkeit über Art. 19 Abs. 1 WRV hinaus. Der Regierungsentwurf wurde in diesem Zusammenhang eingehend erörtert. Anschütz legte einen eigenen Gesetzesentwurf vor.

Der Regierungsentwurf blieb in den Ausschüssen stecken. Eine Umsetzung in absehbarer Zeit war nicht zu erwarten. Es verwundert daher nicht, daß die Verfassungsgerichtsbarkeit 1928 auf der 6. Staatsrechtslehrertagung nur noch abstrakt Gegenstand der Beratungen war. Detailfragen, wie auf dem 33. Deutschen Juristentag die konkrete Ausgestaltung des Verfahrens, wurden nicht mehr aufgeworfen.

Parallel und teilweise verzahnt zur Diskussion um eine richterliche Prüfungsbefugnis verlief der staatsrechtliche Methoden- und Richtungsstreit um das im Wandel befindliche Verfassungs-, Grundrechts- und Methodenverständnis. Vor allem hierdurch erhielt die alte, aus der Zeit des Konstitutionalismus stammende Kontroverse um das richterliche Prüfungsrecht neue Impulse. Gegenüber standen sich die Vertreter der herkömmlichen positivistischen Methode und eine geisteswissenschaftliche Richtung, die das Verfassungsrecht in seiner politischen, kulturellen und geistesgeschichtlichen Bedingtheit zu erfassen suchte. Der politische Stellenwert der jeweiligen Äußerungen wurde nicht verkannt. Dennoch bewahrte der Methodenstreit den Charakter eines wissenschaftlichen Streitgesprächs[696].

Die Methodengegensätze entzündeten sich stets an konkreten Verfassungsvorschriften. Auf den Tagungen in Münster und München, den unbestrittenen Höhepunkten des Methodenstreits, waren es die Grundrechte. Fraglich war, ob sie nur Programmsätze oder verbindliches Recht waren, falls ja, wen sie banden

---

696 *Friedrich*, AöR 102 (1977), 161 (174); *Stolleis*, Der Methodenstreit der Weimarer Staatsrechtslehre, S. 5.

und mit welchem Inhalt. Banden sie auch den Gesetzgeber, mußte geklärt werden, wer über ihre Befolgung wachen sollte. Theoretisch ging es um zwei verschiedene Probleme, praktisch waren sie nicht zu trennen. Ein an den Gesetzgeber gerichtetes Bindungspostulat mußte ohne eine Kontrollinstanz ein unverbindlicher Programmsatz, ein hehres Ziel ohne praktische Aussicht auf Verwirklichung bleiben. Mit dem Aufkommen eines neuen Grundrechtsverständnisses gewann folglich auch die Frage nach Zulässigkeit und Umfang eines allgemeinen richterlichen Prüfungsrechts eine bislang unbekannte Dimension. Je umfassender die Bindungswirkung der Grundrechte verstanden wurde, desto umfassender waren der Prüfungsmaßstab und die Reichweite des richterlichen Prüfungsrechts und damit die politische Macht der Gerichte.

V. Das richterliche Prüfungsrecht in der Staatsrechtslehre

Fast alle großen Akteure auf der Bühne der damaligen Staatsrechtswissenschaft – mit Ausnahme von Carl Schmitt und Gustav Radbruch, der primär Strafrechtler war – kamen in den skizzierten Referaten und Diskussionen zu Wort. Im folgenden soll versucht werden, ihre Aussagen zum richterlichen Prüfungsrecht in den Zusammenhang ihres Staats- und Verfassungsverständnisses zu stellen. Für mehr als Grundzüge ist hier nicht der Ort.

1. Die „Positivisten"

a) Gerhard Anschütz

Gerhard Anschütz, am 10.1.1867 in Halle geboren, habilitierte sich 1896 über den Ersatzanspruch aus Vermögensschäden durch rechtmäßiges Handeln der Staatsgewalt. Sein erster Ruf führte ihn 1899 nach Tübingen. Es folgten Berufungen nach Heidelberg (1900) und Berlin (1908). 1916 kehrte er auf eigenen Wunsch an die Universität Heidelberg zurück, deren Rektor er 1922/23 wurde[697]. Am 31.3.1933 reichte er sein Gesuch auf Emeritierung mit der Begründung ein, er könne das nationalsozialistische Staatsrecht wegen fehlender „innerlicher Verbundenheit" nicht lehren. Als führender Darsteller des Bismarckschen Reichsstaatsrechts und Kommentator der alten preußischen Verfassung war Anschütz bereits im Kaiserreich zu einer wissenschaftlichen Autorität aufgestiegen. Seit 1919 trat er für den demokratisch-unitaristischen Reichsstaats-

697 Hierzu *Anschütz*, Aus meinem Leben, S. 272 ff.

gedanken ein und wurde leidenschaftlicher Verfechter der Weimarer Reichsverfassung. Seine herausragende Stellung in der Weimarer Staatsrechtslehre verdankte er dogmatischen Arbeiten zum geltenden öffentlichen Recht. Sein Kommentar zur Weimarer Reichsverfassung war eines der wenigen Werke, das in der Weimarer Zeit vierzehn Auflagen erreichte. Zurück in Heidelberg arbeitete er eng mit Thoma zusammen. Bleibenden Ausdruck fand das Zusammenwirken der beiden Staatsrechtler in dem zweibändigen Handbuch des Deutschen Staatsrechts (1930–1932), jener großen Zusammenfassung der Weimarer Staatsrechtslehre[698]. Bereits 1919 schloß sich Anschütz der liberal-demokratisch geprägten DDP an. Später wurde er Mitglied des „Weimarer Kreises", einer 1926 gegründeten Vereinigung verfassungstreuer Hochschullehrer[699].

Anschütz war Hauptvertreter des auf Laband zurückgehenden staatsrechtlichen Positivismus, ohne materiell-rechtliche Fragen aus seinem Staatsverständnis gänzlich auszuschließen[700]. Die Geltungskraft der Reichsverfassung von 1919 sah Anschütz in der „Normativität des Faktischen begründet[701]. Sein Kommentar zur Weimarer Reichsverfassung stellte eine Erläuterung zum positiven Recht dar; Stellungnahmen zu grundsätzlichen Fragen waren weitgehend vermieden[702].

Im Vordergrund seiner Betrachtungen standen die demokratischen Elemente der Verfassung. „Der Reichstag erscheint nicht mehr, wie in der alten Reichsverfassung ... als drittes und letztes der obersten Reichsorgane, sondern ist in der Ordnung des Textes an die erste Stelle gerückt". Als Repräsentant des Trägers der Staatsgewalt übe er die Reichsgewalt aus, soweit sie nicht ausdrücklich anderen Organen zugewiesen sei[703]. Bei der Gesetzgebung unterliege er keinen verfassungsrechtlichen Bindungen. Gemäß Art. 76 Abs. 1 Satz 1 WRV könne die Verfassung „im Wege der Gesetzgebung" abgeändert werden. Eine von der gesetzgebenden verschiedene, verfassungsgebende Gewalt gebe es daher nicht Die Verfassung stehe nicht über der Legislative, sondern zur Disposition derselben, mit der Maßgabe, daß die Legislative gegebenenfalls verpflichtet sei, die für Verfassungsänderungen vorgeschriebenen besonderen Formen zu wahren[704].

---

698 *Pauly*, in: Juristen, S. 36 f.; *Thoma*, DRZ 1947, 25 ff.
699 *Rath*, Positivismus und Demokratie, S. 39, 47; *Döring*, Der Weimarer Kreis, S. 101 ff.
700 *Anschütz*, Drei Leitgedanken, S. 26 ff.
701 *Anschütz*, WRV, Einl. S. 6.
702 Vgl. *Gusy*, Richterliches Prüfungsrecht, S. 91.
703 *Anschütz*, WRV, vor Art. 20 S. 179 f.
704 *Anschütz*, a. a. O., Art. 76 Anm. 1.

Im Reichspräsidenten sah Anschütz „ein relativ stabiles Gegengewicht gegenüber dem Parlament“[705]. Seine Aufgabe sei es, „mit feinem Takt über dem Parteigetriebe von hoher Warte aus als treuer Hüter der Verfassung“ wachend, leitend, ratend und mäßigend tätig zu werden, „den Gedanken von der neutralen und vermittelnden Gewalt ...verwirklichend[706]“. Die dem Reichspräsidenten in Art. 48 Abs. 2 WRV eingeräumten „diktatorischen“[707] Befugnisse wurden gerechtfertigt und gutgeheißen[708]. Rechtspflege sei „die auf Erhaltung der Rechtsordnung gerichtete Tätigkeit“; sie habe bedrohtes Recht zu schützen, verletztes wiederherzustellen[709]. Das Gesetz sei für den Richter bindend. „Er hat es anzuwenden, ob es ihm gefällt oder nicht“[710].

Diese unbedingte richterliche Gesetzesbindung schloß für Anschütz die Anerkennung eines richterlichen Prüfungsrechts aus. Weder an der Verfassung noch an Normen wie Sitte, Sittlichkeit, Treu und Glauben, Gerechtigkeit, Billigkeit oder Vernunft dürfe der Richter das Gesetz messen und ihm aufgrund dessen den Gehorsam verweigern[711]. Ein richterliches Prüfungsrecht am Maßstab der Reichsverfassung sei rechtspolitisch nur tragbar, wenn es durch Gesetz einem obersten Gerichtshof ausschließlich zugewiesen werde[712]. In den Grundrechten sah Anschütz daher nicht unmittelbar anwendbares Recht, sondern nur Richtlinien für die künftige Gesetzgebung[713]. Der allgemeine Gleichheitssatz des Art. 109 Abs. 1 WRV richte sich hingegen überhaupt nicht an den Gesetzgeber; er stelle nur eine Norm für die Verwaltung dar[714].

Nicht der Richter, sondern der Reichspräsident war für Anschütz zum Hüter der Verfassung berufen[715]. Die Begründung, mit der Anschütz das allgemeine richterliche Prüfungsrecht im einzelnen ablehnte, glich weitgehend der von Laband. Der Reichspräsident habe das Gesetz vor der Ausfertigung in formeller und materieller Hinsicht zu prüfen. Dabei bestehe kein Unterschied zwischen formeller und materieller Verfassungswidrigkeit, weil inhaltliche Verfassungsverstöße

---

705 *Anschütz*, a. a. O., vor Art. 41 S. 242.
706 *Anschütz*, a. a. O., vor Art. 41 S. 245.
707 Hervorhebung im Original.
708 *Anschütz*, a. a. O., Art. 48 Anm. 6 ff.
709 *Anschütz*, a. a. O., vor Art. 102 S. 473.
710 *Anschütz*, a. a. O., Art. 102 Anm. 3.
711 *Anschütz*, a. a. O., Art. 102 Anm. 3 c, 4.
712 *Anschütz*, a. a. O., Art. 70 Anm. 5 ; vgl. *ders*. 34. DJT, S. 193, hierzu oben Seite 120.
713 *Anschütz*, WRV, vor Art. 109 Anm. 5 c, 6.
714 *Anschütz*, a. a. O., Art. 109 Anm. 1 f.
715 *Anschütz*, WRV, vor Art. 41 S. 245.

zugleich formelle Fehler seien (Art. 76 WRV)[716]. Die Ausfertigung begründe die unwiderlegliche Vermutung der Verfassungsmäßigkeit des Gesetzes, an die auch der Richter gebunden sei[717]. Weshalb der Ausfertigung gerade diese Wirkungen zukommen sollte, erklärte Anschütz nicht; auch insofern knüpfte er an Laband an. „Das Wesen der Ausfertigung“, hieß es, „ist heute kein anderes als nach altem Recht“[718]. Unabhängig von den Wirkungen der Ausfertigung schied ein richterliches Prüfungsrecht schon deshalb aus, weil die Reichsverfassung dem einfachen Gesetz nicht vorrangig sei.“[719].

Eine Ausnahme machte Anschütz später – ein Zugeständnis an die entgegenstehende Rechtsprechung und Literatur[720] – für den Staatsgerichtshof. Dieser dürfe im Rahmen der ihm zugewiesenen Verfahren neben der vorschriftsmäßigen Verkündung auch die sonstige Verfassungsmäßigkeit der Reichsgesetze nachprüfen[721]. Freilich setzte auch dieses Prüfungsrecht die Höherrangigkeit der Verfassung gegenüber dem einfachen Gesetz voraus.

Die Ablehnung eines allgemeinen Prüfungsrechts bewegte sich somit noch ganz in den Bahnen des staatsrechtlichen Positivismus, wie sie Laband vorgezeichnet hatte: keine Unterscheidung zwischen einfachem und verfassungsändernden Gesetzgeber, keine Höherrangigkeit der Verfassung, die unwiderlegliche Vermutung der Ausfertigung. Gleichzeitig stärkte Anschütz mit seinen Argumenten den Vorrang der Legislative vor der Judikative und damit die demokratischen Momente der Verfassung.

b) Richard Thoma

Richard Thoma, am 19.12.1874 in Todnau im Schwarzwald geboren, habilitierte sich 1906 in Freiburg i. Br. mit einer rechtsvergleichenden Arbeit über den Polizeibefehl im badischen Recht. Es folgten Berufungen über Hamburg (1908) und Tübingen (1909) nach Heidelberg (1911) und Bonn (1928), wo er auch während des Nationalsozialismus in seinem Amt ausharrte, wie er es für seine

---

716 *Anschütz*, a. a. O., Art. 70 Anm. 2.
717 *Anschütz*, a. a. O., Art. 70 Anm. 3.
718 *Anschütz*, a. a. O., Art. 70 Anm. 1.
719 *Anschütz*, a. a. O., Art. 70 Anm. 4, vgl. auch Art. 102 Anm. 3 c, Art. 76 Anm. 1.
720 *Gusy*, Richterliches Prüfungsrecht, S. 93.
721 *Anschütz*, WRV, Art. 70 Anm. 3, gemeint waren die Fälle des Art. 15 Abs. 3 Satz 2 WRV (dazu *ders.*, a. a. O., S. 123, 173, insofern abweichend von der Vorauflage) und des Art. 19 WRV.

Pflicht hielt. Die Heidelberger Zeit war geprägt durch die Zusammenarbeit mit dem aus Berlin zurückgekehrten Anschütz. Thoma war neben Anschütz Herausgeber des Handbuchs des Deutschen Staatsrechts (1930–1932), zu dem er die grundlegenden Abschnitte über „Bundesstaat", „Demokratie" und „Staatsfunktionen" beitrug. Seine zahlreichen Veröffentlichungen zum Recht des Weimarer Staates und zum Verständnis der demokratischen Staatsform zeugen von seinem entschlossenen Eintreten für die Weimarer Demokratie. So entsprach es seiner liberal-freiheitlichen Gesinnung, an der er sein Leben lang festhielt. Er gehörte zu den Mitbegründern der Vereinigung der Deutschen Staatsrechtslehrer und war lange Zeit ihr Präsident und Ehrenpräsident[722]. Politisch engagierte er sich im „Weimarer Kreis" und in der DDP, wo er zusammen mit Anschütz zu den Mitgliedern der ersten Stunde zählte[723].

Noch stärker als Anschütz löste sich Thoma in seinen staatsrechtlichen Anschauungen von den methodischen Grundlagen des staatsrechtlichen Positivismus. Der einseitige „Logizismus" von Laband wurde verworfen. Auch außerrechtliche Disziplinen müßten zum Verständnis von Rechtsproblemen miteinbezogen werden. Vor allem gelte es, sich bewußt zu machen, daß oft eine Entscheidung „mittels eines im Grunde irrationalen, also nicht aus logischer Denktätigkeit entspringenden Werturteils" zu treffen sei[724]. Der von Smend und Holstein für das Staatsrecht geforderten „geisteswissenschaftlichen" Methode wollte sich Thoma nicht anschließen. Ihre Aussagen erschienen ihm zu wenig konkret und keineswegs so neuartig wie behauptet[725]. Dennoch fühlte sich Thoma den neuen Strömungen – „Freirechtsschule", „Interessenjurisprudenz", „Rechtssoziologie", „Richtiges Recht"[726] – verbunden, setzte sich mit ihnen auseinander und zählte sich selbst zu den Neueren[727]. Kennzeichnend für seine Arbeit jedoch war, anders als etwa für Triepel oder Smend, nicht so sehr der große, abstrakte Wurf, wie die Verfassung als das Recht für das Politische oder die Grundrechte als Integrationsmomente. Im Vordergrund stand bei Thoma stets die systematische Durchdringung des Verfassungsrechts sowie die sorgfältige Einzelexegese[728].

---

722 *Scheuner*, NJW 1957, 1309; *Giese*, JZ 1957, 589.
723 *Rath*, Positivismus und Demokratie, S. 39 ff.; *Döring*, Der Weimarer Kreis, S. 101 ff.
724 *Thoma*, HbDStR I, S. 4 ff.
725 *Thoma*, HbDStR I, S. 5; *ders.*, Grundrechte und Grundpflichten I, S. 11.
726 Hervorhebung im Original.
727 *Thoma*, HbDStR I, S. 4 f. m. Fn. 9; *ders.*, Grundrechte und Grundpflichten I, S. 9 ff.
728 Vgl. *Thoma*, HbDStR I, S. 2, 4 f.; *ders.* Grundrechte und Grundpflichten I S. 5.

Ebenso wie Anschütz ging Thoma von der „Normativität des Faktischen“ aus. Ausgangspunkt seiner Überlegungen war die Weimarer Reichsverfassung als – auf ein Plebiszit rückführbare und damit legitime – Grundlage des Deutschen Reiches nach 1919[729], das „Fundament der gesamten republikanischen Rechtsordnung[730]. Die Entscheidung für die Demokratie sei „das welthistorisch epochemachende Wagnis der abendländischen Zivilisation, die handarbeitenden Klassen ... zu gleichem Rechte in den Staat hineinzunehmen[731]. Als Grundpfeiler seines Demokratiebegriffs erschienen das Verhältniswahlrecht und der Parteienstaat[732].

Die parlamentarische Mehrheitsherrschaft sah Thoma institutionell begrenzt durch das Recht auf unmittelbaren Volksentscheid, den Reichspräsidenten, den Föderalismus im Reich und den Minderheitenschutz im parlamentarischen Verfahren[733]. Materielle Grenzen bildeten die Grundrechte und Grundpflichten sowie das Rechtsstaatsprinzip[734]. Sie banden nur den einfachen Gesetzgeber. Der verfassungsändernde Gesetzgeber könne theoretisch die gesamte Verfassung abschaffen, was der Würde freier demokratischer Selbstbestimmung entspreche, „welche die Gefahren aufwiegt, die alle Freiheit mit sich bringt“[735].

Allerdings dürfte auch der oberste Gesetzgeber eines souveränen Staates nicht schlechthin jede Anordnung treffen. Es treffe ihn der Imperativ der Rechtsordnung, sich bei seinen Entschlüssen von Erwägungen der Gerechtigkeit und des Gemeinwohls leiten zu lassen [736]. Rechtliche Bindungen konnte die Verletzung eines solchen moralischen Dürfens nicht begründen. Daher dürfe weder der Richter noch der Reichspräsident einem Gesetz die Anwendung versagen oder es nicht ausfertigen, weil es ungerecht oder unsittlich sei[737]. Über die inhaltliche Richtig- und Gerechtigkeit entscheide im modernen Staat allein der Gesetzgeber[738]. Mit Anschütz sah Thoma in Art. 109 Abs. 1 WRV daher nur eine Norm für die Verwaltung und nicht für den Gesetzgeber. Zwar gebe es unabhängig

729 *Thoma*, HwbStW VII, S. 724 Sp. 2, S. 747 Sp. 1; *ders.*, HbDStR I, S. 193 f.
730 *Thoma*, AöR 43 (1922), 267 (275).
731 *Thoma*, HbDStR I, S. 189.
732 *Thoma*, a. a. O., S. 195.
733 *Thoma*, a. a. O., S. 196 ff.
734 *Thoma*, a. a. O., S. 197 f.
735 *Thoma*, HbDStR II, S. 154; HbDStR I, S. 193 f.; vgl. *ders.*, Grundrechte und Grundpflichten I, S. 11.
736 *Thoma*, HbDStR II, S. 140 ff.
737 *Thoma*, a. a. O., S. 142.
738 *Thoma*, a. a. O., S. 144.

von Art. 109 Abs. 1 WRV ein allgemeines Willkürverbot, dem auch der verfassungsändernde Gesetzgeber unterworfen sei. Es sei jedoch nur ein moralisches, kein rechtliches Gebot[739]. Gerade in dieser Trennung von rechtlichem Können und moralischem Dürfen zeigte sich die positivistische Grundhaltung Thomas.

Vor diesem Hintergrund wird seine ablehnende Haltung gegenüber dem richterlichen Prüfungsrechts verständlich. Entgegen der damaligen Gewohnheit unterschied er zwischen Prüfungs- und Verwerfungskompetenz. Letztere sollte das Recht umfassen, das verfassungswidrige Gesetz im Einzelfall nicht anzuwenden[740]. Die Antwort auf die umstrittene Frage ergab sich für Thoma nicht aus der Verfassung. Sie könne nur mittels „subjektiver Interessenabwägung" gefunden werden[741]. Die Ablehnung des richterlichen Prüfungsrechts sei der traditionelle und rechtspolitisch durchaus befriedigende Standpunkt. Entscheidend sei, ob die Gefahr von legislativen Verfassungsverstößen mit der Einführung der Demokratie zu- oder abgenommen habe. Ein richterliches Prüfungsrecht sei nur dann zu bejahen, wenn es zum Schutz der Verfassung erforderlich sei[742]. Von Vorteil wäre es freilich, den Staatsgerichtshof mit der Überprüfung der Verfassungsmäßigkeit von Gesetzen zu betrauen. Aber auch ohne eine solche Kompetenz des Staatsgerichtshofs gebe es genügend Garantien gegen Verfassungsverletzungen. Als solche wurden die Mitwirkung des Reichsrats und des Reichspräsidenten an der Gesetzgebung genannt[743].

Zusammenfassend bleibt festzuhalten, daß sich Thoma – anders als Anschütz – mit dem grundsätzlichen Problem des richterlichen Prüfungsrechts in der Demokratie auseinandersetzte. Getragen von einem liberalen Demokratieverständnis lehnte er jede inhaltliche Beschränkung des Gesetzgebers ab und setzte auf die Selbstregulierungskräfte des demokratischen Gemeinwesens. Die in der Reichsverfassung verankerten Grundrechte und Grundpflichten dienten der inhaltlichen Determinierung und Legitimierung des Staates, standen jedoch zur Disposition des verfassungsändernden Gesetzgebers. Unausgesprochene Voraussetzung für dieses Verhaftetsein in formalen Strukturen war der Glaube an die grundsätzliche Gerechtigkeit des gesetzten Rechts[744].

---

739 *Thoma*, a. a. O., S. 156 f.

740 *Thoma*, a. a. O., S. 142.

741 *Thoma*, ÄöR 43 (1922), 267 (272), siehe oben Seite 124.

742 *Thoma*, a. a. O., S. 273 ff.; siehe oben Seite 125.

743 *Thoma*, a. a. O., S. 276 ff.; ausführlich siehe oben Seite 125.

744 Vgl. *Thoma*, HbDStR II, S. 144; hierzu *Wendenburg*, Die Debatte um die Verfassungsgerichtsbarkeit, S. 120; *Rath*, Positivismus und Demokratie, S. 149.

c) Gustav Radbruch

Gustav Radbruch, am 21.11.1878 in Lübeck geboren, promovierte 1902 in Berlin bei F. v. Liszt und habilitierte sich 1903 in Heidelberg bei v. Lilienthal, einem Vertreter des Lisztschen Kreises, über den strafrechtlichen Handlungsbegriff. Unter großem Einfluß des südwestdeutschen Neukantianismus wirkte er zunächst über zehn Jahre als Privatdozent in Heidelberg. 1910 erschien seine in viele Sprachen übersetzte „Einführung in die Rechtswissenschaft". 1914 wurde er als außerordentlicher Professor nach Königsberg berufen. Im gleichen Jahr veröffentlichte er sein Hauptwerk „Grundzüge der Rechtsphilosophie", das 1932 neubearbeitet als „Rechtsphilosophie" erschien. 1919 erhielt er eine ordentliche Professur für Strafrecht und Rechtsphilosophie in Kiel. Als Mitglied der SPD gehörte er von 1920 bis 1924 dem Reichstag an. Von Oktober 1921 bis November 1922 war er Reichsjustizminister im Kabinett Wirth (Zentrum) und von August bis November 1923 im Kabinett Stresemann (DVP). In der Tradition der Reformidee seines Lehrers Liszt setzte er sich für eine Reform des Strafrechts ein. Ziele des Strafrechts sollten nicht mehr Sühne, Vergeltung und Rache, sondern Schutz der Gesellschaft und Resozialisierung des Täters sein. Ein 1922 ausgearbeiteter Gesetzesentwurf seines Ministeriums für eine Strafrechtsreform fand während der Weimarer Republik keine parlamentarische Mehrheit. Seit 1926 wirkte Radbruch als Professor in Heidelberg. 1933 wurde er aufgrund des Gesetzes zur Wiederherstellung des Berufsbeamtentums entlassen[745].

Die vielfältigen Äußerungen Radbruchs zum Gesetzesgehorsam waren, betrachtet man sein gesamtes Lebenswerk, schwankend. Die Geltung des Rechts beruhte für Radbruch auf den Gesichtspunkten der Zweckmäßigkeit, Rechtssicherheit und Gerechtigkeit. An diesen drei Bausteinen hielt er zeit seines Lebens fest. Angesichts der Erfahrungen des Nationalsozialismus verschoben sich allerdings die Akzente.

Auch in der Weimarer Republik entschied Radbruch den Widerstreit zwischen Rechtssicherheit und Gerechtigkeit nicht generell zugunsten der Rechtssicherheit[746]. Für den Richter jedoch beanspruche der Geltungswillen des Gesetzes unbedingte Verbindlichkeit[747]. „Wir verachten den Pfarrer, der gegen seine Überzeugung predigt, aber wir verehren den Richter, der sich durch sein wider-

---

745 *Albrecht*, in: Biographisches Lexikon zur Weimarer Republik, S. 261 f.; *Nill-Theobald*, JuS 1999, 1051 (1052); *Kayßer*, in: Juristen, S. 510.

746 *Radbruch*, Grundzüge der Rechtsphilosophie, S. 176 ff., in: GRGA II, S. 169 ff.

747 *Radbruch*, a. a. O. S. 182, in: GRGA II, S. 173.

strebendes Rechtsgefühl in seiner Gesetzestreue nicht beirren läßt ... Nur der sollte sich deshalb in dem Berufe des Richters zuwenden, der sich mit dem entsagungsvollen Bewußtsein durchdrungen hat, daß der Richter Diener nicht der Gerechtigkeit, sondern nur der Rechtssicherheit sei ... Ein gerechter Mann gilt mehr denn ein nur rechtlicher Mann, aber ein rechtlicher Richter ist eben dadurch (und nur dadurch) auch schon ein gerechter Richter!“[748].

Philosophischer Bezugspunkt eines so verstandenen Positivismus war der werttheoretische Relativismus – die letztlich auf Kant zurückgehende Einsicht, „daß Werturteile nicht der Erkenntnis, sondern nur des Bekenntnisses fähig sind[749]“. Dabei überschritt Radbruch den klassischen Gesetzespositivismus insofern[750], als er die objektive und nicht die subjektive Auslegungslehre befürwortete[751].

Seinen wohl stärksten Ausdruck fand das relativistische Denken Radbruchs in seiner Lehre von der Demokratie. Die Demokratie sei eine Staatsform, die keiner sozialen Machtverschiebung Widerstand entgegensetze, sondern jeder die einzige Sanktion erteile, die in einer entgötterten Welt noch möglich sei, die Sanktion des Willens der Volksmehrheit[752]. Noch 1932 hieß es: Die Demokratie „lehnt es ab, sich mit einer bestimmten politischen Auffassung zu identifizieren, ist vielmehr bereit, jeder politischen Auffassung, die sich die Mehrheit verschaffen konnte, die Führung im Staat zu überlassen[753]“.

Der Weimarer Staat war für Radbruch Parteienstaat. Die Ignorierung der Partei in der Reichsverfassung habe ihre Wurzel weniger in der Ideologie der Demokratie als in der überkommenen und auch im neuen Staat folgewidrig festgehaltenen Ideologie des Obrigkeitsstaates. Notwendige Grundlage des Obrigkeitsstaates sei der ideologische Glaube an die Möglichkeit eines Standpunktes über den Parteien gewesen. Die vermeintlich oder vorgeblich überparteiliche Regierung des Obrigkeitsstaates sei freilich in Wahrheit nur eine kryptoparteiliche Regierung gewesen. Der vermeintliche oder vorgebliche Standpunkt „über den Parteien“[754] sei nur einer unter anderen Parteistandpunkten gewesen, von andern nur dadurch unterschieden, daß er sich für den einzig möglichen, alle andern

---

748 *Radbruch*, a. a. O. S. 183, in: GRGA II, S. 174.
749 *Radbruch*, a. a. O., S. 2, in: GRGA II, S. 22.
750 Hierzu *A. Kaufmann*, Rechtsphilosophie, S. 43 f.
751 *Radbruch*, Rechtsphilosophie, S. 109 ff., in: GRGA II, S. 343 ff.
752 *Radbruch*, Kulturlehre des Sozialismus, S. 32 f.
753 *Radbruch*, Rechtsphilosophie, S. VIII, in: GRGA II, S. 214.
754 Hervorhebung im Original.

Standpunkte aber für böswillig oder töricht gehalten habe. Dieser obrigkeitsstaatlichen Auffassung trete in der Demokratie die Auffassung gegenüber, daß es eine beweisbare und unwiderlegbare Richtigkeit im Bereiche der politischen Grundanschauungen nicht gebe. Nur unter dieser Voraussetzung könne jeder politischen Überzeugung, die eine Mehrheit für sich gewinne, das gleiche Recht zugestanden werden[755].

Die Forderung Radbruchs nach unbedingter richterlicher Gesetzesbindung gründete sich auf tiefem Mißtrauen gegen die aus der wilhelminischen Zeit stammenden Richter. Betrachtete man die politische Strafrechtsprechung der Weimarer Republik, war die Forderung des sozialdemokratischen Justizministers nur allzu begründet. Die politische Strafrechtsprechung war „Klassenjustiz". Von Januar 1919 bis Juni 1922 gab es 354 politische Morde „von rechts", 22 Morde „von links". Auf die Morde „von links" reagierte die Justiz mit zehn Todesurteilen, drei lebenslänglichen Zuchthausstrafen, 248 Jahren und neun Monaten Freiheitsentzug. Für die Morde „von rechts" wurden nur einmal lebenslängliche Haft, insgesamt 90 Jahre und zwei Monaten Freiheitsstrafe und 750 Mark Geldstrafe verhängt[756]. Wer dem Gedanken des sozialen Volkstaates fremd, wer ihm Feind sei, der könne die Gesetze höchstens so auslegen wie der Teufel die Bibel" klagte Radbruch 1922 im Reichstag[757]. Die positivistische, streng am Gesetz orientierte Gesetzesauslegung mußte insofern als das kleinere Übel erscheinen[758].

Die unbedingte richterliche Gesetzesbindung schloß für Radbruch die Anerkennung eines richterlichen Prüfungsrechts aus. Ein formelles Prüfungsrecht lehnte er mit der gleichen Begründung wie Gneist[759] ab. Dem Richter sei es verboten, ein verfassungsänderndes Gesetz wegen fehlerhaften parlamentarischen Verfahrens als nicht bestehend zu behandeln. Der Richter dürfte daher die Erklärung des Reichstagspräsidenten, dem Gesetzesentwurf sei mit Zweitdrittelmehrheit zugestimmt worden, nicht in Frage stellen[760].

Die juristischen Beweisgründe, die für und gegen ein materielles Prüfungsrecht vorgebracht würden, seien „durchweg leicht durchschaubare Scheingründe, hin-

---

755 *Radbruch*, HbDStR I, S. 289.
756 *Adomeit*, NJW 1999, 3465 (3468) .
757 *Radbruch*, RT-Vhdlg. I. WP. Sten. Ber. S. 6060 (B).
758 *Adomeit*, NJW 1999, 3465 (3468).
759 Siehe oben Seite 29 f.
760 *Radbruch*, Die Justiz I (1925/26), 12 (13).

ter denen sich die wahren staatspolitischen Motive verbergen"[761]. Gegen ein materielles richterliches Prüfungsrecht spreche die Rechtsunsicherheit, die entstehe, wenn nicht einmal auf die Geltung eines ordnungsgemäß verkündeten Reichsgesetzes Verlaß sei, wenn vielmehr seine Nichtigerklärung durch die Gerichte jederzeit erwartet werden müsse und dabei nicht einmal mit einer einheitlichen Stellungnahme der verschiedenen Gerichte zu rechnen sei[762]. Ferner werde die Fortentwickelung des Rechts gefährdet, wenn man elastisch gemeinte Grundrechtsbestimmungen durch eine justizmäßig starre Auslegung verhärte.

Vor allem aber unter justizpolitischen Gesichtspunkten kam Radbruch zu einer Verneinung des richterlichen Prüfungsrechts. Ein richterliches Prüfungsrecht sei nur dort möglich, wo die Gerichte in unerschütterlicher Autorität ständen. Wo aber das Vertrauen in die Justiz wanke, da werte man Entscheidungen, in welchen die Gerichte dem Mehrheitswillen der Volksvertretung entgegenträten, gar zu leicht nicht als Rechtssprüche, sondern als politische Gegenaktionen gegen politische Aktionen. Wenn schon die Strafjustiz leidenschaftlicher politischer Kritik, vielfältiger parteipolitischer Beargwöhnung ihrer Motive ausgesetzt sei, bestehe doch kein Zweifel daran, daß die Entscheidung über die hochpolitische Frage der Verfassungsmäßigkeit der Gesetze politischen Verdächtigungen noch in ganz anderem Maße anheimfallen würde[763]". Eine Konzentration des richterlichen Prüfungsrechts beim Staatsgerichtshof wurde befürwortet[764].

d) Hans Kelsen

Hans Kelsen, am 11.10.1881 in Prag geboren, wurde nach seiner Habilitation 1911 Privatdozent, 1917 außerordentlicher Professor und 1919 ordentlicher Professor in Wien. Von 1919 bis 1923 war er als Rechtsberater der österreichischen Regierung tätig. Er wirkte wesentlich an der Ausarbeitung der österreichischen Verfassung von 1920 mit, insbesondere der Gestaltung der Verfassungsgerichtsbarkeit, der als erster die Überprüfung der Verfassungsmäßigkeit von Gesetzen übertragen war. Von 1920 bis 1930 gehörte Kelsen dem obersten Verfassungsgerichtshof Österreichs an. 1930 trat er eine Professur in Köln an. Nach der Machtergreifung mußte er Deutschland aufgrund seiner jüdischen Abstam-

---

761 *Radbruch*, a. a. O., S. 13 ausdrücklich (Fn. 2) an Thomas Vortrag auf der 1. Staatsrechtslehrertagung anknüpfend.

762 *Radbruch*, a. a. O., S. 14.

763 *Radbruch*, a. a. O., S. 15.

764 *Radbruch*, a. a. O., S. 16.

mung verlassen. Nach Lehrtätigkeiten in Genf und Prag emigrierte er 1940 in die USA, deren Staatsbürger er 1945 wurde. Politisch stand er während der Weimarer Republik der österreichischen SPD nahe. Kelsen gilt als einer der führenden Vertreter des Rechtspositivismus und Begründer der „Wiener Schule". Die Reine Rechtslehre, speziell die 1925 erschienene „Allgemeine Staatslehre", löste sofort heftigen Widerspruch aus und trug entscheidend zum Entstehen der „Verfassungslehre" von Carl Schmitt (1928), zu „Verfassung und Verfassungsrecht" von Smend (1928) und der „Staatslehre" von Heller (posthum 1934) bei[765].

Grundlegend für Kelsen war die Lehre vom Stufenbau der Rechtsordnung[766]. Die Geltung jeder Norm gründete sich auf eine höhere Norm, die den Tatbestand ihres Zustandekommens regelte. Ein regressus ad infinitum wurde durch die „Grundnorm" als hypothetische Grundlage aller anderen Rechtsnormen vermieden. „Unter der Voraussetzung, daß sie gilt, gilt auch die Rechtsordnung, auf der sie beruht. Sie verleiht dem Akt des ersten Gesetzgebers und sohin allen anderen Akten der auf ihm beruhenden Rechtsordnung den Sinn des Sollens, jenen spezifischen Sinn, in dem die Rechtsbedingung mit der Rechtsfolge im Rechtssatz verbunden ist"[767]. Inhaltlich war die Grundnorm damit indifferent; sie betraf nur den Geltungsgrund, nicht den Geltungsinhalt der Rechtsordnung[768]. „Jeder beliebige Inhalt kann Recht sein, es gibt kein menschliches Verhalten, das als solches kraft seines Gehalts, ausgeschlossen wäre, zum Inhalt einer Rechtsnorm zu werden[769]." Angesichts der Erfahrungen des Nationalsozialismus lassen sich solche Sätze freilich nicht mehr unbefangen lesen.

Dabei ging es Kelsen gerade um die Verhinderung dessen, was im Nationalsozialismus mit der Rechtswissenschaft geschehen sollte. Sein Anliegen war es, die Rechtswissenschaft davor zu bewahren, als Deckmantel persönlicher Meinungen oder politischer oder ideologischer Bestrebungen mißbraucht zu werden[770]. Die Rechtswissenschaft sollte „rein", das heißt frei von ideologischer und politischer Vereinnahmung sein. Dem entsprach ein strikter Dualismus zwi-

---

765 *Thienel*, in: Juristen, S. 344 ff.; *Jost*, DBE V, S. 501 f.; *Wendenburg*, Die Debatte um die Verfassungsgerichtsbarkeit, S. 227; *Stolleis*, Der Methodenstreit in der Weimarer Staatsrechtslehre, S. 7, 9 ff.

766 Siehe auch oben Seite 145 f.

767 *Kelsen*, Reine Rechtslehre (1934), S. 66.

768 *Kelsen*, a. a. O., S. 443.

769 *Kelsen*, a. a. O., S. 63.

770 Vgl. *Kelsen*, a. a. O., S. VIII; *Larenz*, Methodenlehre, S. 79.

schen Sein und Sollen. Die „Reine Rechtslehre“ versuche, die Frage zu beantworten, „was und wie das Recht ist, nicht aber ... , wie es sein oder gemacht werden soll. Sie ist Rechtswissenschaft, nicht Rechtspolitik[771]“. Was „Gerechtigkeit“ sei, könne und wolle sie nicht beantworten[772].

Die Demokratie war für Kelsen notwendig und unvermeidlich Parteienstaat. Die Bedeutung der politischen Parteien sei um so größer, je stärker das demokratische Prinzip verwirklicht sei. Das isolierte Individuum habe politisch überhaupt keine reale Existenz, weil es keinen wirklichen Einfluß auf die Staatswillensbildung gewinnen könne[773]. Das Ideal eines überparteilichen Gesamtinteresses oder eines organischen Gemeinwesens sei aufgrund der tatsächlichen Interessengegensätzlichkeit eine metapolitische Illusion. Der Gemeinschaftswille könne, wenn er nicht einseitig das Interesse nur einer Gruppe ausdrücken solle, nur als Kompromiß zwischen entgegengesetzten Interessen verstanden werden[774]. Dabei schätze die Demokratie den politischen Willen jedermanns gleich ein. Sie gebe jeder politischen Überzeugung die gleiche Möglichkeit, sich zu äußern und im freien Wettbewerb um die Gemüter der Menschen sich geltend zu machen. Der Relativismus sei daher diejenige Weltanschauung, die der demokratische Gedanke voraussetze – jedenfalls dann, wenn man absolute Werte menschlicher Erkenntnis für verschlossen halte[775].

Das Problem des richterlichen Prüfungsrechts stellte sich bei einem Konflikt zwischen Normen verschiedener Stufen. Die jeweils höhere Norm war für Kelsen Geltungsgrund des normgemäßen ebenso wie des normwidrigen Zustandekommens. Anders lasse sich nicht erklären, daß die meisten Rechtsordnungen bestimmten, auch normwidrige Normen blieben bis zu ihrer ausdrücklichen Aufhebung in Geltung[776]. Die Entscheidung über die Frage, ob die zu vollziehende Norm rechtmäßig sei, stehe grundsätzlich dem Normanwender zu. Komme er zu dem Ergebnis, die Norm sei rechtswidrig, sei er befugt, die Norm im konkreten Fall als nichtig zu behandeln. Etwas anders gelte, wenn das Prüfungsrecht des Normanwenders positivrechtlich ausgeschlossen sei. Das sei dann der Fall, wenn an den Ungehorsam, der in der Nichtbefolgung der Norm liege, Un-

---

771 *Kelsen*, a. a. O., S. 1.
772 *Kelsen*, a. a. O., S. 13.
773 *Kelsen*, Vom Wesen und Wert der Demokratie, S. 19 f.
774 *Kelsen*, a. a. O., S. 21 f.
775 *Kelsen*, a. a. O., S. 101.
776 *Kelsen*, Reine Rechtslehre (1934), S. 84 ff.

rechtsfolgen geknüpft seien[777]. Damit war für Kelsen ausgeschlossen, daß jedermann berechtigt war, eine rechtswidrige Norm nicht anzuwenden[778].

Ließen die Gerichte eine Norm unter Berufung auf ihre Verfassungswidrigkeit unangewendet, konnte für Kelsen nur eine Disziplinarstrafe Folge eines solchen Ungehorsams sein[779]. Die Weimarer Rechtsordnung kannte keine Disziplinarstrafe für den Fall, daß ein Gericht ein Gesetz wegen angeblicher Verfassungswidrigkeit nicht anwandte. Ein allgemeines richterliches Prüfungsrecht mußte daher Kelsen zufolge de lege lata zulässig sein, auch wenn er diesen Schluß nicht ausdrücklich zog. Diese rechtstheoretische Einsicht führte freilich in ihrer praktischen Umsetzung zu großer Rechtsunsicherheit. In der Verfassungsgerichtsbarkeit sah Kelsen daher vor allem eine Einrichtung zum Schutz der Demokratie[780]. Dabei ging Kelsen stillschweigend von einer funktionierenden Demokratie aus. Hieraus ergibt sich zugleich die Schwäche seines Begründungsmodells einer Verfassungsgerichtsbarkeit. Verfassungsgerichtsbarkeit sollte die Leistungsfähigkeit der Demokratie erhöhen – einer Demokratie, die in Weimar nur kurzzeitig überhaupt leistungsfähig war[781].

2. Die „Geisteswissenschaftler“

a) Erich Kaufmann

Erich Kaufmann, am 21.9.1880 in Demmin im heutigen Mecklenburg-Vorpommern geboren, habilitierte sich 1908 in Kiel, wirkte dort zunächst als Privatdozent und ab 1912 als außerordentlicher Professor für Staats- und Völkerrecht. 1913 wurde er Ordinarius in Königsberg. Es folgten Berufungen nach Berlin (1917) und Bonn (1920). In den folgenden Jahren wurde er vermehrt als Rechtsberater des Auswärtigen Amtes tätig, als es um die Bewältigung der völkerrechtlichen Probleme ging, die durch die Gebietsabtretungen und andere Folgen des ersten Weltkrieges entstanden waren. Er vertrat das Deutsche Reich, die Freie Stadt Danzig und Österreich vor dem neuerrichteten Ständigen Internationalen Gerichtshof in Haag. Um sich seinen Beratertätigkeiten besser widmen zu können, übernahm er 1927 eine Honorarprofessur in Berlin. Aufgrund seiner jüdischen Abstammung wurde er 1934 entlassen und emigrierte 1939 in die

777 *Kelsen*, Allgemeine Staatslehre, S. 289 f.
778 Vgl. *Kelsen*, Reine Rechtslehre (1960), S. 275.
779 *Kelsen*, Allgemeine Staatslehre, S. 290.
780 *Kelsen*, VVDStRL 5 (1929), 30 ff., ausführlich oben Seite 144 f.
781 In diesem Sinne auch *Gusy*, Richterliches Prüfungsrecht, S. 117.

Niederlande. Kaufmann veröffentlichte zahlreiche Werke über öffentliches Recht, Völkerrecht und Rechtsphilosophie. Während der Weimarer Republik stand er politisch der DNVP, einer Sammlungspartei im Kaiserreich rechtsstehender Kräfte, nahe. Zu ihren Zielen gehörte die Wiederherstellung der Monarchie unter rücksichtsloser Bekämpfung der Republik, der Demokratie und der sozialistisch-kommunistischen Tendenzen[782].

Während Kaufmann vor dem ersten Weltkrieg eine relativistische Grundposition vertrat[783], entwickelte er sich nach dem Krieg zu einem entschiedenen Gegner des Positivismus[784]. Die deutsche Rechtsphilosophie sah Kaufmann in einer tiefen Krise. Der deutsche Geist scheine philosophisch erschöpft, metaphysisch todmüde zu sein. Er verwende seine ganze Kraft auf die Eroberung der empirischen Welt: den Ausbau der technischen Naturwissenschaften und der historischen und philosophischen Forschung und den Ausbau seines staatlichen und wirtschaftlichen Daseins[785]. Die Rechtsphilosophie suche keine positive Stellung mehr zu den großen inhaltlichen Problemen des sozialen und politischen Lebens[786]. Das positivistische Denken habe sie blind gemacht für die geistigen Werte der Wirklichkeit. Das beweise bereits die Wahl ihrer Formensprache. Logische Abstraktionen seien an die Stelle überschaubarer und erlebbarer Werte getreten[787]. Denkmethoden verstand Kaufmann als Ausdruck eines allgemeinen Zeitgeistes. Seine Kritik am empirischen Positivismus wollte er zugleich als Kritik seiner Zeit begriffen wissen[788].

Sowohl einfache Gesetze als auch die Verfassung waren Kaufmann zufolge einer sittlichen, absolut gerechten Ordnung unterworfen, die zwar feststand, aber erst verwirklicht werden mußte. Hierzu waren Gesetzgeber und Richter gleichermaßen berufen[789]. Ein „Gesetz" sollte nur dann „Recht" schaffen, wenn es gewisse oberste Rechtsprinzipien nicht verletzte, wozu Kaufmann auch den all-

---

782 *Mosler*, ZaöRV 32 (1972), 235 ff.; *Grewe*, JZ 1950, 405; DBE V, S. 471; *Wendenburg*, Die Debatte um die Verfassungsgerichtsbarkeit, S. 228.

783 Hierzu *Rennert*, Die „geisteswissenschaftliche Richtung", S. 97 ff.

784 Siehe hierzu auch oben Seite 129 ff.: 4. Staatsrechtslehrertagung, VVDStRL 3 (1927), 2 ff.

785 *E. Kaufmann*, Kritik der neukantischen Rechtsphilosophie, S. 1.

786 *E. Kaufmann*, a. a. O., S. 3.

787 *E. Kaufmann*, a. a. O., S. 99 f.

788 *E. Kaufmann*, a. a. O., S. 5.

789 *E. Kaufmann*, VVDStRL 3 (1927), 3, 11; hierzu und zum folgenden ausführlich oben Seite 129 ff.

gemeinen Gleichheitssatz des Art. 109 Abs. 1 WRV zählte[790]. Der Richter dürfe daher prüfen, ob das anzuwendende Gesetz überpositivem Recht widersprach[791]. Er müsse sich allerdings im Rahmen seiner spezifisch richterlichen Aufgaben halten und dürfe nicht spezifisch gesetzgeberische Befugnisse an sich reißen. Insbesondere dürfe er nur die Verletzung gewisser äußerer Grenzen rügen. Er sei an die vom Gesetzgeber gewählten Gerechtigkeitsprinzipien und an technische Normen gebunden[792].

Das positive Gesetz spielte für den Richter eine nur untergeordnete Rolle. Dementsprechend hieß es: „Das Meiste und Beste, vielfach das eigentlich Entscheidende entnehmen wir nicht den geschriebenen Rechtssätzen, sondern wir folgern es unmittelbar aus den für das Rechtsgebiet maßgeblichen Gerechtigkeitsprinzipien, aus dem Wesen der Institute, aus den Legitimitätsvorstellungen der Zeit und der Gemeinschaft“[793]. Die Zulässigkeit des richterlichen Prüfungsrechts folgte für Kaufmann unmittelbar aus dem überpositiven Recht, nicht aus der Weimarer Reichsverfassung, die er in seine Erörterung überhaupt nicht einbezog. Auch als Prüfungsmaßstab kam es auf die Verfassung nicht an. Prüfungsmaßstab für den Richter waren die obersten Rechtsprinzipien, die wie der Gleichheitssatz zwar teilweise in der Verfassung positiviert waren, dadurch aber nicht ihren Charakter als überpositives Recht verloren hatten.

Dabei ist zu bedenken, daß bereits ein richterliches Prüfungsrecht am Maßstab der Verfassung problematisch ist. Es besteht die Gefahr, daß die Verfassung mit ihren meist unbestimmten Begriffen als Deckmantel individueller, nicht aus der Verfassung ableitbarer Gerechtigkeitsvorstellungen mißbraucht wird. Die Erörterungen Kaufmanns bewegten sich jedoch völlig außerhalb dieses Rahmens. Auf die Verfassung kam es ihm nicht an. Die Probleme ihrer Anwendung interessierten ihn ebensowenig wie die dort vorgesehene Konzeption von Demokratie und Gewaltenteilung. Die Vorstellung Kaufmanns, das positive Recht sei nur der ungenügende Versuch, eine überpositive Ordnung zu verwirklichen, war mit der parlamentarischen Demokratie der Weimarer Reichsverfassung nicht zu vereinbaren[794]. Eine parlamentarische Demokratie geht von einem diskursiven

---

790 *E. Kaufmann*, a. a. O., S. 6; Hervorhebungen im Original.

791 Vgl. *E. Kaufmann*, a. a. O., S. 11, 19, dort bezogen auf den überpositiv definierten allgemeinen Gleichheitssatz.

792 *E. Kaufmann*, a. a. O., S. 21.

793 *E. Kaumann*, a. a. O., S. 20.

794 In diesem Sinne auch *Hase*, Richterliches Prüfungsrecht und Staatsgerichtsbarkeit, S. 56; *Gusy*, Richterliches Prüfungsrecht, S. 106.

Prozeß der Entscheidungsfindung aus. Danach dient das Gesetz nicht dazu, eine feststehende höhere Ordnung zu verwirklichen, die nicht begriffen, sondern nur erahnt werden kann[795]. Es stellt eine Kompromiß- bzw. Mehrheitsentscheidung dar, die durch Diskussion im Parlament zustande kommt. In einer Demokratie kann es daher letztlich nur einen formellen und keinen materiellen Gerechtigkeitsbegriff geben. In der Gerechtigkeit nur eine „Methode der Diskussion" zu sehen, wurde von Kaufmann jedoch gerade abgelehnt[796].

b) Heinrich Triepel

Heinrich Triepel, am 12.2.1868 in Leipzig geboren, habilitierte sich 1893 in Leipzig für Staats-, Völker- und Verwaltungsrecht und wirkte dort bis 1900 als Privatdozent und außerordentlicher Professor. Gleichzeitig war er Assessor und später Hilfsrichter am Landgericht. Seine erste ordentliche Professur erhielt er 1900 in Tübingen. 1908 wechselte nach Kiel, 1913 nach Berlin, wo er 1926/27 das Amt des Rektors der Friedrich-Wilhelm-Universität inne hatte. Triepel war ein glühender Verfechter des Rechtsstaates, nicht aber der Demokratie. Zu seinem Werk zählen neben Veröffentlichungen zu völkerrechtlichen und rechtstaatlichen Fragestellungen vor allem Arbeiten zu Theorie und Praxis des Bundesstaates. 1922 gründete er die Vereinigung der Deutschen Staatsrechtslehrer. Seit 1921 war er Mitglied der Ständigen Deputation des Deutschen Juristentages. Als deren Vorsitzender ab 1931 widersetzte er sich im Frühjahr 1933 entschlossen der Gleichschaltung des Deutschen Juristentages. Aufgrund des Gesetzes über die Entpflichtung und Versetzung von Hochschullehrern aus Anlaß des Neuaufbaus des deutschen Hochschulwesens vom 21.1.1935[797] wurde er Ende März 1935 vorzeitig emeritiert. In der Weimarer Republik war Triepel Mitglied der DNVP, distanzierte sich jedoch von ihr, nachdem Hugenberg 1928 die Führung übernommen hatte[798].

Ausgangspunkt für Triepel war die Ablehnung des Positivismus[799]. Der logische Purismus, der die Jurisprudenz von anderen Wissenschaften fernhalte, führe zu einer Verdorrung der Staats- und Rechtslehre[800]. Die dem Gegenstand der

---

795 So aber *E. Kaufmann*, a. a. O., S. 13, ausführlich oben Seite 130.

796 *E. Kaufmann*, a. a. O., S. 11.

797 RGBl. I S. 23

798 *Hollerbach*, AöR 91 (1966), 417 (418 ff.) *Kohl*, in: Biographisches Lexikon zur Weimarer Republik, S. 345 f.

799 *Triepel*, Staatsrecht und Politik, passim.

800 *Triepel*, a. a. O., S. 19.

Rechtswissenschaft adäquateste Methode war Triepel zufolge die teleologische Methode. Sie verbinde politische Erwägungen mit formaler Begriffsarbeit und verberge sich nicht hinter der Maske des Logischen[801]. Eine Interessenjurisprudenz, die sich zur Aufgabe setze, Interessen gegeneinander abzuwägen, müsse die Maßstäbe nennen, nach denen sie die Abwägung vollziehe. Diese Maßstäbe müßten stets in der Sphäre des Objektiven gesucht werden. Vorrangig müßten die im Gesetz ausgedrückten Wertungen herangezogen werden. Zweitrangig sei auf die Maßstäbe zurückzugreifen, welche sich im Rechtsbewußtsein der rechtlich verbundenen Gemeinschaft fänden. Im Notfall sei so zu entscheiden, wie der Gesetzgeber entscheiden müßte. Auch dieser entscheide aber nicht willkürlich, sondern stelle die Normen nach sachlich begründeter Erwägung auf[802].

Axiom allen rechtlichen Handelns und Denkens war für Triepel die Rechtsidee, als die er die ewige Gerechtigkeit ansah[803]. Diese lag Staat und Gesetz voraus. Den Staat bezeichnete Triepel als organische Staatsgemeinschaft, als Organismus[804]. Ziel sei es, „die sich mit elementarer Gewalt aus dem Schoße des Volkes herausringenden Kräfte ... in den Dienst des Staates zu zwingen, der durch sie nicht zerstört, sondern zusammengehalten werden soll“[805].

Gefährdet werde der Staat durch die politischen Parteien, die danach strebten, die Macht über den Staat zu gewinnen und den Parlamentarismus von innen und außen angriffen[806]. Der Abgeordnete sei nicht mehr, wie es liberalen Vorstellungen entspreche, Vertreter des Volkes, sondern seiner Partei. Der Parlamentswille werde nicht aus Erklärungen frei und selbständig entscheidender Männer gebildet, sondern sei ein Parteienkompromiß[807]. Verantwortlich für diese Entwicklung war Triepel zufolge der „atomistische Individualismus“ der modernen Demokratie. „Wenn die öffentliche Gewalt letzten Endes in die individualistisch aufgelockerte Masse verlegt wird, so schafft sich diese, da sie als Masse nicht wollen und nicht handeln kann, die Organisationen, durch die sie einen Willen zu erzeugen vermag“[808]. In Parteiherrschaft und Parteienstaat sah er eine Entartung des staatlichen Körpers[809]. Eine Abkehr vom Parteienstaat sei

---

801 *Triepel*, a. a. O., S. 36.
802 *Triepel*, a. a. O., S. 39 f.
803 *Triepel*, a. a. O., S. 40.
804 *Triepel*, Staatsverfassung und politische Parteien, S. 30, 27.
805 *Triepel*, a. a. O., S. 36 f.
806 *Triepel*, a. a. O., passim, insbes. S. 13, 18.
807 *Triepel*, a. a. O., S. 31, 18.
808 *Triepel*, a. a. O., S. 33.
809 *Triepel*, a. a. O., S. 34.

nur „durch eine Entwicklung aus der Massendemokratie heraus oder durch deren Überwindung“ möglich[810].

Zur Herstellung der Integration waren für Triepel grundsätzlich die Regierung und der Gesetzgeber berufen[811]. Das Parlament sei hierzu aufgrund seiner parteipolitischen Zersplitterung allerdings nicht in der Lage. Auch die Exekutive sei den politischen Parteien ausgeliefert[812]. Daher könne der Verfall des Staates allenfalls dann aufgehalten oder verlangsamt werden, wenn die Exekutive dem Parteigetriebe völlig entrückt sei, etwa weil die Parteien unfähig zur Regierungsbildung seien[813]. Die Justiz spielte für Triepel bei der Herstellung der staatlichen „Einheit in der Vielheit“[814] eine nebensächliche Rolle. Die Verfassung begriff er mit Smend als „Rechtsordnung des staatlichen Integrationsprozesses“[815]. Die gerichtliche Entscheidung von Verfassungsstreitigkeiten hielt er aufgrund ihrer politischen Natur für problematisch, befürwortete jedoch den Ausbau der Verfassungsgerichtsbarkeit[816]. Grundrechtsstreitigkeiten betrachtete er nicht als Verfassungsstreitigkeiten. Die Grund- und Freiheitsrechte, an die Triepel auch den Gesetzgeber gebunden sah[817], gehörten nicht dem Bereich des primär Politischen an. Sie seien Abwehrrechte des einzelnen gegen den Staat und im Zivil-, Straf- oder Verwaltungsgerichtsverfahren zu berücksichtigen[818].

Das richterliche Prüfungsrecht bejahte Triepel in formeller und materieller Hinsicht. Der Vorrang der Verfassung vor dem einfachen Gesetz gehöre in der demokratischen Republik zu den obersten Axiomen. Das Gesetz sei hier nicht „Souveränitätsakt“[819], sondern verfassungsmäßig gebundener Staatsakt[820]. Das richterliche Prüfungsrecht war nach Ansicht Triepels der wichtigste Schutz der bürgerlichen Freiheit gegen das machthungrige Parlament. Seine Verneinung verschaffe dem Absolutismus – sei es dem monarchischen oder parlamentarischen – Eingang in den Staat. Denn durch die Abhängigkeit der Regierung vom

810 *Triepel*, a. a. O., S. 35.
811 *Triepel*, a. a. O., S. 29.
812 *Triepel*, a. a. O., S. 31.
813 *Triepel*, a. a. O., S 34 f.
814 *Triepel*, a. a. O., S. 36.
815 *Triepel*, VVDStRL 5 (1929), 6.
816 *Triepel*, a. a. O., passim, insbes. S. 7 f., 28; ausführlich oben Seite 143.
817 *Triepel*, Goldbilanzenverordnung und Vorzugsaktien, S. 28, dort vor allem auf den allgemeinen Gleichheitssatz bezogen.
818 *Triepel*, VVDStRL 5 (1929), 21 f.
819 Hervorhebung im Original.
820 *Triepel*, Goldbilanzenverordnung und Vorzugsaktien, S. 28.

Vertrauen des Parlaments werde das Gleichgewicht der Gewalten gestört, was unzweifelhaft die beste Freiheitssicherung darstelle. Beseitige man auch noch das richterliche Prüfungsrecht, werde ein weiterer Schutzwall der Freiheit vernichtet. Die Grundrechte verlören jede Schutzfunktion[821]. Dem Reichspräsidenten könne die Prüfung der Verfassungsmäßigkeit von Gesetzen schon deswegen nicht allein überlassen werden, weil ihn die Verfassung in die vollkommenste Abhängigkeit vom Reichstag gebracht habe[822].

Triepel war in seiner Staatsauffassung den Gedankengängen des Konstitutionalismus verhaftet. Der Staat wurde als eine von der Gesellschaft getrennte organische Einheit begriffen. Die nichtstaatlichen Parteien durchdrangen und zerstörten den Staat. Die antidemokratische Haltung Triepels wurde besonders deutlich, wenn er erklärte, der Parteienstaat könne letztlich nur durch Überwindung der Demokratie beseitigt werden. Das zentrale Element der Freiheitssicherung sah Triepel in der Gewaltenteilung. Habe sie während des Konstitutionalismus den Bürger vor dem Staat geschützt, müsse nunmehr der Staat vor den in Parteien organisierten Bürgern geschützt werden. Dem entsprach es, daß sich Triepel, anders als etwa Schmitt, für eine Begrenzung der Rechtssetzungsbefugnisse der Exekutive aussprach[823]. Nicht erörtert wurde, inwiefern durch die Übernahme aller Staatsgewalt gemäß Art. 1 Abs. 2 WRV eine neue Art von Freiheitssicherung eingeführt worden war. Dies hätte letztlich dem gedanklichen Ausgangspunkt Triepels widersprochen. Denn der Staat, den Triepel gegen die Parteien und das machthungrige Parlament verteidigen wollte, war nicht der Staat, den die Weimarer Reichsverfassung konstituierte. Auf diese nahmen seine Ausführungen daher auch, von Ausnahmen abgesehen, keinen Bezug.

c) Carl Schmitt

Carl Schmitt, am 11.7.1888 im westfälischen Plettenberg geboren, habilitierte sich 1914 in Straßburg für Staats- und Verwaltungsrecht, Völkerrecht und Staatstheorie. 1921 wurde er Professor in Greifswald. Es folgten Berufungen nach Bonn (1922) und an die Handelshochschule Berlin (1926). Seine Berufung an die Universität Köln Anfang 1933 wurde maßgeblich von seinem Kollegen Kelsen gefördert, für dessen Vertreibung aus dem Lehramt Schmitt kurz darauf hauptverantwortlich war. Noch im gleichen Jahr wechselte Schmitt an die Uni-

---

821 *Triepel*, AöR 39 (1920), 546 (537).
822 *Triepel*, a. a. O., S. 538.
823 *Triepel*, 32. DJT, S. 12 ff.; siehe oben Seite 114.

versität Berlin, wo er bis 1945 im Amt blieb. 1928 erschien – fast zeitgleich mit Smends „Verfassung und Verfassungsrecht" – seine „Verfassungslehre". Beide Arbeiten zählen heute zu den mit Abstand am meisten diskutierten Werken der Weimarer Staatsrechtslehre[824]. Im Prozeß „Preußen contra Reich" vor dem Staatsgerichtshof vertrat Schmitt die Reichsregierung. Schmitt gehörte in der Weimarer Republik keiner Partei an. Am 1.5.1933 trat er als sogenannter „Märzgefallener", gerade noch rechtzeitig vor der mehrjährigen Aufnahmesperre, der NSDAP bei und stieg schon bald zum führenden Staatstheoretiker des Dritten Reiches empor. Er gehörte zu den wenigen Professoren seines Faches, die nach 1945 keinen Lehrstuhl mehr bekamen[825].

Die Weimarer Republik wäre sicherlich auch ohne Schmitt gescheitert. Ob seine antiparlamentarische Polemik ihren Untergang beschleunigte, ist zweifelhaft. Er tat jedenfalls nichts, um diesen zu verhindern. Seine entschiedene Ablehnung des parlamentarischen Systems beruhte vor allem auf einer Beobachtung der zeitgenössischen politischen Wirklichkeit. Diese politische Realität betrachtete Schmitt jedoch nicht als Ausnahme-, sondern als Normalzustand des demokratischen Parlamentarismus, der, wie die Realität zeige, nicht funktioniere und den es deswegen - zwecks Herstellung eines stabilen und funktionsfähigen Staates - zu bekämpfen gelte[826].

Dem entsprach es, daß Schmitt 1924 auf der 2. Tagung der Vereinigung der Deutschen Staatsrechtslehrer einen Bericht über die „Diktatur des Reichspräsidenten nach Art 48 der Weimarer Reichsverfassung" hielt, in dem er die Befugnisse des Reichspräsidenten weit auslegte[827]. Demokratie und Parlamentarismus waren für Schmitt strikt voneinander zu trennen; nur irrtümlich habe man die Begriffe im 19. Jahrhundert für gleichbedeutend gehalten[828]. Diktatur sei nicht der Gegensatz zur Demokratie[829]. In der Konsequenz beider Sätze konnte Schmitt behaupten: „Es kann eine Demokratie geben ohne das, was man modernen Parlamentarismus nennt und einen Parlamentarismus ohne Demokratie; und Diktatur ist ebensowenig der entscheidende Gegensatz zu Demokratie wie

---

824 *Friedrich*, AöR 102 (1977), 161 (202).

825 *Stolleis*, in: Biographisches Lexikon zur Weimarer Republik, S. 297; *I. Müller*, Furchtbare Juristen, S. 50.

826 Vgl. *Gusy*, Richterliches Prüfungsrecht, S. 111

827 *Schmitt*, VVDStRL 1 (1924), 63 ff.

828 *Schmitt*, Die geistesgeschichtliche Lage des heutigen Parlamentarismus, S. 30 ff., insbes. S. 32, 41.

829 *Schmitt*, a. a. O., S. 37.

Demokratie zu Diktatur“[830]. Dem parlamentarischen System Weimars bescheinigte Schmitt daher Legalität, nicht aber Legitimität[831]. Das einzige übriggebliebene Rechtfertigungssystem der Weimarer Republik sei die plebiszitäre Legitimität eines gewählten Reichspräsidenten[832].

Diese tiefverwurzelte, die Arbeiten Schmitts wie ein roter Fader durchziehende Abneigung gegen die parlamentarische Demokratie prägte auch seine Stellungnahme zum richterlichen Prüfungsrecht. Seine maßgeblichen Arbeiten hierzu erschienen, anders als bei seinen Kollegen, erst in der Endphase der Weimarer Republik[833].

Ausgangspunkt seiner Überlegungen war der Bedeutungswandel, den die Legislative durch den Übergang vom Konstitutionalismus zur parlamentarischen Demokratie erfahren habe. Im 19. Jahrhundert sei die Exekutive von der Legislative unabhängig gewesen. Verfassungsstreitigkeiten seien Kämpfe zwischen der Volksvertretung und der Regierung gewesen. Der Schutz der Verfassung richtete sich gegen die Regierung; vor dem Gesetzgeber schien man die Verfassung nicht schützen zu müssen. Nunmehr sei die Regierung dem Vertrauen des Parlaments unterworfen. Alles, was die gesetzgebenden Stellen beschlössen, sei nunmehr Gesetz. Aus der Herrschaft des Gesetzes sei die Herrschaft des Gesetzgebers geworden[834]. Es erscheine daher notwendig, Minderheiten gegen wechselnde Parlamentsmehrheiten zu schützen und gewisse Interessen und Werte vor ihnen sicherzustellen[835]. Infolgedessen seien materiell-rechtliche Normierungen des bürgerlichen und öffentlichen Rechts in die Verfassungsurkunde aufgenommen oder als verfassungsändernde Gesetze beschlossen, die an sich Angelegenheiten des einfachen Gesetzgebers wären[836].

Dem Parlament habe die Weimarer Reichsverfassung den Reichspräsidenten entgegengesetzt. Beide, Parlament und Reichspräsident, repräsentierten das ganze deutsche Volk. Als unabhängige und neutrale Instanz sei der Reichspräsident in der Lage, die notwendige politische Einheit vor einem zum Instrument pluralistischer Tendenzen gewordenen, desintegrierenden Parlament zu retten.

---

830 *Schmitt*, a. a. O., S. 41.
831 *Schmitt*, Legalität und Legitimität, passim.
832 *Schmitt*, a. a. O., S. 340 f.
833 *Schmitt*, Das Reichsgericht als Hüter der Verfassung (1928); *ders.*, Der Hüter der Verfassung (1929); *ders.*, Der Hüter der Verfassung (1931).
834 *Schmitt*, Das Reichsgericht als Hüter der Verfassung, S. 66 f.
835 *Schmitt*, a. a. O., S. 67.
836 *Schmitt*, a. a. O., S. 68.

Die Weimarer Reichsverfassung habe daher auch ihn zum Hüter der Verfassung berufen, wie es allein dem demokratischen Prinzip entspreche[837].

Die Einsetzung eines unabhängigen Gerichtshofs zum Hüter der Verfassung hielt Schmitt für undemokratisch. Durch die Konzentrierung des richterlichen Prüfungsrechts bei einem einzigen Gerichtshof würde ein aus unabsetzbaren Berufsbeamten gebildetes Gremium zur Kontrollinstanz gegenüber einem vom Volk gewählten Parlament. „Keine Justizförmigkeit könnte darüber hinwegtäuschen, daß es sich bei einem solchen Staats- oder Verfassungsgerichtshof um eine hochpolitische Instanz mit Gesetzgebungsbefugnissen handelte“[838]. Die richterliche Entscheidung werde jedoch ihrem Inhalt nach durch den Inhalt der tatbestandsmäßigen, vorher bestimmten Regelung eines Gesetzes bestimmt[839]. Zweifel über den Inhalt einer verfassungsgesetzlichen Bestimmung könnten nicht durch eine Subsumtion unter die verfassungsrechtliche Bestimmung gelöst werden. Indem der Richter den zweifelhaften Inhalt eines Gesetzes außer Zweifel stelle, fungiere er selbst als Gesetzgeber[840].

Diese Bedenken träfen auf das akzessorische, allgemeine richterliche Prüfungsrecht nicht zu[841]. Die Zulässigkeit eines allgemeinen richterlichen Prüfungsrechts folge aus der Eigenart einer bürgerlich-rechtsstaatlichen Verfassung mit ihrer materiellen Unterscheidung von Gesetzgebung und Justiz. Nach der Erklärung der Menschen- und Bürgerrechte gebe es ohne diese Gewaltenunterscheidung überhaupt keine bürgerlich-rechtstaatliche Verfassung. Die Weimarer Reichsverfassung wolle eine Verfassung im Sinne dieses bürgerlichen Rechtsstaates sein. Die Justiz habe daher ihre eigene verfassungsmäßige Sphäre, gleichgültig, ob darüber ausdrückliche verfassungsgesetzliche Bestimmungen im Texte der Verfassungsurkunde stünden oder nicht. Die Wahrung der eigenen verfassungsmäßigen Sphäre mit den spezifischen Mitteln dieser Sphäre gehöre zu den verfassungsmäßigen Befugnissen jeder Gewalt. Der Richter dürfe deshalb sowohl Eingriffe des Gesetzgebers in seine Unabhängigkeit abwehren als auch verfassungsrechtlich geschützte Interessen dadurch gegenüber dem einfachen Gesetz schützen, daß er den Fall unter die verfassungsgesetzliche Norm subsumiere. Hierdurch schütze der Richter allerdings weder die Verfassung noch das Verfassungsgesetz. Gegenstand des prozessualen Schutzes bleibe das

837 *Schmitt*, Der Hüter der Verfassung (1929), S. 234 ff.
838 *Schmitt*, a. a. O., S. 235 f.
839 *Schmitt*, Das Reichsgericht als Hüter der Verfassung, S. 77.
840 *Schmitt*, a. a. O., S. 81.
841 *Schmitt*, a. a. O., S. 82.

Interesse der prozeßführenden Partei. Der Richter kontrolliere den Gesetzgeber nicht. Er befinde sich in einer Art Notstand, weil er die Prozeßentscheidung nicht wegen Unklarheit oder Fehlerhaftigkeit eines Gesetzes ablehnen dürfe. Im Zweifelsfalle spreche die Vermutung für die Gültigkeit des Gesetzes. Der Gesetzgeber und nicht der Richter habe die politische Entscheidung zu treffen, und die Sphäre des Gesetzgebers sei unbedingt zu respektieren. Das richterliche Prüfungsrecht bewege sich daher in einem engen Rahmen. Seine Wirkung sei auf den Einzelfall beschränkt[842]. Eine Einwirkung der Justiz auf die Legislative liege nicht vor. Auch wenn sie über die Gültigkeit eines Gesetzes entscheide, gehe sie aus der reinen Normativität nicht hinaus. Sie hemme, aber befehle nicht[843].

In seiner Begründung des richterlichen Prüfungsrechts nahm Schmitt auf die Normen der Weimarer Reichsverfassung keinen Bezug. Die geschriebene Reichsverfassung war für ihn ohnehin relativ bedeutungslos; die wahre Verfassung existierte nach Vorstellung Schmitts außerhalb des Verfassungsgesetzes. Die Argumentation Schmitts fußte auf allgemeinen verfassungstheoretischen Erwägungen. Die integrierende, verfassungsschützende Funktion der Legislative sei durch den Übergang vom Konstitutionalismus zur parlamentarischen Demokratie verloren gegangen und müßte nunmehr von einer anderen Gewalt wahrgenommen werden. Hierzu waren nicht die Gerichte, sondern der Reichspräsident berufen. Die Gerichte seien daher – und auch das nur in eng begrenztem Umfang – Hüter des Verfassungsgesetzes, der Reichspräsident dagegen Hüter der Verfassung. Die Argumente, mit denen Schmitt den Gerichten das allgemeine richterliche Prüfungsrecht weitgehend entzog und den Reichspräsidenten als neutrale Instanz zum Hüter der Verfassung erhob, erinnerten an konstitutionelle Erklärungsmodelle[844]. Nicht begründet wurde, weshalb ein Verfassungsgericht ein weniger demokratischer Hüter der Verfassung sein sollte als der Reichspräsident. Dabei dürfte der demokratische Charakter eines Verfassungsgerichts, nicht anders als der des Reichspräsidenten, nur von der Art seiner Berufung und seiner Rechtsstellung abhängen[845].

842 *Schmitt*, a. a. O., S. 87 f.
843 *Schmitt*, Verfassungslehre, S. 196.
844 *Kelsen*, Die Justiz VI (1930/31), 576 (579 ff.).
845 *Kelsen*, a. a. O., S. 621.

d) Rudolf Smend

Rudolf Smend, am 15.1.1882 in Basel geboren, wuchs als Sohn eines protestantischen Theologieprofessors in Göttingen auf. 1908 habilitierte er sich in Kiel bei Albert Haenel mit einer Arbeit über das Reichskammergericht. 1909 wurde er als außerordentlicher Professor nach Greifswald berufen. Es folgten Berufungen nach Tübingen (1911), Bonn (1915) und Berlin (1922). 1928 veröffentlichte er sein Hauptwerk „Verfassung und Verfassungsrecht“, das bei seinem Erscheinen auf ebensoviel Zustimmung wie Ablehnung stieß. Hier stellte er die von ihm entwickelte Integrationslehre, auf die er in späteren Arbeiten immer wieder vertiefend zurückkam, das erste und einzige Mal im Zusammenhang dar. 1935 wurde Smend gezwungen, seine Wirkungsstätte an die Universität Göttingen zu verlegen. Seit 1918 war er Mitglied in kirchlichen Synoden und Leitungsgremien. Nach 1945 lieferte er wichtige Anstöße für die Wiederbegründung des Fachs Evangelische Kirchengeschichte. In der Weimarer Republik war Smend Mitglied der DNVP, kehrte ihr jedoch genau wie Triepel den Rükken zu, nachdem Hugenberg den Vorsitz übernommen hatte[846].

Smend bezog seine methodischen Grundpositionen, ebenso wie Kaufmann, aus einer Ablehnung des neukantianischen Positivismus Kelsens, trat aber anders als Kaufmann nicht für eine Wiederbelebung des Naturrechts ein. Staatstheorie und Staatsrechtslehre befänden sich in Deutschland in der Krise. Der Grund hierfür sei, daß der Staat nicht als Stück der Wirklichkeit betrachtet werden dürfe[847]. Die dadurch bedingte theoretische und praktische Staatsfremdheit sei verantwortlich für die beiden politischen Hauptmängel der Deutschen: unpolitische Staatsenthaltung und unpolitische Machtanbetung[848].

Unter Zugrundelegung der Philosophie von Theodor Litt entwickelte Smend eine geisteswissenschaftlich-staatstheoretische Verfassungslehre, in deren Mittelpunkt er das „Sinnprinzip der Integration“ stellte[849]. Den Staat betrachtete Smend als realen Willensverband[850]. Als Teil einer geistigen Wirklichkeit sei der Staat kein ruhendes Ganzes, sondern lebe in dem Prozeß ständiger Erneuerung, dauernden Neuerlebtwerdens, von einem Plebiszit, was sich jeden Tag

---

846 *Stolleis*, in: Biographisches Lexikon zur Weimarer Republik, S. 316; *Leibholz*, In memoriam R. Smend, S. 16 ff.; *Friedrich*, AöR 112 (1987), 1 (9).

847 *Smend*, Verfassung und Verfassungsrecht, S. 121.

848 *Smend*, a. a. O., S. 123.

849 *Smend*, a. a. O., S. 119 f.

850 *Smend*, a. a. O., S. 127 ff.

wiederhole. Diesen Kernvorgang des staatlichen Lebens bezeichnete Smend als Integration[851], die das überempirisch aufgegebene Wesen des Staates sei[852].

In der Verfassung sah Smend die Rechtsordnung des Integrationsprozesses. Sie solle die immer neue Herstellung der Lebenstotalität des Staates garantieren. Erforderlich sei daher eine „elastische, ergänzende, von aller sonstigen Rechtsauslegung weit abweichende Verfassungsauslegung"[853]. Es entspreche dem immanenten und selbstverständlichen Sinn der formulierten Verfassung, daß sie diese Elastizität habe und ihr System gegebenenfalls von selbst ergänze und wandle[854]. Die Grundrechte waren für Smend „ein bestimmtes Kultur- und Wertsystem", welches allgemeinere Werte national positiviere und den Deutschen etwas gebe, durch das sie sachlich ein Volk sein sollten. Im Namen dieses Wertsystems solle die positive Staats- und Rechtsordnung gelten, legitim sein[855].

Für den Prozeß der Integration kam dem Parlament keine Bedeutung zu. Bei gesunden politischen Verhältnissen diene es der wohltuenden Entladung von Spannungen und sei insofern, unabhängig vom sachlichen Ergebnis, formell integrierend[856]. Selbst diese integrierende Wirkung versagte Smend dem zeitgenössischen Parlament. Was in Frankreich „noch immer die angemessene politische Integrationsform einer an eine gewisse Übersichtlichkeit und rhetorisch-theatralische Dialektik politischer Vorgänge gewöhnten romanischen Bourgeoisie" sei, funktioniere im stärker demokratisierten Deutschland nicht mehr. Während die schöpferische Diskussion des Frühparlamentarismus integrierend gewirkt habe, stelle der derzeitige Parlamentarismus nur noch „eine Technik zu einem bestimmten geschäftlichen Zweck dar"[857]. Erforderlich sei die Suche nach neuen, unmittelbareren politischen Lebensformen[858].

Auch die Justiz spielte für Smend im Bereich der Integration eine nebensächliche Rolle. Recht und Staat seien zwar untrennbar miteinander verbunden, aber doch verschieden. Die Wirklichkeit des Staates sah er in dessen Leben als Integration und ordnende und gestaltende Machtentfaltung. Demgegenüber bestehe

---

851 *Smend*, a. a. O., S. 136.
852 *Smend*, a. a. O., S. 139.
853 *Smend*, a. a. O., S. 189 f.
854 *Smend*, a. a. O., S.190, 241 f.
855 *Smend*, a. a. O., S. 264 f.
856 *Smend*, a. a. O., S. 151 f.
857 *Smend*, a. a. O., S. 152 f.
858 *Smend*, a. a. O., S. 157.

die Wirklichkeit des Rechts in seiner Positivierung, Sicherung, Anwendung durch Gesetzgebung, Gericht und Leben. Gesetzgebung und Justiz seien daher in gewisser Weise Fremdkörper in der Verfassung. Sie gehörten hinein, weil auch sie staatliche Lebensformen seien, aber ihr Schwerpunkt liege nicht in ihrer staatlichen Eigenschaft. Während die Gesetzgebung an beiden Funktionssystemen teilhabe, gehöre die Justiz allein dem Rechtssystem an. Sie diene nicht dem Integrations-, sondern dem Rechtswert. Ihre Bedeutung als Stück des staatlichen Gewaltensystems sei deshalb en quelque facon nulle. Auch die Justiz solle integrieren, aber nicht die Staats-, sondern die Rechtsgemeinschaft. Tatsächlich könne sie zwar daneben auch der staatlichen Integration dienen[859]. Die Verfassung befreie sie jedoch ausdrücklich von dieser Aufgabe, indem sie sie von der Staatsleitung unabhängig stelle[860].

Zur Zulässigkeit eines allgemeinen richterlichen Prüfungsrechts erklärte sich Smend nicht abschließend. Zu berücksichtigen sei jedoch, ob und inwieweit es sich um eine staatsrechtliche Frage oder eine solche des Rechtsfunktionensystems handele. Jedenfalls müßten die „letzten sachlichen Grenzen" zwischen Gesetzgebung und Justiz eingehalten werden[861]. Einem Ausbau der Staatsgerichtsbarkeit stand Smend skeptisch gegenüber, wobei er sich hierzu nur unter dem Gesichtspunkt des Organstreitverfahrens äußerte[862]. Die Staatsgerichtsbarkeit diene der integrierenden Zusammenführung der Parteien. Sie sei nur eine von mehreren Möglichkeiten der Verständigung. Da ihre gerichtlichen Entscheidungen nicht zwangsweise durchgesetzt werden könnten, hänge die Pflichterfüllung vom guten Willen der Parteien ab. Die Parteien seien auf die Zusammenarbeit aber nicht nur angewiesen, sondern hierzu auch verpflichtet. Dies gelte insbesondere dort, wo es wie bei Reichsverfassungsstreitigkeiten an einer Zuständigkeit des Staatsgerichtshofs fehle[863]. Dehnte man Art. 19 WRV auf Reichsverfassungsstreitigkeiten aus, fiele die Pflicht zur integrierenden Verständigung nicht weg. Sie hörte aber auf, die einzige Gewähr erfolgreicher Integration im Zusammenwirken der obersten Reichsorgane zu sein. Sie verlöre an

859 Vgl. *Smend*, a. a. O., S. 146.
860 *Smend*, a. a. O., S. 208 f.
861 *Smend*, a. a. O., S. 259.
862 Vgl. *Smend*, a. a. O., S. 233., dort bezeichnete er die Überhöhung der Staatsgerichtsbarkeit als „unrichtige praktische Teillösung des Problems" (der Integration).
863 *Smend*, a. a. O., S. 246 f.

Intensität und Bedeutung, was wiederum die Reichsverfassung materiell-rechtlich veränderte[864].

War die Integration damit weder an parlamentarischen noch an judiziellen Prozessen orientiert, mußte der Exekutive entscheidende Bedeutung zukommen. Zentrales Integrationsorgan war daher für Smend die Regierung, der er eine spezifische, unmittelbar politisch integrierende Funktion zuschrieb[865].

Festzuhalten bleibt, daß Smend den Kern seiner Staatstheorie – die Erzeugung und Erhaltung des Staates als überindividuelle Einheit mittels Integration – losgelöst von der Weimarer Reichsverfassung entwickelte. Es gab den Staat und die Einzelnen, die durch Integration Teil des Staates wurden, welcher vorgegeben war, gleichzeitig durch Integration aber erst geschaffen wurde. Für diese Wechselwirkung spielte das Parlament keine Rolle. Das entsprach zwar der vorgefundenen zeitgenössischen Realität, weil das Parlament zur Herstellung der staatlichen Einheit tatsächlich nicht in der Lage war, nicht aber der Weimarer Reichsverfassung. Vor allem aber entsprach es dem Integrationsgedanken. Nur was sich integrierte, war danach ein Staat. Die Konsequenz war freilich, daß auf diese Weise der Weimarer Republik die Staatsqualität abgesprochen und ihre Legitimität in Frage gestellt werden konnte. Teilweise wurde das Werk Smends auch so verstanden. Smend selbst hat die antirepublikanische Tendenz des Integrationsgedankens später bestritten[866]. Dabei erinnert die Überhöhung des Staates als überempirischer, zentraler Zuordnungspunkt an konstitutionelle Staatsvorstellungen. Während im Konstitutionalismus der Staat der Gesellschaft entgegengesetzt war, stand er nunmehr den unverbundenen Einzelnen in ihrer jeweiligen Individualität gegenüber[867]. Die Vorstellung ständiger Integration relativiert ferner die Normativität der Verfassung. Dies ist jedoch kein Mangel der Konzeption Smends, sondern ein prinzipielles Problem jeder Verfassung. Denn nur die akzeptierte und praktizierte Verfassung kann die politische Kultur prägen. Ihre Normen müssen gerade um ihrer Normativität willen mit Blick auf die Wirklichkeit interpretiert werden. Bleibendes Verdienst von Smend ist es, dieses Spannungsverhältnis zwischen Norm und Wirklichkeit herausgestellt zu haben.

---

864 *Smend*, a. a. O., S. 247 f.

865 *Smend*, a. a. O., S. 211, 213.

866 *Stolleis*, Der Methodenstreit der Weimarer Staatsrechtslehre, S. 12; vgl. *Friedrich*, AöR 102 (1977), 161 (177).

867 Vgl. *Hase*, Richterliches Prüfungsrecht und Staatsgerichtsbarkeit, S. 73 ff.

e) Hermann Heller

Hermann Heller, 1891 in Teschen im österreichischen Kaiserreich geboren, war während der Weimarer Republik aktives Mitglied der SPD. 1920 habilitierte er sich in Kiel für Rechtsphilosophie, Staatslehre und Staatsrecht. Trotz Habilitation und zahlreicher Veröffentlichungen seit Mitte der zwanziger Jahre war er zunächst – nicht zuletzt wegen seiner jüdischen Herkunft – acht Jahre lang als Privatdozent tätig. An der Seite seines Freundes Radbruch engagierte er sich 1919 bis 1921 in der Kieler Volkshochschulbewegung. 1921 ging er als Dozent an die Universität Leipzig. 1922 wurde er Leiter des Volksbildungsamtes Leipzig. Gegen den beträchtlichen Widerstand der Universität wurde er 1928 zum außerordentlichen Professor für Öffentliches Recht an der Universität Berlin ernannt. Seine erste ordentliche Professur erhielt er – wieder gegen die Mehrheit der Hochschullehrer, die Schmitt favorisierte – 1932 in Frankfurt am Main. Als Prozeßvertreter der preußischen SPD-Landtagsfraktion vor dem Staatsgerichtshof im Prozeß „Preußen contra Reich" setzte er sich ein letztes Mal für den Erhalt der Weimarer Republik ein. Nach der Machtergreifung arbeitete Heller im spanischen Exil intensiv an der Fertigstellung seines Hauptwerkes, der „Staatsrechtslehre". Im November 1933 verstarb er, noch vor Abschluß der Arbeit, die daher nur in Fragmenten herausgegeben werden konnte. Heller trat in seinen Arbeiten für eine sozialistische, aber gleichzeitig demokratische Lösung des Konflikts der modernen Gesellschaft ein. Anders als Smend – im Ergebnis wie Kelsen, den er heftig bekämpft hatte – sprach er sich für die Offenheit der Verfassung aus[868].

Grundsätzliche Ausführungen zum richterlichen Prüfungsrecht sowie zur Frage der Verfassungsgerichtsbarkeit finden sich bei Heller nicht. Auf der Staatsrechtslehrertagung 1926 in Münster bezeichnete Heller das richterliche Prüfungsrecht als Frage der politischen Zweckmäßigkeit[869]. Zwei Jahre später in Wien nannte er es „ein Mißverständnis, wenn man ... annehmen wollte, daß irgend jemand da wäre, der die Verfassungsgerichtsbarkeit grundsätzlich abgelehnt hätte oder ablehnen wollte"[870]. Entscheidend sei die Frage nach den Grenzen der Verfassungsgerichtsbarkeit angesichts der Gefahr einer Verlagerung der politischen Entscheidungsfindung von der Legislative auf die Judikative. Zudem stelle die Verfassungsgerichtsbarkeit nur für ein formalistisches Rechts-

868 *C. Müller*, Streitbare Juristen, S. 168 ff.; *Urban*, in: Juristen, S. 281 f.
869 *Heller*, VVDStRL 3 (1927), 57.
870 *Heller*, VVDStRL 5 (1929), 112.

staatsideal eine Verfassungsgarantie dar. „Die Behauptung Kelsens, eine Verfassung ohne Verfassungsgerichtsbarkeit mit kassatorischer Wirkung sei eigentlich eine unverbindliche Verfassung ... ist eine ungeheuerliche, aber überaus *lehrreiche und konsequente Behauptung der reinen* Rechtslehre[871]“.

Die Entscheidung des Reichsgerichts vom 4. November 1925 hielt Heller nicht nur in juristischer Hinsicht für falsch. Auch politisch sei sie bedenklich. Sie sei ebenso bedenklich wie die Überprüfung von Gesetzen anhand des Gleichheitssatzes. „Denn was als gleich und was als ungleich zu gelten hat, bestimmt sich sehr wesentlich nach den nicht nur historisch und national, sondern auch sozial divergierenden Wertauffassungen derjenigen, die darüber zu urteilen berufen sind, wobei es für die Gerechtigkeit des Urteils immer besser ist, daß der Urteilende nicht von der absoluten Objektivität überzeugt ist; denn nur in diesem Fall wird er sich die erforderliche Selbstkritik bewahren“[872].

Heller stand – das wird aus diesen Äußerungen deutlich – einer Ausdehnung der gerichtlichen Kontrolle über die Legislative skeptisch gegenüber. Die Wurzeln dieser Skepsis lagen in seiner Staats- und Verfassungstheorie begründet. Kennzeichnend für Heller war die Verbindung einer materiellen Verfassungstheorie mit einem positivistischen Gesetzesbegriff[873]. Insofern nahm er unter seinen Weimarer Kollegen eine Sonderstellung ein. Materiell war seine Verfassungstheorie, weil er stets Erkenntnisse der Politik- und Sozialwissenschaften heranzog, um die tatsächlichen Grundlagen für seine verfassungsrechtlichen Aussagen zu gewinnen. Dabei unterschied er zwischen Rechtssätzen und Rechtsgrundsätzen. Rechtssätze waren die durch Gemeinschaftsautorität individualisierten, den Handlungswillen intersubjektiv bindenden Normen[874]. Rechtsgrundsätze waren entweder logische oder ethische Strukturprinzipien des Rechts, die deshalb noch keine positiven Rechtssätze waren, weil ihnen die ein normgemäßes Verhalten ermöglichende Individualisierung oder Positivität fehlte[875]. Mangels genügender „Konkretion“ könnten diese „von der Gesellschaft legitimierten, vom rechtsetzenden Staat oft nicht autorisierten, manchmal sogar ausdrücklich verworfenen ethischen Rechtsgrundsätze“ für den Richter unmittelbar keine Bindungswirkung entfalten. Dennoch sah Heller in ihnen mehr als nur Richtlinien für den künftigen Gesetzgeber. Sie seien gesellschaftliche Ord-

871 *Heller*, a. a. O., S. 113.
872 *Heller*, Rechtsstaat oder Diktatur ? S. 10, in: Gesammelte Schriften II, S. 450.
873 Hierzu *Maus*, Bürgerliche Rechtstheorie, S. 64 ff.
874 *Heller*, VVDStRL 4 (1928), 119.
875 *Heller*, a. a. O., S. 119 f.

nungsnormen sowie Interpretationsregeln für die richterliche Entscheidungsfindung und daher für die Existenz der Staatsverfassung von entscheidender Bedeutung. Ihre Unentbehrlichkeit für die Verfassung werde vom Gesetzgeber dadurch anerkannt, daß er materiell oder formell auf sie verweise. Materielle Verweise seien im zweiten Hauptteil der Verfassung geregelt wie beispielsweise die Einehe in Art. 119 oder die Erziehung des Nachwuchses in Art. 120. Eine formelle Verweisung auf die in der Gesellschaft herrschenden Rechtsgrundsätze nehme der Gesetzgeber vor, indem er auf die guten Sitten, auf Treu und Glauben, auf die Verkehrssitte oder die Widerrechtlichkeit verweise. An diesen Stellen ermächtige er den staatlichen Richter durch Blankovollmacht, die zunächst nur von der Gesellschaft legitimierten Rechtsgrundsätze zu Entscheidungsnormen zu konkretisieren[876].

Die Positivität des Rechts sah Heller „einerseits in der Idealität von Rechtsgrundsätzen, andererseits in der gesellschaftlichen Faktizität einer letztlich entscheidenden Willenseinheit" begründet. Als solche Willenseinheit kam für Heller nur der demokratisch legitimierte Gesetzgeber in Frage. Dieser positiviere durch faktische Rechtssetzung den Rechtssatz, indem er „ihn aus dem Reich der nur durch jene Rechtsgrundsätze beschränkten, nichtsdestoweniger unzähligen Rechtsmöglichkeiten in das der einzigartigen Rechtswirklichkeit überführt[877]".

Die Rechtsgrundsätze halfen damit, das Spannungsverhältnis zwischen Offenheit und Gebundenheit der Verfassung zu bewahren. Denn „durch die allmähliche Evolution der Rechtsgrundsätze kann es trotz des gleichbleibenden Wortlautes der Rechtssätze dazu kommen, daß ihr Sinn schließlich eine völlige Revolution erfahren hat". Die sich wandelnden Rechtsgrundsätze nannte Heller das Einfallstor, „durch das die positiv bewertete gesellschaftliche Wirklichkeit täglich in die staatliche Normativität eindringt[878]".

Zur Konkretisierung der Rechtsgrundsätze bei nur minimaler Zielvorgabe war folglich allein der Gesetzgeber berufen[879]. Seine Legitimation gewann ein Gesetz durch sein demokratisches Zustandekommen. „Gesetze heißen also im Rechtsstaat nur, aber auch alle von der Volkslegislative gesetzten obersten Rechtsnormen". Das Kriterium der Allgemeinheit der Gesetze wurde verwor-

---

876 *Heller*, Staatslehre, S. 256 f., in: Gesammelte Schriften III, S. 379 f.
877 *Heller*, Souveränität, S. 51, in: Gesammelte Schriften II, S. 72.
878 *Heller*, Staatslehre, S. 258, in: Gesammelte Schriften III, S. 371.
879 Vgl. *Maus*, Bürgerliche Rechtstheorie, S. 66.

fen[880]. Schützenswert sei die Weimarer Reichsverfassung vor allem deswegen, weil sie „allen Gruppen die gleichen Kampfbedingungen gewährt[881]", was Hellers entschiedenem Eintreten für Demokratie und Freiheit entsprach[882]. Die notwendige Folge eines so verstandenen Demokratiebegriffs, der inhaltliche Bindungen des Gesetzgebers ausschloß, mußte die Ablehnung einer richterlichen Kontrolle legislatorischer Akte sein[883].

3. Zusammenfassung

Sowohl die Anhänger der positivistischen als auch der geisteswissenschaftlichen Methode mit Ausnahme von Schmitt befürworteten den Ausbau der Verfassungsgerichtsbarkeit.

Die Positivisten lehnten inhaltliche Bindungen des Gesetzgebers durch die Verfassung ab und verneinten ein richterliches Prüfungsrecht. Hierdurch stärkten sie die Stellung des Parlaments gegenüber der Judikative und damit die demokratischen Momente der Weimarer Reichsverfassung. Dies traf freilich nur auf die hier dargestellten Positionen von Anschütz, Thoma, Kelsen und Radbruch zu. Nawiasky hingegen, ebenfalls Positivist, bejahte ein richterliches Prüfungsrecht[884]. Die Verneinung eines richterlichen Prüfungsrechts war Ausdruck ihrer demokratisch-republikanischen Grundhaltung und entsprach ihrem politischen Engagement in staatsbejahenden Parteien. Anschütz und Thoma waren in der DDP, Radbruch und Kelsen in der SPD aktiv.

Dies waren jedoch keine Merkmale allein der Positivisten. Das eindeutigste Gegenbeispiel war Heller, der als Vertreter der geisteswissenschaftlichen Richtung überzeugter Sozialdemokrat war und ein richterliches Prüfungsrecht ebenfalls ablehnte. Triepel und Kaufmann hingegen befürworteten ein richterliches Prüfungsrecht. Smend äußerte sich hierzu gar nicht. Alle drei standen der DNVP zumindest nahe. Dennoch kann jedenfalls Smend und Kaufmann keine grundsätzlich staatsverneinende Intention unterstellt werden. Ihren staatsrechtlichen Arbeiten lagen nicht Motive und Interessen zugrunde, die überwiegend im Gegensatz zu den Zielen der Weimarer Verfassung standen. Gleichwohl schwäch-

---

880 *Heller*, VVDStRL 4 (1928), 117 f.; siehe oben Seite 141.
881 *Heller*, Die Justiz V (1929/30), 672 (677), in: Gesammelte Schriften II, S. 377.
882 *Heller*, Die Justiz V (1929/30) u. Rechtsstaat oder Diktatur? passim.
883 In diesem Sinne auch *Gusy*, Richterliches Prüfungsrecht, S. 98.
884 *Nawiasky*, VVDStRL 3 (1927), 38 f.; *ders.*, DJZ 28 (1923), 40 f.; siehe oben Seite 133.

ten ihre neuen Maßstäbe und Leitbilder den normativen Gehalt der Verfassung. Es ist ihnen daher sicher vorzuwerfen, der geschwächten Weimarer Reichsverfassung nicht die dringend erforderliche Hilfe und Stütze geboten zu haben[885]. Triepel hingegen war offen antidemokratisch und antiparlamentarisch eingestellt. Das richterliche Prüfungsrecht verstand er als Kampfmittel gegen den Gesetzgeber. Seine antiparlamentarische und antidemokratische Haltung kam allerdings nur in einigen Arbeiten zum Ausdruck. Insofern unterschied er sich deutlich von Schmitt und dessen durchgängig antiparlamentarischer Polemik. Schmitt lehnte nicht nur den Ausbau der Verfassungsgerichtsbarkeit ab, auch ein richterliches Prüfungsrecht wollte er nur eng begrenzt zulassen.

885 *Friedrich*, AöR 102 (1977), 161 (168 f.).

C. Gesetz und Richter im Nationalsozialismus

I. Das Ende der Weimarer Reichsverfassung

Die Verordnung zum Schutz von Volk und Staat vom 28. Februar 1933 setzte die Grundrechte außer Kraft[886]. Das Ermächtigungsgesetz vom 24. März 1933[887] schaltete den Reichstag aus. Der Übergang vom parlamentarischen System, soweit dieses nicht schon zwischen 1930 und 1932 ausgeschaltet worden war, zur Diktatur war damit vollzogen. Spätestens mit dem Tod Hindenburgs und der Vereinigung des Reichspräsidenten- und Kanzleramtes in der Person Hitlers, hörte auch der letzte Rest der Weimarer Reichsverfassung, die formal erst 1949 mit Inkrafttreten des Grundgesetzes aufgehoben wurde, real zu existieren auf[888].

II. Rechts- und Verfassungsprinzipien des Nationalsozialismus

Oberste Autorität im Staat wurde der Führer, dessen uneingeschränkter Herrschaftsanspruch sich auf alle Lebensbereiche erstreckte. Jeder normative Maßstab wurde durch die völlige Auslieferung an den Führerwillen ersetzt, dieser Vorgang selbst durch den Begriff der Treue umschrieben[889]. Mit dem autoritären Führerprinzip eng verbunden war eine repressive Gemeinschafts- und Integrationsideologie. Das deutsche Volk wurde als „Volksgemeinschaft" verstanden, die alle sozialen, konfessionellen und politischen Gegensätze relativiere oder sogar aufhebe. Das Volksgemeinschaftsprinzip war in gewisser Weise nur die Kehrseite des Führergrundsatzes. Erst die Herstellung der „wahren Volksgemeinschaft" sollte echte Führung ermöglichen[890]. Abgesehen vom Führer- und Volksgemeinschaftsprinzip blieb der Ideengehalt der nationalsozialistischen Weltanschauung weitgehend unklar und ungewiß. Lediglich die Raum- und die Rassenideologie, letztere verbunden mit einem hemmungslosen Judenhaß und einer Vergötzung des biologischen Auslesekampfes, konnten als gesi-

---

886 RGBl. I S. 83.

887 RGBl. I S. 141

888 *Stolleis*, in: HRG III, Sp. 873 (876 ff.).

889 *Willoweit*, Verfassungsgeschichte, S. 352; *Hirsch/Majer/Meinck*, Recht, Verwaltung und Justiz im Nationalsozialismus, S. 141.

890 In diesem Sinne *Hirsch/Majer/Meinck*, a. a. O. S. 236 f.

cherte Prinzipien der nationalsozialistischen Weltanschauung gelten[891]. Demgegenüber selbständige Rechts- und Verfassungsprinzipien gab es nicht; es konnte sie auch nicht geben, weil sie dem nationalsozialistischen Totalitätsanspruch widersprochen hätten. Einzige Aufgabe des Rechts war die Durchsetzung der nationalsozialistischen Weltanschauung, und diese war rechtsfeindlich. Normative Bindungen – gleich welcher Art – waren in einem Staat, in dem der Führerwille oberstes „Gesetz" war, unerwünscht[892].

III. Das Führerprinzip in der Justiz

Das Prinzip der richterlichen Unabhängigkeit war mit der Ideologie des „völkischen Führerstaates" nicht vereinbar[893]. Nennenswerten Widerstand setzten die Richter dem neuen System indes nicht entgegen[894]. Der Deutsche Richterbund begrüßte in einer Erklärung vom 19. März 1933 „den Willen der neuen Regierung, der ungeheuren Not und Verelendung des deutschen Volkes ein Ende zu machen" und erbot sich, am nationalen Wiederaufbau mitzuwirken. Die Erklärung endete mit der Bekräftigung: „Der deutsche Richterbund bringt der neuen Regierung volles Vertrauen entgegen"[895]. Das Verbot des Republikanischen Richterbundes, einer Organisation republikanisch gesinnter Richter und Staatsanwälte, wurde von der Richterschaft mit Genugtuung aufgenommen[896]. Auf einschneidende organisatorische Maßnahmen zur Gleichschaltung der Justiz konnte daher verzichtet werden. Dennoch wurden auch in der Justiz umfangreiche Entlassungen durchgeführt. Aufgrund des Gesetzes zur Wiederherstellung des Berufsbeamtentums vom 7. April 1933[897] wurden jüdische, sozialdemokratische und andere „politisch unzuverlässige" Richter und Beamte vom Dienst suspendiert. Eine Protestresolution, welche die Richterschaft des Reichsgerichts

891 *Rüthers*, Die unbegrenzte Auslegung, S. 102; vgl. *Erdmann*, Handbuch der deutschen Geschichte, Bd. 20, S. 25.

892 *Rüthers*, a. a. O., S. 104 ff.; *I. Müller*, Furchtbare Juristen, S. 296.

893 *Wehler*, Der Staatsgerichtshof für das Deutsche Reich, S. 393; *Hirsch/Majer/Meinck*, Recht, Verwaltung und Justiz im Nationalsozialismus, S. 170.

894 Hierzu *Noam/Kropat*, Juden im Dritten Reich, S. 15; *Hirsch/Majer/Meinck*, a. a. O., S. 169 ff.; *I. Müller*, Furchtbare Juristen, S. 44 ff.

895 DRiZ 25 (1933), 122

896 A. a. O.

897 RGBl. I S. 175.

noch kurz vor Erlaß des Gesetzes einstimmig hatte verabschieden wollen, war am Widerstand einiger Parteimitglieder gescheitert[898].

IV. Das Richterliche Prüfungsrecht

Für ein richterliches Prüfungsrecht im herkömmlichen Sinne war in einem solchen Staat ohne Verfassung und Gewaltenteilung, in dem der Wille des Führers die oberste und alleinige Gewalt war, kein Raum. Die mit dem Aufkommen erster rechtsstaatlicher Verfassungen zu Beginn des 19. Jahrhunderts in Gang gesetzte und nach 1945 nicht fortgeführte Diskussion um das richterliche Prüfungsrecht fand somit mit der nationalsozialistischen Machergreifung ihren Platz in der Geschichte. Nicht Geschichte geworden ist das Problem des richterlichen Prüfungsrechts in einem weiter verstandenen Sinne. Auch im nationalsozialistischen Staat sah man sich vor die Frage gestellt, ob der Richter befugt war, Gesetzen unter Berufung auf „völkische" Werte den Gehorsam zu verweigern, wobei zwischen alten, vorrevolutionären und neuen, nationalsozialistischen Gesetzen unterschieden wurde. Gegenüber neuen Gesetzen sollte dem Richter kein Prüfungsrecht zustehen. Das nationalsozialistische Gesetz wurde als ein Befehl des Führers verstanden und bei einem Widerspruch zwischen Führerprinzip und völkischem Prinzip mußte dem Führerprinzip unbedingter Vorrang zukommen[899]. Inwieweit dem Richter gegenüber alten, vorrevolutionären Gesetzen ein Prüfungsrecht zustehen sollte, war umstritten[900]. Insbesondere von den Vertretern der Interessenjurisprudenz wurde ein Prüfungsrecht abgelehnt[901]. Zur Beilegung des Meinungsstreits wurde schließlich eine Professorengruppe eingesetzt. Sie kam zu dem Ergebnis, die Anwendung alten Rechts sei ausgeschlossen, wenn sie „dem heutigen gesunden Volksempfinden ins Gesicht schlagen würde"[902].

898 *Hartung*, Jurist unter vier Reichen, S. 96.

899 *Larenz*, Deutsche Rechtserneuerung, S. 34; *Huber*, Verfassungsrecht des Großdeutschen Reiches, S. 279, 282; ebenso Nr. 3 der „Leitsätze" über die Stellung des Richters im nationalsozialistischen Staat, JW 65 (1936), 309 = DJZ 41 (1936), 179 (180).

900 Zum Streitstand *Rüthers*, Die unbegrenzte Auslegung, S. 145 f.

901 Siehe die umfangreichen Nachweise bei *Rüthers*, a. a. O., S. 138 ff.

902 JW 65 (1936), 309 (310) = DJZ 41 (1936), 179 (180).

V. Umdeutung vor Gesetzgebung

Die Frage des richterlichen Prüfungsrechts war aber nur Teil einer umfassenderen Problematik. Nach der Machtergreifung ließen sich nicht nur einzelne, sondern praktisch alle Gesetze mit den nationalsozialistischen Rechtsvorstellungen nicht mehr vereinbaren. Erklärtes Ziel war es, die alte Rechtsordnung dem Geist der neuen Ideologie entsprechend umzugestalten. Normen, die einem völkischen Rechtsdenken entgegenstanden, mußten beseitigt werden. Letztlich kamen zwei Wege der Umgestaltung in Betracht: die formelle gesetzliche Aufhebung und die formlose Außerkraftsetzung durch Nichtanwendung[903]. Eine Nichtanwendung war entweder durch Ausübung eines Prüfungsrechts oder durch ideologisch gesteuerte Auslegung denkbar; die Übergänge waren fließend. Die formelle Aufhebung wurde für die wichtigsten Verfassungsvorschriften gewählt[904]. Außerhalb des Staats- und Verfassungsrechts wurden die alten, vorrevolutionären Rechtsnormen zunächst übernommen. Die der neuen Rechtsidee entgegenstehenden Rechtsnormen waren zu zahlreich, als daß man sie unmittelbar oder schon bald nach der Machtergreifung durch „gesetzgeberische" Reformen hätte ändern können, zumal neue gesetzliche Konzeptionen nicht bereitstanden. Der politischen Führung dürften zudem andere Aufgaben vordringlicher erschienen sein. Die Ideologisierung der Privatrechtsordnung war demgegenüber nur ein Randproblem. Auch später kam es im Privatrecht nur vereinzelt zu gesetzgeberischen „Reformen", etwa im Familien-, Erb- und kollektiven Arbeitsrecht[905]. Zwar wurden ab 1937 die Zerschlagung des BGB in Einzelgesetze sowie die Abschaffung des Allgemeinen Teils und ab 1939 die Schaffung eines „Volksgesetzbuchs" diskutiert. Über das Entwurfsstadium gelangte dieser Vorschlag jedoch nie hinaus[906]. Vor allem aber war die ideologisch gesteuerte Auslegung der Gesetzgebung insofern überlegen, als sie veraltete Gesetze schneller und flexibler dem jeweiligen Führerwillen anpassen konnte. Die Hauptlast bei der Anpassung alter Gesetzesvorschriften an die nationalsozialistische Weltanschauung ruhte somit auf den Schultern von Wissenschaft und Praxis[907]. Mit Hilfe zahlreicher „Schulungen" und „Leitsätze" versuchte man, der personalpo-

903 *Rüthers*, Die unbegrenzte Auslegung, S. 137.
904 Siehe oben unter I, Seite 183.
905 *Rosenbaum,* Naturrecht und positives Recht, S. 147 m. Anm. 127 (S. 363 f.).
906 *Stolleis*, in: HRG III, Sp. 883.
907 *Rüthers*, Die unbegrenzte Auslegung, S. 137; *Stolleis*, a. a. O., Sp. 880.

litisch „gereinigten" Richterschaft praktische Leitfäden an die Hand zu geben[908].

VI. Die Instrumentalisierung der juristischen Methode

Waren es in den ersten beiden Jahren vorwiegend die Generalklauseln, über welche die neue, rassisch-völkisch ausgerichtete Rechtsidee Eingang in die geltende Rechtsordnung fand[909], sollte sich der Richter schon bald im Namen des „gesunden Volksempfindens" und anderer Gemeinwohlbegriffe über die Buchstaben des Gesetzes hinwegsetzen. Auch Rasse[910], Volkstum[911], Parteiprogramm[912] und Führertum[913] wurden zu neuen Rechtsquellen erhoben. Dabei führte die Vielzahl der Rechtsquellen zu großer Rechtsunsicherheit in Fragen der Gesetzesbindung. Insbesondere die Rangfolge der Rechtsquellen blieb, abgesehen von dem absoluten Vorrang des Führerwillens, unklar[914].

Daneben sollte die Rechtserneuerung durch Aus- bzw. „Einlegung" vorangebracht werden. Sowohl die Anhänger der subjektiven[915] als auch der objektiven Auslegungslehre[916] nahmen für sich in Anspruch, die der völkischen Rechtserneuerung am besten geeignete Theorie anzubieten. Probleme traten für beide wegen des Nebeneinanders von altem und neuem Recht auf. Objektive Kriterien eigneten sich für die Auslegung alter Gesetze besser. Bei neuen Gesetzen war die subjektive Auslegung überlegen. Teilweise wurde daher ein offener Methodendualismus vertreten[917]. Methodische Klarheit war ideologischer Einheit gewichen.

---

908 Z. B. *Schmitt*, JW 62 (1933), 2793 f. sowie die amtlichen Leitsätze von *Frank*, JW 65 (1936), 309 f. = DJZ 41 (1936), 179 f.; zu den seit 1942 vom Reichsjustizministerium herausgegebenen „Richterbriefe" siehe *Maus*, „Gesetzesbindung" der Justiz und die Struktur der nationalsozialistischen Rechtsnormen, S. 90 f.

909 *Hattenhauer*, Wandlungen des Richterleitbildes, S. 24.

910 *Nicolai*, Die rassengesetzliche Rechtslehre, passim, insbes. S. 25 ff.

911 *Larenz*, Rechts- und Staatsphilosophie, S. 40 ff.

912 *Freisler*, Recht und Gesetzgeber, DJ 98 (1936), 153 (156).

913 *Schmitt*, DJZ 39 (1934), 945 (946); *Schroer*, DRiZ 27 (1935), 2.

914 *Rüthers*, Rechtstheorie, Rn. 556; *ders.*, Die unbegrenzte Auslegung, S. 134.

915 *Heck*, Rechtserneuerung, S. 15 ff.; *Stoll*, DJZ 38 (1933), 1229 (1231); *Engisch*, Die Einheit der Rechtsordnung, S. 87 ff.

916 *Larenz*, Deutsche Rechtserneuerung, S. 31 ff; vgl. *Schmitt*, DJZ 39 (1934), 691 (694 f.).

917 *Küchenhoff*, Nationaler Gemeinschaftsstaat, S. 31 f., 36 f.

Der Kern der oftmals polemischen Angriffe gegen die Vertreter der subjektiv-teleologischen Methode von Seiten ihrer „objektiven" Gegner lag indes jenseits der Diskussion um die „richtige" Auslegungslehre. Die Vertreter der objektiven Theorie lehnten weniger die subjektive Auslegungslehre als die dahinter stehende Interessenjurisprudenz ab[918]. Die Wertneutralität des Interessenbegriffs sei mit den rassisch-völkischen Idealen des nationalsozialistischen Rechtsdenkens nicht zu vereinbaren, lautete der übereinstimmende Vorwurf. Dabei lagen die Gegner der Interessenjurisprudenz im Kern nicht falsch, wenn sie Heck des „Normativismus" bezichtigten[919], die Interessenjurisprudenz dem philosophischen und soziologischen Positivismus zuordneten[920] und von „versachlichter Ethik" sowie weltanschaulicher Indifferenz, die „eben auch eine Weltanschauung ist", sprachen[921]. Denn Heck vertrat tatsächlich einen philosophie- und wertneutralen, formalen Rechtsbegriff, wobei rechtstheoretische und rechtsphilosophische Grundlage seines Rechtsdenkens der Gesetzespositivismus – „eben auch eine Weltanschauung" – war[922]. Gleichwohl sah Heck in der Interessenjurisprudenz eine für die völkische Rechtserneuerung durchaus geeignete Methode[923]. Sie wäre es als technische Methode wohl auch gewesen, hätte ihre weltanschauliche Neutralität nicht dem nationalsozialistischen Totalitätsanspruch widersprochen[924].

Die Bemühungen, die politische und soziale Realität der Zeit in rechtstheoretischer Hinsicht zu erklären, gingen aber weit über den aufgezeigten Rahmen hinaus. Man beschränkte sich nicht darauf, den alten Streit um die richtige Auslegungsmethode aufzufrischen, dabei Partei für die objektive Theorie zu ergreifen und die subjektive Methode mitsamt der Interessenjurisprudenz als unvölkisch zu verwerfen. Der Nationalsozialismus sollte eine eigene Rechtslehre bekommen. Die Ansätze hierzu waren vielfältig. Zwei Denkfiguren entfalteten in der Diskussion um die rechtstheoretische Fundierung der neuen Ideologie eine „fast

---

918 Hauptgegner der Interessenjurisprudenz waren *Binder*, ZHR 100 (1934), 4 (63 ff.); *Forsthoff*, ZStW 96 (1936), 49 (66 ff.); *Larenz*, Rechts- und Staatsphilosophie, S. 22 ff.; *ders.*, Über Gegenstand und Methode, S. 36 ff; *Siebert*, Vom Wesen des Rechtsmißbrauchs, S. 22 ff.

919 *Schmitt*, DR 4 (1934), 225 passim, insbes. S. 228.

920 *Larenz*, Über Gegenstand und Methode, S. 40.

921 *Forsthoff*, ZStW 96 (1936), 49 (67 f.).

922 *Rüthers*, Rechtstheorie, Rn. 536.

923 *Heck*, Rechtserneuerung, S. 13, 15, 21, 25.

924 *Rüthers*, Die unbegrenzte Auslegung, S. 274 f.

magische Strahlkraft“[925]: „das „konkrete Ordnungs- und Gestaltungsdenken“ von Carl Schmitt[926] und das Denken in „konkret-allgemeinen“ Begriffen von Karl Larenz[927]. Beiden Rechtsfiguren kam vordergründig vor allem eine die Wirklichkeit beschreibende Funktion zu. Wichtiger jedoch waren das gestaltende Moment und die extreme Offenheit für außergesetzliche Wertvorstellungen[928]. Alles Recht diente für Schmitt der Verwirklichung konkreter Ordnungen. Die positiven Gesetze waren der konkreten Ordnung anzupassen. Wo sie noch nicht bestand, mußte sie erst geschaffen, also gestaltet werden. Dabei ging es freilich nicht um die vorgefundene bürgerlich-rechtliche Ordnung der Weimarer Republik, sondern um die rassisch-völkische Ordnung im Sinne der nationalsozialistischen Ideologie, was das ungemein Aggressive und Normauflösende der von Schmitt in die Diskussion gebrachten Denkfigur ausmachte[929].

Zu den konkreten Ordnungen kamen die konkret-allgemeinen Begriffe im Sinne der Hegelschen Dialektik. Der konkret-allgemeine Begriff sei inhaltserfüllter als der abstrakte Allgemeinbegriff; anders als dieser beschränke er sich nicht auf den kleinsten gemeinsamen Nenner, sei „die Totalität seiner Momente“[930]. Die Kernbegriffe des Rechts – Person, Rechtsfähigkeit, Eigentum und Vertrag - wurden sodann anhand der Hegelschen Begriffslehre neu definiert. Die Neudefinition der Rechtsfähigkeit dürfte zu den wohl traurigsten Beispielen jener vermeintlich[931] wissenschaftlichen Operation zählen. „Der einzelne Rechtsgenosse ist hiernach nicht ... rechtsfähig schlechthin, sondern er hat eine bestimmte Rechtsfähigkeit, die durch das Vorhandensein oder Fehlen einzelner ... Momente näher charakterisiert wird. Von der umfassenden Rechtsfähigkeit des Vollgenossen (Reichsbürgers) unterscheidet sich danach die geminderte des „werdenden Vollgenossen“, die des nicht der politischen Gemeinschaft angehörigen (staatsfremden), aber nicht artfremden Ausländers und endlich die des Rasse-

---

925 *Rüthers*, Entartetes Recht, S. 57.

926 *Schmitt*, Über die drei Arten des rechtswissenschaftlichen Denkens.

927 *Larenz*, DRW V (1940), 279 ff.; *ders.*: Über Gegenstand und Methode des völkischen Rechtsdenkens, S. 43 ff.; vgl. *ders.*, Rechtsperson und subjektives Recht, passim.

928 *Rüthers*, Die unbegrenzte Auslegung, S. 293 ff., 311 ff.

929 *Behrends*, Von der Freirechtsbewegung zum konkreten Ordnungs- und Gestaltungsdenken, S. 59.

930 *Larenz*, DRW V (1940), 279 (285 ff.).

931 Larenz Definition entsprach Punkt 4 des Parteiprogramms der NSDAP: „Staatsbürger kann sein, wer Volksgenosse ist, Volksgenosse kann nur sein, wer deutschen Blutes ist, ohne Rücksicht auf die Konfession. Kein Jude kann daher Volksgenosse sein.“, abgedruckt bei *Hirsch/Majer/Meinck,* Recht, Verwaltung und Justiz im Nationalsozialismus, S. 275.

fremden“[932]. An die Stelle einer für alle Menschen gleichen Rechtsfähigkeit trat somit eine nach der volksgenossischen Rechtsstellung gestufte Rechtsfähigkeit. Daß damit das dahinterstehende Prinzip – die Würde des Menschen und zwar jedes Menschen ist unantastbar – preisgegeben wurde, wurde durchaus gesehen und ausgesprochen: „Jedenfalls ist der abstrakte Begriff <Mensch> oder <Rechtsperson> für uns wertlos geworden“[933]. In einem Vorschlag zur Neufassung von § 1 BGB, der nicht für den Gesetzgeber bestimmt war, sondern das in der Gemeinschaft bestehende Recht lediglich feststellen wollte[934], hieß es kurz und knapp: „Rechtsgenosse ist nur, wer Volksgenosse ist; Volksgenosse ist, wer deutschen Blutes ist“[935].

VII. Die Instrumentalisierung der Rechtsprechung

In der Rechtsprechung stieß die Vorstellung einer gestuften Rechtsfähigkeit auf fruchtbaren Boden. Ein besonders eindrucksvolles Beispiel für die Entrechtung von Juden bietet das Urteil des Reichsgerichts im Fall des jüdischen Regisseurs Eric Charell vom 27. Juni 1936[936]. Charell schloß im Februar 1933 mit der Deutschen Filmgesellschaft Ufa einen Regievertrag über die Verfilmung seines Romans „Die Heimkehr des Odysseus“. Am selben Tag übertrug die Verlegerin des Romans der Ufa gegen Vergütung von 130.000 Reichsmark die Verfilmungsrechte an dem Roman. Die Ufa kannte die jüdische Abstammung Charells bei Vertragsschluß. Sie sollte vom Vertrag mit der Verlegerin zurücktreten dürfen, falls der zwischen der Klägerin und Charell geschlossene Regievertrag nicht durchgeführt werden könne, weil <Charell durch Krankheit Tod oder ähnlichen Grund nicht zur Durchführung der Regietätigkeit imstande> sei. Im April 1933 trat die Ufa von beiden Verträgen zurück, weil Charell „Nichtarier“ sei. Mit ihrer Klage gegen die Verlegerin auf Rückzahlung der ersten Rate obsiegte sie in allen Instanzen. Der 1. Senat des Reichsgerichts gab ihr mit den Worten recht: „Die frühere (liberale) Vorstellung vom Rechtsinhalte der Persönlichkeit machte keine grundsätzlichen Wertunterschiede nach der Gleichheit oder Verschiedenheit des Blutes; sie lehnte deshalb eine rechtliche Gliederung und Ab-

---

932 *Larenz*, DRW V (1940), 279 (289); vgl. *ders.* Rechtsperson und subjektives Rechts, S. 24; *ders.*, Über Gegenstand und Methode, S. 52 f.

933 *Siebert*, DRW I (1936), 23 (28), Anm. 1.

934 *Rüthers*, Entartetes Recht, S. 92.

935 *Larenz*, Rechtsperson und subjektives Recht, S. 21.

936 RG SeuffArch 91 (1937), 65 ff. = JW 65 (1936), 2529 ff.

stufung der Menschen nach Rassegesichtspunkten ab. Der nationalsozialistischen Weltanschauung dagegen entspricht es, im Deutschen Reiche nur Deutschstämmige ... als rechtlich vollgültig zu behandeln. Damit werden Abgrenzungen des früheren Fremdenrechts erneuert und Gedanken wieder aufgenommen, die vormals durch die Unterscheidung zwischen voll Rechtsfähigen und Personen minderen Rechts anerkannt waren. Der Grad völliger Rechtlosigkeit stellte man ehedem, weil die rechtliche Persönlichkeit ganz zerstört sei, dem leiblichen Tode gleich; die Gebilde des „bürgerlichen Todes" und des „Klostertodes" empfingen ihre Namen aus dieser Vergleichung. Wenn in Nr. 6 des Manuskript-Vertrages ... davon die Rede ist, daß Charell <durch Krankheit, Tod oder ähnlichen Grund nicht zur Durchführung seiner Regietätigkeit imstande sein sollte>, so ist es unbedenklich, eine aus gesetzlich anerkannten rassepolitischen Gesichtspunkten eingetretene Änderung in der rechtlichen Geltung der Persönlichkeit dem gleichzuachten, sofern sie die Durchführung der Regietätigkeit in entsprechender Weise hindert, wie Tod und Krankheit es täten"[937]. Die Vorstellung vom „bürgerlichen Tod" der Juden – lange vor ihrer physischen Vernichtung – war selten so unmißverständlich formuliert worden[938].

Die Rechtlosstellung der Juden durch die Gerichte setzte sich in allen Rechtsgebieten fort[939]. Dabei fand die nationalsozialistische Ideologie insbesondere anhand von Generalklauseln[940] und unbestimmten Rechtsbegriffen Eingang in die Rechtsordnung. Im Wettbewerbsrecht diente vor allem die Sittenwidrigkeit des § 1 UWG als Einfallstor für die neuen Wertvorstellungen. Während in den Anfangsjahren der Hinweis auf die jüdische Abstammung eines Mitbewerbers noch für sittenwidrig erklärt wurde[941], sollte ein solcher Hinweis später zulässig sein, „wenn damit dem Bedürfnis des Publikums gedient wird, über die jüdische Rassezugehörigkeit eines im geschäftlichen Wettbewerb Auftretenden aufgeklärt zu werden. Denn der deutsche Volksgenosse lehnt es ab, mit einem Juden

937 RG SeuffArch 91 (1937), 65 (68).

938 In diesem Sinne *I. Müller*, Furchtbare Juristen, S. 124.

939 Hierzu ausführlich *Rüthers*, Die unbegrenzte Auslegung, S. 155 ff., 167 ff., 203 ff., 221 ff., 245 ff., 331 ff., 376 ff., 403 ff.

940 Vgl. den Hinweis von Palandt/*Danckelmann*, BGB (1942), § 133 Anm. 7, wonach bei der entsprechenden Anwendung von § 133 BGB auf die Auslegung von Gesetzen „ihr Sinn und Zweck unter Beachtung des nationalsozialistischen Rechtsdenkens zu erforschen" sei.

941 RGZ 150, 299 (307 f.) – Urt. v. 25.2.1936; vgl. auch RGZ 146, 169 (179) – Urt. v. 11.12.1934.

in geschäftliche Beziehung zu treten“[942]. Im Mietrecht wurde teilweise sogar offen contra legem entschieden. So widersprach es dem Wortlaut des Mietschutzgesetzes, Mietverträge mit Juden allein unter Berufung auf die jüdische Abstammung zu kündigen. Man behalf sich damit, das Mietschutzgesetz auf Mietverträge mit Juden für unanwendbar zu erklären. Der Anwendung des Mietschutzgesetzes stehe „die weltanschauliche Forderung entgegen, daß alle Gemeinschaftsverhältnisse mit Juden möglichst schnell beendet werden müssen“[943]. Erst mit Inkrafttreten des Gesetzes über die Mietverhältnisse mit Juden vom 30.4.1939[944] fand diese Rechtsprechung eine gesetzliche Grundlage.

Im Eherecht, bei der Auflösung jüdisch-arischer Mischehen, war der vorauseilende Gehorsam der Justiz besonders auffällig. Jüdisch-arische Mischehen widersprachen dem Rassegedanken, wie er insbesondere im Programm der NSDAP Ausdruck gefunden hatte. Zwar bestimmte § 1 des Gesetzes zum Schutz des deutschen Blutes und der deutschen Ehre vom 15. September 1935: „Eheschließungen zwischen Juden und Staatsangehörigen deutschen oder artverwandten Blutes sind verboten. Trotzdem geschlossene Ehen sind nichtig“. Das Problem bereits geschlossener Mischehen wurde dadurch nicht gelöst. Eine Ehescheidung scheiterte regelmäßig am fehlenden Verschulden; auch bei großzügigster Auslegung konnte die Abstammung eines Menschen nicht als verschuldet angesehen werden. Eine Anfechtung gemäß § 1333 BGB a. F. hätte dem Wortlaut nach ausscheiden müssen. Nach § 1333 BGB a. F. konnte eine Ehe von dem Ehegatten angefochten werden, der sich bei der Eheschließung in der Person des anderen Ehegatten über solche persönlichen Eigenschaften des anderen Ehegatten geirrt hatte, die ihn bei Kenntnis der Sachlage und bei verständiger Würdigung des Wesens der Ehe von der Eingehung der Ehe abgehalten hätten. Gemäß § 1359 BGB a. F. mußte die Anfechtung innerhalb von sechs Monaten nach Entdeckung des Irrtums erklärt werden. War es schon schwierig, in der menschlichen Abstammung eine persönliche Eigenschaft zu sehen, so lag jedenfalls kein Irrtum vor, wenn der eine Ehegatte die jüdische Abstammung des anderen Ehegatten bei der Eheschließung gekannt hatte. Zudem war die Anfechtung in der Regel verfristet.

Als sich im Juli 1934 das Reichsgericht mit der Frage der Anfechtbarkeit von Mischehen zu befassen hatte, betonte es zunächst seine Bindung an das Gesetz,

---

942 RG DR 1939, 437 – Urt. v. 4.2.1939. ebenso RG JW 1939, 429 (430) – Urt. v. 30.11.1938.

943 LG Berlin JW 67 (1938), 3242 – Urt. v. 7.11.1938.

944 RGBl. I S. 864.

auch wenn dieses bei weitem nicht alle Forderungen des nationalsozialistischen Programms verwirklicht habe[945]. Die vom Senat sodann vorgenommene Gesetzesauslegung war keineswegs gesetzestreu. Die jüdische Abstammung wurde zur persönlichen Eigenschaft im Sinne von § 1333 BGB a. F. erklärt und der Irrtum über die Bedeutung der jüdischen Abstammung dem Irrtum über die Zugehörigkeit zur jüdischen Rasse gleichgestellt. Ein solcher Irrtum sollte allerdings nur in Ausnahmefällen vorliegen, wenn nämlich der arische Teil „unter dem Einfluß kirchlicher Lehren" vom Rasseunterschied überhaupt nichts gewußt, sondern angenommen habe, der andere gehöre lediglich einer andern Religion an. Gleiches gelte, wenn er „zufolge primitiven Denkens" nichts davon gewußt habe, „daß der jüdische Teil die Eigentümlichkeiten seiner Rasse ... auf die gemeinschaftlichen Nachkommen übertragen könne"[946]. Damit war die eingangs vorgenommene Einschränkung, nach geltendem Recht scheide eine Anfechtung von Mischehen in der Regel aus, in der Sache wieder zurückgenommen.

Über die meist bereits abgelaufene Anfechtungsfrist half sich das Reichsgericht unter Berufung auf § 203 BGB a. F. und den Stillstand der Rechtspflege hinweg. Bis zum Durchbruch der nationalsozialistischen Bewegung sei eine auf die Rasseverschiedenheit gestützte Klage aussichtslos, die Anfechtungsfrist folglich gehemmt gewesen[947]. Ein Irrtum über eine persönliche Eigenschaft sollte ferner dann vorliegen, wenn der rassische Ursprung eines Ehegatten nicht mehr feststellbar[948] oder die Ehefrau Voll- anstatt Halbjüdin war[949]. Eine gesetzliche Grundlage fand diese über Jahre praktizierte Rechtsprechung erst mit dem Ehegesetz vom 6. Juli 1938[950], das die §§ 1333 ff. BGB a. F. aufhob und die Anfechtbarkeit von jüdisch-arischen Mischehen definitiv legalisierte.

945 RGZ 145, 1 (6).
946 RGZ 145, 1 (4).
947 RGZ 145, 8 (10 f.).
948 RGZ 148, 193 (195).
949 RG JW 66 (1937), 2040.
950 RGBl. I S. 807.

D. Gesetz und Richter unter der Herrschaft des Grundgesetzes

Die Wiedererrichtung der Herrschaft des Rechts auf allen Lebensgebieten war das einmütige Ziel der deutschen Rechtswissenschaft nach 1945. Einer Instrumentalisierung des Rechts wie im Nationalsozialismus wollte man künftig wirksame Schranken gesetzt wissen. Der Wunsch nach Kontrollierbarkeit staatlicher Machtausübung bezog sich auf alle Lebensbereiche. Der Schutz vor willkürlichen Richtern erschien ebenso notwendig wie der Schutz vor einem willkürlichen Gesetzgeber. Der Glaube an die grundsätzliche Gerechtigkeit parlamentarischer Gesetze war endgültig zerbrochen.

I. Die Wiederkehr des Naturrechts

Nach 1945 sahen sich daher viele in Rechtswissenschaft und Praxis veranlaßt, zum Naturrecht, jedenfalls teilweise, zurückzukehren[951].

1. Gustav Radbruch oder der Versuch einer Erklärung

Einer von ihnen war Gustav Radbruch. In einem 1946 erschienenen Aufsatz über „Gesetzliches Unrecht und übergesetzliches Recht"[952] erklärte er: „Mittels zweier Grundsätze wußte der Nationalsozialismus seine Gefolgschaft, einerseits die Soldaten, andererseits die Juristen, an sich zu fesseln: „Befehl ist Befehl" und „Gesetz ist Gesetz"[953]. Weiter hieß es: „Der Positivismus hat in der Tat mit seiner Überzeugung „Gesetz ist Gesetz" den deutschen Juristenstand wehrlos gemacht gegen Gesetze willkürlichen und verbrecherischen Inhalts"[954].

In der Konsequenz dieses Erklärungsmodells gab Radbruch seine bis dahin vertretene, streng positivistische Grundposition auf. Zwar müsse das positive, durch Satzung und Macht gesicherte Recht auch dann den Vorrang gegenüber der Gerechtigkeit haben, wenn es inhaltlich ungerecht und unzweckmäßig sei. Dies gelte jedoch nicht, wenn der Widerspruch des positiven Gesetzes zur Gerechtigkeit ein so unerträgliches Maß erreiche, daß das Gesetz als „unrichtiges Recht" der Gerechtigkeit zu weichen habe. Wo Gerechtigkeit nicht einmal er-

---

951 Zur Naturrechtsrenaissance siehe *Hoffmann*, Das Verhältnis von Gesetz und Recht, S. 2 ff.; *Kühl*, Freundesgabe für Söllner, S. 331 ff.

952 *Radbruch*, SJZ 1946, 105 ff.

953 *Radbruch*, a. a. O., S. 107.

954 *Radbruch*, a. a. O.

strebt werde, wo Gleichheit, die den Kern der Gerechtigkeit ausmache, bei der Setzung des positiven Rechts bewußt verleugnet worden sei, da sei das Gesetz nicht etwa nur „unrichtiges Recht“, es entbehre überhaupt der Rechtsnatur[955].

Im äußersten Notfall sollte es also nunmehr möglich sein, dem positiven Gesetz unter Berufung auf die Gerechtigkeit den Gehorsam zu verweigern. Bei genauerer Analyse der Radbruchschen Formel erweisen sich ihre beiden Bestandteile als zweifelhaft[956]. Das Erklärungsmodell für die Vergangenheit setzt zweierlei voraus: Erstens, daß der Rechtspositivismus gegen Ende der Weimarer Republik noch die herrschende rechtswissenschaftliche Strömung war, zweitens, daß Justiz und Rechtswissenschaft sich im Dritten Reich vornehmlich aufgrund blinden Gesetzesgehorsams haben gleichschalten lassen.

Ersteres bedarf der Präzisierung. Der Gesetzespositivismus, verstanden als die Forderung nach unbedingtem Gehorsam gegenüber dem staatlichen Gesetz gleich welchen Inhalts, war in der Weimarer Republik zwar noch die herrschende rechtswissenschaftliche Strömung. Er war jedoch keineswegs mehr unangefochten. Im Staatsrecht sei an die neue geisteswissenschaftliche Richtung und Kaufmanns leidenschaftliches Plädoyer für das Naturrecht erinnert[957]. Auch die Tatsache, daß der Ruf nach einem richterlichen Prüfungsrecht immer lauter wurde, war nicht Ausdruck eines blinden Gesetzesgehorsams. Im Zivilrecht hatte die Rechtsprechung den Grundsatz „Gesetz ist Gesetz“ spätestens im Kampf um die Aufwertung aufgegeben. Hinzu kommt das verstärkte Vordringen der objektiven Auslegungstheorie in der zweiten Hälfte der Weimarer Republik, die mit einem konsequenten Gesetzespositivismus nicht zu vereinbaren ist[958], allerdings auch von Radbruch selbst vertreten wurde[959].

Für die Zeit des Nationalsozialismus schließlich ist das Erklärungsmodell von Radbruch schlicht falsch. Sicherlich gab es nationalsozialistische Gesetze, die nach der Definition Radbruchs gesetzliches Unrecht darstellten. Die Umgestaltung der Rechtsordnung im Sinne der nationalsozialistischen Ideologie erfolgte

---

955 *Radbruch*, a. a. O., S. 353.

956 Hierzu auch *Walther*, Hat der juristische Positivismus die deutschen Juristen im „Dritten Reich“ wehrlos gemacht? S. 325 ff.

957 *E. Kaufmann*, VVDStRL 3 (1927), 2 ff., siehe oben S. 129 ff.

958 *Walther*, Hat der juristische Positivismus die deutschen Juristen im „Dritten Reich“ wehrlos gemacht? S. 327.

959 Zu diesem Widerspruch *A. Kaufmann*, Rechtsphilosophie, S. 43 f.

jedoch vor allem durch „unbegrenzte Auslegung" im Wortlaut fast unveränderter Gesetze und nicht durch neue, nationalsozialistische Gesetze[960].

War der erste Teil der Radbruch-These, nämlich daß es der Positivismus gewesen war, der die Juristen im Dritten Reich wehrlos gemacht hatte, falsch, ergibt sich daraus die Problematik ihres zweiten Teils, der von Radbruch vorgeschlagenen Alternative, in Extremfällen auf überpositives Recht zurückzugreifen. Auch im Nationalsozialismus war die völkisch-rassische Rechtserneuerung im Namen eines Naturrechts vorangetrieben worden. Die Radbruchsche Formel vom gesetzlichen Unrecht war daher weder hilfreich, Vergangenes aufzuklären, noch bot sie eine brauchbare methodische Alternative, um für die Zukunft Unrechtsgesetze zu verhindern.

Radbruchs „Erklärungsversuch" war daher vor allem eine Selbstanklage[961]. In erster Linie hatte Radbruch die Maxime „Gesetz ist Gesetz" selbst gepredigt. Als einer der wenigen hatte sich Radbruch jedoch vorbehaltlos hinter die Weimarer Republik gestellt und sich im Nationalsozialismus nichts zu schulden kommen lassen. Er hatte gerade aus demokratischer Überzeugung – aus Angst vor einer rechts eingestellten Richterschaft – unbedingten Gesetzesgehorsam gefordert[962].

2. Die Naturrechtsrenaissance in Rechtsprechung und Literatur

Aber der von Radbruch gegen den Gesetzespositivismus erhobene Vorwurf kam all jenen gelegen, die schon vor 1933 den Positivismus bekämpft hatten. Selbst Carl Schmitt stellte nach 1945 seinen mit antiparlamentarischer Polemik geführten Kampf gegen den Positivismus nachträglich als Kampf für die Weimarer Republik dar. Aus einem verbalen Todesstoß wurde ein „Warnruf" und „wahrer Notschrei" zur Rettung der untergehenden Republik[963]. Die Kirchen wurden zu Widerstandszentren gegen die nationalsozialistische Unrechtsherrschaft stilisiert. Es lag daher nahe, im christlichen Naturrecht ein Bollwerk gegen künftige Unrechtsgesetze zu sehen. Die Rolle der Kirchen im Nationalsozialismus war

960 Siehe oben Seite 186.

961 In diesem Sinne *Walther*, Hat der juristische Positivismus die deutschen Juristen im „Dritten Reich" wehrlos gemacht? S. 340.

962 Siehe oben Seite 157 ff.

963 *Schmitt*, Legalität und Legitimität, S. 345; hierzu *Walther*, a. a. O., S. 349; *I. Müller*, Furchtbare Juristen, S. 223.

damit freilich nur unzureichend gewürdigt[964]. Vor allem das katholisch-neuthomistische Naturrecht des 19. Jahrhunderts fand großen Zulauf[965]. Es handelte sich freilich um ein ganz anderes Naturrecht als das der Tradition von 1789 entstammende Naturrecht, dem sich Radbruch verpflichtet fühlte[966]. Folge dieser Geschichtsverfälschung war, daß sich Rechtswissenschaft und große Teile der Justiz weiterhin in den methodischen Bahnen des Nationalsozialismus bewegen konnten. Eine Auseinandersetzung mit der Anfälligkeit jener – keineswegs typisch nationalsozialistischen – Methoden für totalitären Mißbrauch fand nicht statt. Nur so wird verständlich, daß sich das Bundesverfassungsgericht und der Bundesgerichtshof von Anfang an unreflektiert, teilweise unter Berufung auf Larenz, zur objektiven Auslegungslehre bekannt haben und es noch heute tun[967]. Dabei dürfte vor allem die personelle Kontinuität – der Umstand, daß nach 1945 fast alle Richter und Rechtsprofessoren aus der Zeit des Nationalsozialismus wieder in ihrem Amt waren[968] – wesentlich zur Übernahme der alten Denkmuster beigetragen haben[969].

Das Bundesverfassungsgericht hat die Radbruchsche Formel bereits frühzeitig übernommen[970] und die Geltung überpositiver Grundsätze und Leitideen ausdrücklich bejaht[971]. Auch der Bundesgerichtshof griff in den ersten Nachkriegsjahren unmittelbar auf naturrechtliche Gedankengänge zurück[972]. In einem Rechtsgutachten aus dem Jahr 1953/54 hatte der 1. Zivilsenat zu der Frage Stellung zu nehmen, „ob die in unmittelbarem Anschluß an den allgemeinen Gleichheitssatz aufgenommene Verfassungsnorm >Männer und Frauen sind gleichberechtigt< durch die Rechtsprechung vollziehbar" sei[973]. Konkret ging es um die Frage der innerehelichen Gleichberechtigung von Mann und Frau und

964 *Rüthers*, Rechtstheorie, Rn. 430.
965 Hierzu *Hoffmann*, Das Verhältnis von Gesetz und Recht, S. 43 f.
966 *Walther*, a. a. O., S. 346.
967 BVerfGE 1, 299 (312); 10, 234 (244); 11, 126 (130) st. Rspr.; BGHZ 46, 74 (76); 49, 221 (223) st. Rspr.
968 Hierzu *I. Müller*, Furchtbare Juristen, S. 205 ff, 210 ff, 237 ff.
969 *I. Müller*, a. a. O., S. 297.
970 BVerGE 3, 225 (232 f.).
971 BVerGE 1, 14 (32); 2, 1 (12) und 381 (403); *G. Müller*, Naturrecht und Grundgesetz, S. 26 ff.; *Evers*, JZ 1961, 241 ff.
972 BGHZ 6, 270 (275); 8, 243 (247 f.); 9, 83 (89), 11, Anhang A, 2 (23 ff.), Anhang B, 34 (64), Anhang C, 81, (84 f.); 16, 350 (353); zur Übersicht siehe *Weinkauff*, NJW 1960, 1689 ff.; *G. Müller*, a. a. O., S. 17 ff.; *Evers*, a. a. O.
973 BGHZ 11, Anhang B, 34 (58).

der „elterlichen Gewalt“ über die Kinder, die die vorkonstitutionell geltende „väterlichen Gewalt“ ersetzt hatte.

Der Senat verneinte die Frage. Art. 3 Abs. 2 GG müsse sich streng im Rahmen des allgemeinen Gleichheitssatzes halten. Danach sei „Gleiches gleich und Ungleiches ungleich zu behandeln“[974]. In bezug auf die Menschen- und Personalwürde seien Mann und Frau völlig gleich. „Streng verschieden sind sie aber nicht nur im eigentlich Biologisch-Geschlechtlichen, sondern auch in ihrer seinsmäßigen, schöpfungsmäßigen Zueinanderordnung zu sich und dem Kind in der Ordnung der Familie, die von Gott gestiftet und daher für den menschlichen Gesetzgeber undurchbrechbar ist ... Der Mann zeugt Kinder; die Frau empfängt, gebiert und nährt sie und zieht die Unmündigen auf. Der Mann sichert, vorwiegend nach außen gewandt, Bestand, Entwicklung und Zukunft der Familie; er vertritt sie nach außen; in diesem Sinne ist er ihr „Haupt“. Die Frau widmet sich, vorwiegend nach innen gewandt, der inneren Ordnung und dem inneren Aufbau der Familie“[975]. Daran ändere nichts, daß diese gewissermaßen zeitlose, „urtümliche Ordnung der Familie heute mannigfach zivilisatorisch verzerrt“ sei[976]. Deshalb komme „dem Mann als Haupt der Familie die letzte, allerdings die Meinung der Frau achtende und nur vom Wohl der Familie geleitete Entscheidung in den Angelegenheiten der Familie“ zu[977].

Wieder einmal wurde positives Recht unter Berufung auf eine „konkrete Ordnung“ beiseite geschoben. Für die Richter des 1. Zivilsenats ging es tatsächlich um eine ganz konkrete Ordnung, an der sie allen Reformbestrebungen des Grundgesetzes zum Trotz festhielten. Es war die Ordnung, in der sie aufgewachsen waren: das klein- bis mittelbürgerliche Elternhaus, die typische Beamtenfamilie der Jahrhundertwende, der fast alle höheren Richter entstammten, in dem nur der Vater einen Beruf ausübte und die Mutter sich um Küche, Kinder und Kirche kümmerte[978].

Die Naturrechtsrenaissance als solche blieb Episode. In einer Zeit der Rat- und Hilflosigkeit erfüllte sie die Funktion der „Sinnstiftung“ und des Festklammerns an abendländischen Werten[979].

---

974 BGHZ 11, Anhang B, 34 (64 f.).
975 BGHZ 11, Anhang B, 34 (65) .
976 BGHZ 11 Anhang B, 34 (66).
977 BGHZ 11 Anhang B, 34 (67).
978 *Kübler*, AcP 162 (1963), 104 (124).
979 *Stolleis*, Weimarer Kultur und Bürgerrechte, S. 99.

3. Die Grundrechte als positiviertes Naturrecht

Keine Episode blieb das Naturrechtsdenken an sich. Nach den Erfahrungen des Nationalsozialismus traten naturrechtliche Gedankengänge durch die Anerkennung allgemeingültiger, unveräußerlicher Menschenrechte verstärkt in den Vordergrund. Ein Zurück zu der Vorstellung „Gesetz ist Gesetz“ konnte es nicht geben. Der Grundrechtskatalog des Grundgesetzes stellt positiviertes Naturrecht dar[980]. Die Vorstellung eines dem positiven Recht zugrundeliegenden Naturrechts spiegelt sich deutlich in Art. 20 Abs. 3 GG wider, der Exekutive und Legislative an Gesetz und Recht bindet[981].

Der Vorrang des Grundgesetzes gegenüber jeder anderen Rechtsnorm ist heute, anders als in Weimar, eine Selbstverständlichkeit. Der Vorrang ergibt sich aus der Bindung der gesamten Staatsgewalt an die Verfassung, wie er in Art. 20 Abs. 3 GG allgemein und in Art. 1 Abs. 3 GG speziell für die Grundrechte ausgesprochen ist. Es wäre allerdings ein Zirkelschluß, den Vorrang der Verfassung mit eben diesen Vorschriften auch begründen zu wollen. Auch für sie stellt sich die Frage der Höherrangigkeit. Letztlich läßt sich die Höherrangigkeit der Verfassung nur im Sinne der Integrationslehre Smends erklären: Die Deutschen sind sich darin einig, das Grundgesetz als verbindliche Grundlage allen staatlichen Lebens anzuerkennen.[982].

Inhalt und Formulierungen der Grundrechte knüpfen unmittelbar an den zweiten Hauptteil der Weimarer Reichsverfassung an. Auf soziale und ökonomische Rechte wurde bewußt verzichtet, auch insofern diente die Weimarer Reichsverfassung als – allerdings negatives – Vorbild[983]. Die Grundrechte, allen voran die Menschenwürde[984], wurden als direkte Reaktion auf den Nationalsozialismus am Anfang der Verfassung plaziert. Sie sollten oberste Maxime allen staatlichen Handelns werden. Gemäß Art. 1 Abs. 3 GG binden sie Gesetzgebung, vollziehende Gewalt und Rechtsprechung als unmittelbar geltendes Recht. Damit ist klargestellt, daß sie nicht nur, wie teilweise in Weimar mangels einer entspre-

---

980 *Rüthers*, Rechtstheorie, Rn. 431.

981 *Hoffmann*, Das Verhältnis von Gesetz und Recht, S. 56; *Stern*, Staatsrecht I, S. 798.

982 *Stein*, Staatsrecht, S. 17 f.

983 *Pieroth/Schlink*, Grundrechte, Rn. 39.

984 Zu der durch die Formulierung in Art. 1 Abs. 3 GG „die nachfolgenden Grundrechte“ hervorgerufenen Streitfrage, ob die Menschenwürdegarantie des Art. 1 Abs. 1 GG ein Grundrecht darstellt, siehe *Jarass/Pieroth*, GG, Art. Rn. 3; *Pieroth/Schlink*, Grundrechte, Rn. 350.

chenden Vorschrift angenommen, bloße Programmsätze sind. So hatte es auch die Paulskirchenverfassung von 1849 vorgesehen.

Während in der Weimarer Reichsverfassung ein Großteil der Grundrechte unter den allgemeinen Gesetzesvorbehalt gestellt und insofern „nahezu nichtssagend"[985] war, sichert die Wesensgehaltsgarantie des Art. 19 Abs. 2 GG einen vorbehaltsfesten Kern und entzieht die Grundrechte der gänzlichen Relativierung durch den einfachen Gesetzgeber. Die als Grundrecht ausgestaltete Rechtsweggarantie des Art. 19 Abs. 4 GG ermöglicht jedermann, der durch die öffentliche Gewalt in seinen Rechten verletzt wird, den Rechtsweg zu beschreiten. Dabei ist unter „öffentlicher Gewalt" nur die vollziehende Gewalt und nicht die gesetzgebende und richterliche Gewalt zu verstehen. Art. 19 Abs. 4 GG will Schutz durch, nicht gegen den Richter gewährleisten[986].

Die in Weimar gängige Praxis stillschweigender Verfassungsänderungen ist durch Art. 79 Abs. 1 GG verboten. Grundgesetzänderungen erfordern – neben der verfassungsändernden Mehrheit des Art. 79 Abs. 2 GG – ein ausdrücklich darauf gerichtetes Gesetz. Die Ewigkeitsklausel des Art. 79 Abs. 3 GG entzieht Art. 1 und 20 GG – die Garantie der Menschenwürde, die unmittelbare Bindung aller staatlichen Gewalt an die Grundrechte und die grundlegenden Verfassungsprinzipien – jeder staatlichen Verfügungsgewalt.

Derart durch verfassungsmäßige Sicherungen gestärkt entwickelten sich die Grundrechte zum heiligen Gral der Rechtswissenschaft[987]. Den stärksten Bedeutungszuwachs erfuhren sie jedoch durch die Rechtsprechung des Bundesverfassungsgerichts.

II. Das Bundesverfassungsgericht als Hüter der Verfassung

Mit der Errichtung Bundesverfassungsgerichts wurde das verwirklicht, was in den letzten Jahren der Weimarer Republik nahezu einhellig gefordert worden war: die Schaffung einer umfassenden Verfassungsgerichtsbarkeit[988]. Die dama-

985 In diesem Sinne *Thoma*, Grundrechte und Grundpflichten I, S. 7; vgl. *Anschütz*, WRV, vor Art. 109 Anm. 5 c, 6.

986 *Ipsen*, Staatsrecht I, Rn. 797 ff.; *Pieroth/Schlink*, Grundrechte, Rn. 1009 ff.

987 *Stolleis*, Weimarer Kultur und Bürgerrechte, S. 99 f.

988 Zu den Beratungen des Parlamentarischen Rats über die Errichtung des Bundesverfassungsgerichts siehe *Wendenburg*, Die Debatte um die Verfassungsgerichtsbarkeit, S. 233 ff.

ligen Vorschläge hatten sich freilich vor allem auf die Einrichtung eines Organstreitverfahrens sowie eines konkreten und abstrakten Normenkontrollverfahrens bezogen, an eine Verfassungsbeschwerde, das heute mit Abstand häufigste[989] verfassungsgerichtliche Verfahren, hatte man nicht gedacht[990].

1. Die Grundrechte als objektive Werteordnung

Im Mittelpunkt der nunmehr fast hundertbändigen Rechtsprechung des Bundesverfassungsgerichts steht die Auslegung der Grundrechte. Die Grundrechte überlagern heute das gesamte einfache Recht. Jede staatliche Tätigkeit ist grundrechtsrelevant. Den Grundstein für diese Entwicklung legte das Bundesverfassungsgericht in zwei Entscheidungen aus den fünfziger Jahren

Im sogenannten Elfes-Urteil vom 16.1.1957[991] war fraglich, ob das in Art. 2 Abs. 1 GG geschützte Recht auf „freie Entfaltung der Persönlichkeit" nur Handlungen von Gewicht für die Persönlichkeitsverwirklichung oder allgemein jede noch so belanglose Handlung schütze. Das Bundesverfassungsgericht entschied sich für die weite Auslegung[992] mit ebenso weitreichenden Folgen für die Effektivität verfassungsgerichtlichen Rechtsschutzes. Jegliche staatliche Verhaltensbeschränkung war nunmehr grundrechtsrelevant und potentiell rügefähig.

Im sogenannten Lüth-Urteil vom 15.1.1958[993] war zu entscheiden, ob die auf § 826 BGB gestützte zivilrechtliche Untersagung eines Boykottaufrufs den Beschwerdeführer in seinem Grundrecht aus Art. 5 Abs. 1 GG auf freie Meinungsäußerung verletzte. Es ging um die umstrittene Drittwirkungsproblematik. Die Frage war, ob und wenn ja, inwieweit die Grundrechte auch zwischen Privaten Geltung beanspruchen können[994]. Das Bundesverfassungsgericht wählte bekanntlich einen Mittelweg. Die Grundrechte seien nicht nur staatsgerichtete, subjektive Abwehrrechte, sondern verkörperten daneben eine objektive Werteordnung, die als verfassungsrechtliche Grundentscheidung für alle Bereiche des

---

989 *Schlaich/Korioth*, Das BVerfG, Rn. 187; *Ipsen*, Staatsrecht I, Rn. 958.

990 Vgl. aber *Anschütz*, 34. DJT, S. 274 (siehe oben Seite 121), der in Verfahren vor dem Staatsgerichtshof über die Auslegung und Anwendung der Reichsverfassung auch dem Einzelnen die Antragsbefugnis zusprechen wollte, in den Grundrechten allerdings bloße, nicht justiziable Programmsätze sah.

991 BVerfGE 6, 32.

992 BVerfGE 6, 32 (36).

993 BVerfGE 7, 198.

994 Zum damaligen Stand der Meinungen siehe *Laufke*, FS für Lehmann, S. 145 ff., *Dürig*, FS für Nawiasky, S. 157 ff.

Rechts gelte. Im bürgerlichen Recht entfalte sich der Rechtsgehalt der Grundrechte unmittelbar durch die privatrechtlichen Vorschriften, insbesondere die Generalklauseln[995]. Verkenne der Richter den Gehalt der Grundrechtsnorm, verstoße er nicht nur gegen objektives Verfassungsrecht, sondern verletze als Träger öffentlicher Gewalt durch sein Urteil das Grundrecht, auf dessen Beachtung auch durch die rechtsprechende Gewalt der Bürger einen Anspruch habe[996].

Diese im Kern auf Rudolf Smend zurückgehende Lehre war zwar im Hinblick auf die bereits entwickelte Figur der verfassungskonformen Auslegung[997] nicht fernliegend. Dennoch brachte das Lüth-Urteil eine Neuerung von außerordentlicher dogmatischer Tragweite. Waren die Grundrechte bis dahin ausschließlich Abwehrrechte des Einzelnen gegen den Staat, wurde ihre Wirkung nun auf privatrechtliche Beziehungen, ja auf die Gestaltung der gesamten Rechtsordnung ausgedehnt. Aus ihrer klassischen Staatsrichtung gelöst, entwickelten sie sich bald zum selbständigen Prüfungsmaßstab außerhalb der klassischen, zweidimensionalen Eingriffslage[998]. Abwägung und Optimierung im Namen einer ranghöheren Werteordnung rückten in den Vordergrund der Grundrechtsprüfung. Verstärkend wirkte eine zunehmend weite Auslegung der Schutzbereiche bei den Freiheitsrechten[999], wie sie das Bundesverfassungsgericht für Art. 2 Abs. 1 GG bereits demonstriert hatte[1000]. Die Idee einer den Grundrechten zugrundeliegenden objektiven Werteordnung führte schließlich zur Anerkennung staatlicher Schutzpflichten[1001]. Nur so war es möglich, den einzelnen vor Freiheitsgefährdungen von dritter Seite zu schützen. Da Schutzpflichten in der Regel durch Freiheitsbeschränkungen erfüllt werden, geht es auch hier wieder um eine Abwägung verschiedener Grundrechtspositionen.

Als Folge eines derartig weiten Grundrechtsverständnisses können die Grundrechte in fast alle Gebiete des Rechts „ausstrahlen“[1002] und eine allumfassende Prüfungskompetenz des Bundesverfassungsgerichts rechtfertigen. Die unbegrenzte Abwägung führt zu einer Aufweichung des einfachen Rechts. Ein Ge-

---

995 BVerfGE 7, 198 (204 ff.).
996 BVerfGE 7, 198 (206 f.).
997 Erstmals BVerfGE 2, 266 (282).
998 Z. B. BVerfGE 25, 256 – Blinkfüer.
999 Exemplarisch BVerfGE 24, 236 (244 ff.) zu Art. 4 Abs. 1 GG, BVerfGE 30, 173 (189) – Mephisto; BVerfGE 67, 213 (224) – Anachronistischer Zug – zu Art. 5 Abs. 3 GG.
1000 BVerfGE 6, 32, siehe oben Seite 202.
1001 BVerfGE 39, 1.
1002 Vgl. BVerfGE 7, 198 (207).

setz, welches unter dem Vorbehalt einer einzelfallbezogenen Abwägung steht, erhebt nicht mehr den Anspruch, eine bestimmte Situation verbindlich regeln zu wollen. Der Verlust an Normativität führt zu einer Lockerung der richterlichen Gesetzesbindung[1003]. Die Lockerung kann nicht durch die Bindung an die Verfassung ausgeglichen werden; die verfassungsrechtliche Überlagerung bewirkt überhaupt erst den Verlust an Normativität. An die Stelle der Gesetzesbindung tritt über weite Bereiche die Bindung an die Rechtsprechung des Bundesverfassungsgerichts, welches letztverbindlich über die Auslegung und Anwendung des einfachen Rechts unter Berücksichtigung der Verfassung entscheidet. Es ist ein normaler Vorgang, daß untergeordnete Gerichte bei der Gesetzesauslegung und -anwendung an die Rechtsprechung höherer Gerichte gebunden sind. Das Bundesverfassungsgericht unterscheidet sich von anderen übergeordneten Gerichten jedoch dadurch, daß es primär Verfassungsrecht anwendet. Anders als einfachgesetzliche Normen enthält das Grundgesetz insbesondere im Grundrechtsteil nur geringe inhaltliche Vorgaben. Es will lediglich Rahmenbedingung aufstellen, denen, anders als das Bundesverfassungsgericht vorgibt, in der Regel keine im Detail vorgegebene Lösung eines Interessenkonflikts zu entnehmen ist.

2. Die Normenkontrolle

Das Grundgesetz kennt ein abstraktes und ein konkretes Normenkontrollverfahren. Das abstrakte Normenkontrollverfahren erfolgt in der Praxis eher selten. Antragsberechtigt sind gemäß Art. 93 Abs. 1 Nr. 2 GG die Bundes- oder Landesregierung oder ein Drittel der Mitglieder des Bundestages. Weitaus häufiger ist die Normenkontrolle auf gerichtliche Initiative, das konkrete Normenkontrollverfahren gemäß Art. 100 Abs. 1 GG, welches historisch aus dem allgemeinen richterlichen Prüfungsrecht hervorgegangen ist[1004]. Art. 100 Abs. 1 GG normiert das richterliche Prüfungsrecht nicht, sondern setzt es voraus. Jeder Richter hat zu prüfen, ob das von ihm anzuwendendes Gesetz formell und materiell verfassungsgemäß ist. Hält er das Gesetz für verfassungswidrig, muß er es dem Bundesverfassungsgericht zur Entscheidung vorlegen. Dieses entscheidet letztverbindlich über die geltend gemachte Verfassungswidrigkeit. Kommt das Bundesverfassungsgericht ebenfalls zu dem Schluß, daß das Gesetz verfas-

---

1003 *Isensee*, JZ 1996, S. 1085 (1090); vgl. *Berkemann*, DVBl. 1996, 1028 (129, 1033).
1004 *Stern*, Staatsrecht II, S. 988; *Ipsen*, Staatsrecht I, Rn. 916; *Maunz/Zippelius*, Staatsrecht, S. 357.

sungswidrig ist, erklärt es das Gesetz mit Wirkung ex tunc für nichtig. Teilweise stellt es auch nur die Verfassungswidrigkeit fest, womit eine Gesetzesänderung für notwendig erklärt, die weitere Gestaltung aber dem Gesetzgeber überlassen wird. Dieser Weg wird in der Regel dann gewählt, wenn es mehrere Möglichkeiten für die Beseitigung der Verfassungswidrigkeit gibt[1005] oder wenn durch die Nichtigerklärung eine Lage entstände, die mit dem Grundgesetz noch weniger vereinbar wäre als der bestehende Zustand[1006]. Die Entscheidung des Bundesverfassungsgerichts hat deklaratorische Wirkung. Gemäß § 31 Abs. 2 Satz 1 i. V. m. § 13 Nr. 11 GG kommt ihr Gesetzeskraft zu.

Das Bundesverfassungsgericht hat die Vorlagepflicht des Art. 100 Abs. 1 Satz 1 GG in zweifacher Hinsicht eingeschränkt. Gesetz im Sinne von Art. 100 Abs. 1 Satz GG sei nur ein „förmliches Gesetz"[1007]. Die Vorlagepflicht beschränke sich ferner auf nachkonstitutionelle Gesetze[1008], es sei denn, der Gesetzgeber habe das vorkonstitutionelle Gesetz „in seinen Willen aufgenommen"[1009]. Die Begründung der Ausnahmeregelung für vorkonstitutionelle Gesetze – der vorkonstitutionelle Gesetzgeber brauche gegen den Zugriff des Richters nicht „geschützt" zu werden[1010] – vermag freilich in dogmatischer Hinsicht nicht zu überzeugen und läßt sich nur mit praktischen Erwägungen rechtfertigen. Das Bundesverfassungsgericht befand sich bei seiner Errichtung in der besonderen Situation, daß es ohne eine Beschränkung auf nachkonstitutionelle Gesetze weite Bereiche vorkonstitutionellen Rechts auf ihre Übereinstimmung mit der Verfassung hätte prüfen müssen; dies wäre praktisch nicht durchführbar gewesen[1011]. Für vorkonstitutionelle und nicht förmliche Gesetze verbleibt es damit bei einem allgemeinen richterlichen Prüfungsrecht, wie es historisch verstanden wurde. Die Verwerfungskompetenz liegt also bei jedem einzelnen Richter, der das Gesetz zwar nicht allgemeinverbindlich für nichtig erklären, aber im konkreten Fall unangewendet lassen kann.[1012].

Mit Art. 100 Abs. 1 GG wurde dem in Deutschland seit Mitte der zwanziger Jahre vom Reichsgericht in Anspruch genommenen richterlichen Prüfungsrecht

1005 BVerfGE 84, 9 (20); 87, 114 (136).
1006 BVerGE 61, 319 (356); 84, 9 (20); 90, 60 (104 f.).
1007 BVerfGE 17, 208 (209 f.).
1008 BVerfGE 2, 124 (128 ff.) st. Rspr.
1009 BVerGE 6, 55 (65) st. Rspr.
1010 BVerfGE 2, 124 (129).
1011 *Ipsen*, Staatsrecht I, Rn. 925.
1012 Vgl. *Ipsen*, a. a. O., Rn. 921.

mit der Folge eigener Verwerfungskompetenz eine klare Absage erteilt. Der Richter soll Gesetze prüfen, nicht aber, von wenigen Ausnahmen abgesehen, verwerfen dürfen. Nie wieder sollte es jedem einzelnen Richter möglich sein, sich durch Nichtanwendung von Gesetzen über den parlamentarischen Gesetzgeber hinwegzusetzen[1013].

Außerhalb eines Normenkontrollverfahrens kann die Verfassungswidrigkeit eines Gesetzes im Wege der Verfassungsbeschwerde gerügt werden. Fast alle Verfassungsbeschwerden richten sich gegen richterliche Entscheidungen. Mittelbar geht es aber auch hier um eine Normenkontrolle, wenn die Verfassungsmäßigkeit der gesetzlichen Regelung, auf die sich das Urteil stützt, in Frage steht.

Von besonderer Bedeutung bei der Normenkontrolle ist die verfassungskonforme Auslegung. Das Bundesverfassungsgericht erklärte bereits frühzeitig, ein Gesetz sei nur dann verfassungswidrig, wenn eine verfassungsgemäße Auslegung nicht möglich sei[1014]. Dahinter stand die Absicht, den Gesetzgeber vor zu weitgehenden, unnötigen Korrekturen durch den Richter zu schützen. Von einer selbst auferlegten Beschränkung gegenüber dem Gesetzgeber ist oft wenig zu merken. Hinter der Absichtserklärung, ein Maximum an gesetzgeberischer Intention aufrechtzuerhalten, verbirgt sich nicht selten die autoritative Feststellung dessen, was das Parlament bei Beachtung des Grundgesetzes zulässigerweise hätte wollen dürfen. Dieses erklärt das Bundesverfassungsgericht zum angeblich Gewollten, anstatt das tatsächlich Gewollte für verfassungswidrig zu erklären[1015].

Immer häufiger sieht sich das Bundesverfassungsgericht dem Vorwurf ausgesetzt, Politik in den Formen des Rechts zu betreiben[1016]. Die Handhabung der verfassungskonformen Auslegung ist nur einer von vielen Angriffspunkten, wenn es um die Substantiierung dieses Vorwurfs geht. Der politische Charakter des Verfassungsrechts und das dadurch bedingte Spannungsverhältnis zwischen verfassungsgerichtlicher und legislativer Tätigkeit war bereits auf der sechsten Staatsrechtslehrertagung 1928 in Wien Gegenstand der Diskussion gewesen.

1013 *Stern*, Staatsrecht II, S. 988; *Mangoldt/Klein*, GG, Art. 100 Rn. 3; *Jarass/Pieroth*, GG, Art. 100 Rn. 1.

1014 BVerfGE 2, 266 (282); 49, 148 (157); 66, 313 (319); 67, 70 (88); 83, 201 (214 f.); 86, 288 (320); 88, 145 (166 f.); anders noch RGZ 9, 232, hierzu siehe oben Seite 26.

1015 *Schuppert*, Funktionell-rechtliche Grenzen der Verfassungsinterpretation, S. 6 f.; vgl. *Bettermann*, FS für Broermann, S. 493.

1016 *Simon*, HdVerfR, § 34 Rn. 46 m. Fn. 37.

Triepel hatte daher erklärt, der politische Charakter des Verfassungsrechts widerspreche bis zu einem gewissen Grad der Institution einer Verfassungsgerichtsbarkeit[1017]. An diesem Spannungsverhältnis hat sich bis heute nichts geändert. Die Grenzen zwischen Gesetzgeber und Verfassungsgericht müssen immer wieder neu bestimmt werden. Rational nachvollziehbare Kriterien kann es nur bedingt geben.

3. Die Urteilskontrolle

Eine grundsätzlich andere Lage als bei der Normenkontrolle ergibt sich, wenn eine rechtskräftige Entscheidung mit der Verfassungsbeschwerde angegriffen wird und nicht das der Entscheidung zugrunde liegende Gesetz, sondern der Akt der Gesetzesanwendung selbst gerügt wird. Es geht um Fälle der sogenannten reinen Urteilsverfassungsbeschwerde. Auch hier stellte sich die Frage der Grenzziehung, diesmal zwischen der Rechtsprechung des Bundesverfassungsgerichts und derjenigen der anderen Gerichte.

Die entscheidenden verfassungspolitischen Weichenstellungen in der Geschichte der Urteilskontrolle nahm das Bundesverfassungsgericht im Elfes- und im Lüth-Urteil[1018] vor. In der Konsequenz des Elfes-Urteils lag es, daß über Art. 2 Abs. 1 GG nunmehr auch objektives Verfassungsrecht rügefähig war. Jedermann konnte im Wege der Verfassungsbeschwerde geltend machen, das letztinstanzliche Gericht habe durch falsche Anwendung des einfachen Rechts seine Gesetzesbindung gemäß Art. 20 Abs. 3 GG und Art. 97 GG verletzt[1019]. Folge des Lüth-Urteils war es, daß nicht nur Art. 2 Abs. 1 verletzt und im Wege der Verfassungsbeschwerde rügefähig war, wenn der Richter die objektive Ausstrahlungswirkung eines speziellen Grundrechts verletzt hatte, sondern das spezielle Grundrecht selbst. Zwar band bereits Art. 1 Abs. 3 GG den Richter unmittelbar an die Grundrechte. Die Grundrechtsbindung des Richters war jedoch bislang nur dahingehend verstanden worden, der Richter dürfte keine grundrechtswidrigen Gesetze anwenden. Die richterliche Gesetzesanwendung als solche war bis zum Lüth-Urteil nicht grundrechtsgebunden gewesen.

Bereits im Lüth-Urteil hatte sich das Bundesverfassungsgericht um Einschränkung seiner Prüfungskompetenz bemüht. Es sei nicht Sache des Verfassungsge-

---

1017 *Triepel*, VVDStRL 5 (1929), 8; siehe oben Seite 143.
1018 BVerfGE 6, 32; 7, 198; siehe oben Seite 202 f.
1019 *Berkemann*, DVBl. 1996, 1028 f.

richts, Urteile des Zivilrichters in vollem Umfang auf Rechtsfehler zu prüfen; das Verfassungsgericht habe lediglich die bezeichnete „Ausstrahlungswirkung" der Grundrechte auf das bürgerliche Recht zu beurteilen"[1020]. Später hieß es, nur bei einer Verletzung von „spezifischem Verfassungsrecht" durch die Gerichte könne das Bundesverfassungsgericht auf die Verfassungsbeschwerde hin eingreifen"[1021]. Daneben sind in neuerer Zeit andere, flexiblere Kriterien, wie Evidenz, Schutzbedürftigkeit und Intensität, getreten, um Reichweite und Grenzen der verfassungsgerichtlichen Kontrollkompetenz zu bestimmen[1022]. Von Zurückhaltung ist jedoch meist wenig zu merken.

Nahezu jeden bürgerlich-rechtlichen Interessenkonflikt deutet das Bundesverfassungsgericht in einen grundrechtlichen um. Für fast jede letztinstanzliche zivilgerichtliche Entscheidung hält sich das Bundesverfassungsgericht die Möglichkeit offen, abwägend einzugreifen. Bürgschaftsverträge unterzieht es einer Inhaltskontrolle im Hinblick auf eine strukturell ungleiche Verhandlungsstärke, wobei die beiden Vertragsparteien zustehende Privatautonomie gegeneinander abgewogen wird[1023]. Im Mietrecht wird das „Eigentumsrecht" des Mieters gegen das des Vermieters abgewogen[1024]. Auch Informationsfreiheit und Eigentumsrecht können zuweilen aufeinander treffen[1025].

Ist weder ein spezieller Schutzbereich noch Art. 2 Abs. 1 GG als Auffanggrundrecht einschlägig, greift das Bundesverfassungsgericht zur Überprüfung gerichtlicher Entscheidungen auf Art. 3 Abs. 1 GG zurück. In seiner Ausprägung als allgemeines Willkürverbot verbietet er Regelungen, für die sich ein vernünftiger, aus der Natur der Sache folgender oder sonstwie einleuchtender Grund nicht finden läßt, die also auf „sachfremden" Erwägungen beruhen[1026]. Entwickelt wurden diese Kriterien mit Blick auf den Gesetzgeber. Ihre Übertragung auf das Verhältnis zu den Gerichten bereitet insofern Schwierigkeiten, als Maßstab für die „Sachgerechtigkeit" richterlicher Entscheidungen nur Gesetz und Recht (Art. 97 Abs. 1, 20 Abs. 3, 1 Abs. 3 GG) sein können[1027]. Nicht jede nach einfachem Recht falsche Entscheidung kann aber verfassungsgerichtlich über-

1020 BVerfGE 7, 198 (207).
1021 BVerfGE 18, 85 (92).
1022 Vgl. *Berkemann*, DVBl. 1986, 1028 (1034 ff.).
1023 BVerfGE 89, 214 (232).
1024 BVerfGE 89, 1 (5 ff.).
1025 BVerfGE 90, 27 (31 ff.) – Parabolantenne.
1026 BVerfGE 2, 266 (281); 4, 144 (155); 36, 174 (187); 55, 72 (90); 68, 237 (250).
1027 *Winter*, Richterliche Willkür, S. 615.

prüfbar sein. Nach Ansicht des Bundesverfassungsgerichts ist erforderlich, daß die fehlerhafte Rechtsanwendung unter Berücksichtigung der das Grundgesetz beherrschenden Gedanken nicht mehr verständlich ist und sich daher der Schluß aufdrängt, daß sie auf sachfremden Erwägungen beruht[1028]. Ein solcher Verfassungsbezug fehlt allerdings zumeist, wenn das Bundesverfassungsgericht gerichtliche Entscheidungen einer Willkürkontrolle unterzieht. Maßgeblich scheint vielmehr die Offensichtlichkeit des Fehlers sein[1029].

Die verfassungsgerichtliche Nachprüfung richterlicher Gesetzesanwendung läßt sich unter vielen Gesichtspunkten kritisieren[1030]. Mit an erster Stelle stehen die erheblichen Eingriffe in das jeweilige Rechtsmittelsystem. Unterschiede zur Tätigkeit eines Revisionsgerichts lassen sich nur noch schwer ausmachen[1031]. Die Beschränkung des Art. 19 Abs. 4 GG auf den Schutz durch den Richter läuft damit – zumindest teilweise – leer.

III. Die Entthronung der Staatsrechtslehre

Der staatsrechtliche Methodenstreit setzte sich nach 1945 nicht fort. Die Positivisten aus der Weimarer Zeit – Kelsen, Anschütz, Thoma, Stier-Somlo, Giese und Nawiasky – kamen in den Jahren nach dem zweiten Weltkrieg nur noch am Rande zu Wort. Dominiert wurde die Staatsrechtslehre von den Anhängern der geisteswissenschaftlichen Methode – Smend, Kaufmann, Leibholz und Scheuner. Dies entsprach der auch in der allgemeinen Methodenlehre zu beobachtenden Rückkehr zum Naturrecht. Aber auch nach Abklingen der Naturrechtsrenaissance kam es nicht zu einer Erneuerung der Weimarer Diskussion über grundlegende Fragen des Staates sowie Weg und Ziel der Staatsrechtslehre.

Dies lag sicherlich mit daran, daß Kelsen in die USA ausgewandert war und damit der Hauptgegner der geisteswissenschaftlichen Richtung das Diskussionsfeld verlassen hatte. Zwar war die Wiener Schule in Österreich weiterhin herrschend. Bis heute ist das positivistische Denken dort wesentlich stärker verbreitet als in Deutschland. Österreich hatte sich jedoch inzwischen als eigene Nati-

---

1028 BVerfGE 62, 189 (192); 67, 90 (94); 70, 93 (97).

1029 BVerfGE 57, 39 (42); 70, 93 (97 f.); 81, 208 (218); 83, 82 (87); 89, 1 (14).

1030 *Berkemann*, DVBl. 1996, 1028 (1034 ff.), *Isensee*, JZ 1996, 1085 (1089 ff.); *Starck*, JZ 1996, 1033 (1036 ff.); *Brohm*, NJW 2001, 1 (8 ff.).

1031 *Winter*, Richterliche Willkür, S. 621 ff.; *Isensee*, a. a. O., S. 1090; *Starck*, a. a. O., S. 1037.

on geformt. Der Positivismus der Wiener Schule erschien nicht mehr als ein deutsches Problem und umgekehrt. Hinzu kam, daß nach den Erfahrungen des Nationalsozialismus die von Kelsen geforderte Reinheit des Rechts zwar noch theoretisch faszinierend, aber nicht mehr praktisch erstrebenswert erschien[1032].

Der Hauptgrund dafür, daß es nicht zu einer Erneuerung des Methodenstreits kam, liegt jedoch in der Errichtung des Bundesverfassungsgerichts. Hatte es nach dem ersten Weltkrieg eine neue Verfassung gegeben, aber keine Verfassungsrechtsprechung, die den einzuschlagenden Weg bei ihrer Konkretisierung hätte vorgeben können, war die Lage nach dem zweiten Weltkrieg eine grundsätzlich andere. 1951 nahm das Bundesverfassungsgericht seine Spruchtätigkeit auf. Die Durchdringung und Ausformung des geltenden Verfassungsrechts oblag fortan nur noch sekundär der Staatsrechtslehre. Mit der Rechtsprechung des Bundesverfassungsgerichts setzte ein sich ständig verstärkender „Verfassungsgerichtspositivismus" ein, der für entgegenstehende Konzeptionen kaum Raum läßt, denen es jedenfalls an praktischer Verwertbarkeit und damit an Relevanz fehlen würde. Die Vertreter der Staatsrechtslehre sind heute entweder selbst als Richter am Bundesverfassungsgericht tätig oder konzentrieren sich darauf, die Rechtsprechung des Bundesverfassungsgerichts kommentierend zu begleiten[1033].

1032 *Stolleis*, Der Methodenstreit der Weimarer Staatsrechtslehre, S. 19.
1033 *Schlink*, Der Staat 28 (1989), 161 (162 ff.); *Stolleis*, a. a. O., S. 20.

Zusammenfassung

Mit der Reichsgründung von 1871 setzte ein Stabilisierungsprozeß ein. Das Bürgertum löste sich aus seiner Oppositionshaltung und akzeptierte den neuen Staat. Gleiches galt für die Richterschaft. Die Richter vor der Reichsgründung waren liberal und politisch engagiert gewesen. Die Richter des Kaiserreichs waren konservativ und staatsergeben. Im Staatsrecht trat der staatsrechtliche Positivismus unter Führung von Laband seinen Siegeszug an. Die Verfassung wurde als reines Organisationsstatut begriffen, über dessen Einhaltung der Kaiser wachte. Ein materielles Prüfungsrecht des Richters wurde dementsprechend abgelehnt. Entscheidungen des Reichsgerichts zum richterlichen Prüfungsrecht gegenüber Reichsgesetzen gab es nur wenige, und diese ergaben kein einheitliches Bild. Die zivilrechtliche Methodenlehre blieb durch den nach der Reichsgründung einsetzenden Stabilisierungsprozeß weitgehend unbeeinflußt. Die begriffsjuristische Form des Denkens, wie sie sich nun im Staatsrecht durchsetzte, war im Zivilrecht seit langem herrschend. Hiernach war die Rechtsordnung lükkenlos, jede Entscheidung durch Deduktion ohne rechtsschöpfende Tätigkeit aus dem Gesetz ableitbar. Um die Wende zum 20. Jahrhundert wurde vermehrt Kritik an diesem Lückenlosigkeitsdogma laut. Mit der Freirechtlehre und der Interessenjurisprudenz entstanden zwei Strömungen, die das Modell der richterlichen Rechtsfindung theoretisch revolutionierten, auf die Praxis jedoch zunächst wenig Einfluß ausübten.

Erst in der Weimarer Republik kam es auch in der Praxis zu einer Neubewertung der Stellung des Richters und seines Verhältnisses zum Gesetz. Für die monarchisch gesinnte Richterschaft, die geschlossen in die Weimarer Republik eintrat, brach mit dem Untergang des Kaiserreichs eine Welt zusammen. Es waren jedoch weniger die politischen als die sozialen und wirtschaftlichen Umwälzungen der Inflation, die die Richter des Reichsgerichts dazu veranlaßten, sich eine freiere Stellung gegenüber dem Gesetz zu verschaffen. Die Inflation führte zu einer Umverteilung des Wohlstandes. Grund hierfür war der gesetzliche Grundsatz „Mark gleich Mark", der es ermöglichte, in Goldmark begründete Verbindlichkeit mit wertloser Papiermark zu begleichen. Die 1918/19 einsetzende Rechtsprechung zu den Folgen der Inflation betraf zunächst die Abwicklung beiderseits unerfüllt gegenseitiger Verträge. Anfangs kam für das Reichsgericht nur die Auflösung oder Nichtauflösung des Vertrags in Betracht. Das Problem der Geldentwertung blieb hinter der Erschwerung der Sachleistung verborgen. Im September 1920 erhöhte das Reichsgericht erstmals die Gegenleistung. In den Vordergrund der Entscheidungsbegründung war vollends das auf § 242 BGB gestützte Argument der Unzumutbarkeit gerückt. Im Laufe des Jahres 1923 nahm die Inflation immer dramatischere Ausmaße an. Der Gesetzgeber jedoch blieb untätig. Im November 1923 schließlich erklärte das Reichsgericht unter Berufung auf § 242 BGB auch die Aufwertung einseitiger Zahlungsverpflichtungen für zulässig. Der Gesetzgeber, zur damaligen Zeit die Reichsregierung, wurde zum Tätigwerden gezwungen und erließ die 3. Steuernotverordnung, wonach die Aufwertung in begrenztem Umfang schematisiert zugelassen wurde. Auch hierdurch sahen sich die Gläubiger noch entrechtet und bestritten die Rechtsgültigkeit der Verordnung. Das Reichsgericht bestätigte jedoch die Verfassungsmäßigkeit der 3. Steuernotverordnung. Als das Reichsgericht am 5. November 1925 auch das die 3. Steuernotverordnung ablösende Aufwertungsgesetz auf seine Verfassungsmäßigkeit prüfte und diese bestätigte, nahm es erstmals ausdrücklich ein allgemeines richterliches Prüfungsrecht gegenüber Reichsgesetzen in Anspruch. Prüfungsmaßstab war insbesondere die Eigentumsgarantie des Art. 153 Abs. 1 WRV. Die richterliche Prüfungskompetenz wurde seitdem nie wieder ernsthaft bestritten, und die Grundrechte entwikkelten sich zu Normen, die alle rechtserzeugenden Organe banden. Historisch einzigartig ist, daß Richter des Zivilrechts den Anstoß für diesen heute nicht mehr wegzudenkenden Bedeutungswandel der Grundrechte gaben.

Von antiparlamentarischen oder antidemokratischen Hintergedanken war in den Entscheidungen des Reichsgerichts nichts zu spüren. Inwiefern die reservierte bis ablehnende Haltung der Richter gegenüber der Weimarer Staatsform dennoch unbewußt dazu beitrug, sich über geltendes Währungsrecht hinwegzusetzen, muß unbeantwortet bleiben. Gleiches gilt für die Frage, ob sich das Reichsgericht ebenso verhalten hätte, wenn die Inflation im Kaiserreich stattgefunden hätte. Nichtgeschichte kann nicht betrieben werden. Direkte Verbindungslinien zwischen der Freirechtsbewegung und der Aufwertungsrechtsprechung bestehen nicht. Es läßt sich aber von einer Fernwirkung der Freirechtsbewegung sprechen, weil sie der in der Aufwertungsrechtsprechung vollzogenen Neubewertung der richterlichen Stellung gegenüber dem Gesetz methodisch den Weg ebnete.

Die Frage des richterlichen Prüfungsrechts war in den zwanziger Jahren auf fast allen Juristentagen und Staatsrechtslehrertagungen Erörterungsgegenstand. Seit Mitte der zwanziger Jahre setzten sich Gegner und Befürworter des richterlichen Prüfungsrechts für eine Zentralisierung der Prüfungsbefugnis beim Staatsgerichtshof ein. Ein Gesetzesentwurf, der dem Staatsgerichtshof die konkrete und abstrakte Normenkontrollkompetenz zuwies, wurde nie Gesetz.

Parallel und teilweise verzahnt hierzu verlief der sogenannte Methoden- und Richtungsstreit der Staatsrechtslehre. Die unbestrittenen Höhepunkte dieser mit großer wissenschaftlicher Disziplin geführten Auseinandersetzung waren die Münsteraner und die Münchener Staatsrechtslehrertagungen 1926 und 1927. Es ging um die Grundrechte. Fraglich war, ob sie nur Programmsätze oder verbindliches Recht waren, falls ja, wen sie banden und mit welchem Inhalt. Auch die Frage einer – wie auch immer gearteten – richterlichen Kontrollkompetenz gewann hierdurch eine neue Dimension. Gegenüber standen sich die Vertreter einer positivistischen Methode und die Anhänger der neuen, geisteswissenschaftlichen Richtung, die das Verfassungsrecht in seiner politischen, kulturellen und geistesgeschichtlichen Bedingtheit zu erfassen suchten. Die Positivisten lehnten inhaltliche Bindungen des Gesetzgebers durch die Verfassung ab und stärkten damit die Stellungen des demokratischen Gesetzgebers. Hiermit einher ging meist die Ablehnung eines richterlichen Prüfungsrechts, was ihrem Engagement in staatsbejahenden Parteien entsprach. Weniger einheitlich war das Bild auf der Gegenseite. Heller als überzeugter Sozialdemokrat lehnte inhaltliche Bindungen des Gesetzgebers und ein richterliches Prüfungsrecht ebenfalls ab. Triepel, Smend und Kaufmann sahen dagegen auch den Gesetzgeber an die Grundrechte gebunden. Triepel und Kaufmann bejahten ein richterliches Prüfungsrecht. Smend äußerte sich hierzu überhaupt nicht. Obwohl alle drei der DNVP zumindest nahe standen, befanden sich jedenfalls Smend und Kaufmann mit ihren staatsrechtlichen Interessen und Motive überwiegend in Einklang mit der Weimarer Reichsverfassung. Ihre neuartigen Konzeptionen schwächten allerdings die Normativität der Verfassung und versagten ihr damit die dringend benötigte Stütze. Triepel war offen antidemokratisch und antiparlamentarisch eingestellt, was allerdings nur in einigen Schriften zum Ausdruck kam. Eine Sonderstellung nahm Schmitt mit seiner antiparlamentarischen Polemik ein, der den Ausbau der Verfassungsgerichtsbarkeit ablehnte und ein allgemeines richterliches Prüfungsrecht als Einschränkung der Exekutive nur eng begrenzt zulassen wollte.

Mit dem Ermächtigungsgesetz, spätestens mit dem Tod Hindenburgs hörte die Weimarer Reichsverfassung real zu existieren auf. Für ein richterliches Prüfungsrecht war in einem Staat ohne Verfassung und Gewaltenteilung kein Raum mehr. Die einfachen Gesetze wurden nicht mehr an der Verfassung, sondern an der nationalsozialistischen Ideologie gemessen und entsprechend ausgelegt. Die Freiheit des Richters gegenüber dem Gesetz erreichte ihren Höhepunkt.

Nach den Erfahrungen des Nationalsozialismus kehrten in Rechtswissenschaft und Praxis zunächst viele zum Naturrecht zurück, wobei viele der nunmehr führenden Antipositivisten genau jene Werte während des Nationalsozialismus verraten hatten. Die Grundrechte des Grundgesetzes sind positiviertes Naturrecht. Zum Hüter der Verfassung wurde das Bundesverfassungsgericht berufen. Die Staatsrechtslehre verlor ihre führende Rolle bei der Durchdringung und Ausgestaltung der Verfassung. Mit der in Art. 100 Abs. 1 GG geregelten Normenkontrollkompetenz wurde dem Richter das allgemeine Prüfungsrecht, wie es in der Weimarer Republik verstanden wurde, weitgehend entzogen. Im Mittelpunkt der verfassungsgerichtlichen Rechtsprechung steht die Auslegung der Grundrechte. Das Bundesverfassungsgericht sieht in den Grundrechten eine überallhin „ausstrahlende“ objektive Werteordnung. Im Namen dieser Werteordnung überprüft es Gesetze und Gerichtsentscheidungen auf ihre Verfassungsmäßigkeit. Das Verfassungsrecht überlagert heute das gesamte einfache Recht. Das einfache Recht wird dadurch der Relativierung preisgegeben.

Literaturverzeichnis

Adomeit, Klaus: Gustav Radbruch – zum 50. Todestag, in: NJW 1999, S. 3465–3469.

Akten der Reichskanzlei: Weimarer Republik, hrsg. v. Karl Dietrich Erdmann u. Hans Booms: Die Kabinette Marx I und II, bearbeitet v. Günter Abramowski, Boppard am Rhein 1973.

Anschütz, Gerhard: Drei Leitgedanken der Weimarer Reichsverfassung, Tübingen 1923.

- Empfiehlt es sich, die Zuständigkeiten des Staatsgerichtshofs auf andere als die im Art. 19 Abs. 1 RVerf. bezeichneten Verfassungsstreitigkeiten auszudehnen? in: Verhandlungen des 34. Deutschen Juristentags, Bd. 2, Berlin/Leipzig 1927, S. 193–213.

- Die Verfassung des Deutschen Reichs vom 11. August 1919, 14. Aufl. 1933, unveränderter Nachdruck Bad Homburg vor der Höhe 1960.

- Aus meinem Leben, Frankfurt am Main 1993.

Behrends, Okko: Von der Freirechtsbewegung zum konkreten Ordnungs- und Gestaltungsdenken, in: Recht und Justiz im „Dritten Reich“, hrsg. v. Ralf Dreier u. Wolfgang Sellert, Frankfurt a. M. 1989, S. 34–103.

Bendix, Ludwig: Recht und Pflicht des Richters zur Prüfung der materiellen Verfassungsmäßigkeit von Reichsgesetzen nach der Weimarer Verfassung (Das materielle Prüfungsrecht des Richters), in: JW 53 (1924), S. 527–528.

- Neuere Gesetzgebung wider Treu und Glauben, in: DJZ 29 (1924), Sp. 864–867.

Berkemann, Jörg: Strategie und Intensität richterlicher Gesetzeskontrolle im Aufwertungsurteil des Reichsgerichts vom 4. Nov. 1925 (RGZ 111, 320), in: EuGRZ 1986, S. 80–94.

- Das Bundesverfassungsgericht und „seine“ Verfassungsgerichtsbarkeiten, in: DVBl. 1996, S. 1028–1040.

Bettermann, Karl August: Reichsgericht und richterliches Prüfungsrecht, in: Demokratie in Anfechtung und Bewährung. Festschrift für Johannes Broermann, Berlin 1982, S. 491–515.

Binder, Julius: Bemerkungen zum Methodenstreit in der Privatrechtswissenschaft, in: ZHR 100 (1934), S. 4–83.

Binding, Karl: Handbuch des Strafrechts, Erster Band, Leipzig 1885.

Biographisches Lexikon zur Weimarer Republik: hrsg. v. Wolfgang Benz u. Hermann Graml, München 1988.

Björner, Ulf: Die Verfassungsgerichtsbarkeit im Norddeutschen Bund und Deutschen Reich (1867–1918), Frankfurt a. M. 2000.

Böckenförde, Wolfgang: Gesetz und gesetzgebende Gewalt, Berlin 1958.

- Der Verfassungstyp der deutschen konstitutionellen Monarchie, in: ders. (Hrsg.), Moderne deutsche Verfassungsgeschichte, Köln 1972, S. 146–170.

Brohm, Winfried: Die Funktion des BVerfG – Oligarchie in der Demokratie? in: NJW 2001, S. 1–10.

Bülow, Oskar: Gesetz und Richteramt, Leipzig 1885, Neudruck: Aalen 1972.

Deutsche Biographische Enzyklopädie: hrsg. v. Walther Killy u. Rudolf Vierhaus, Bd. 5, München 1997.

Dohna, Alexander Graf zu: Zulässigkeit und Form von Verfassungsänderungen ohne Änderung der Verfassungsurkunde, in: Verhandlungen des 33. Deutschen Juristentags, Berlin/Leipzig 1925, S. 31–44.

Döring, Herbert: Der Weimarer Kreis, Meisenheim am Glan 1975.

Dürig, Günter: Grundrechte und Zivilrechtsprechung, in: Vom Bonner Grundgesetz zur gesamtdeutschen Verfassung. Festschrift zum 75. Geburtstag von Hans Nawiasky, München 1956, S. 157–190.

Eckert, Jörn: Privatrecht und Staatsbankrott, in: Staatsfinanzen – Staatsverschuldung – Staatsbankrotte in der europäischen Staaten- und Rechtsgeschichte, hrsg. v. Gerhard Lingelbach, Köln/Weimar/Wien 2000.

Ehrlich, Eugen: Freie Rechtsfindung und freie Rechtswissenschaft, Leipzig 1903.

Engisch, Karl: Die Einheit der Rechtsordnung, Heidelberg 1935.

Erdmann, Karl Dietrich: Die Weimarer Republik, Gebhardt. Handbuch der deutschen Geschichte Bd. 19, 13. Aufl., München 1999.

- Deutschland unter der Herrschaft des Nationalsozialismus 1933–1939, Gebhardt. Handbuch der deutschen Geschichte Bd. 20, 11. Aufl., München 1999.

Evers, Hans-Ulrich: Zum umstrittenen Naturrechtsbewußtsein in der Rechtsprechung der Gegenwart, in: JZ 1961, S. 241–248.

Fangmann, Helmut D.: Justiz gegen Demokratie, Frankfurt a. M./New York 1979.

Forsthoff, Ernst: Zur Rechtsfindungslehre im 19. Jahrhundert, ZStW 96 (1936), S. 49–70.

Fraenkel, Ernst: Zur Soziologie der Klassenjustiz (1927), in: ders., Zur Soziologie der Klassenjustiz und Aufsätze zur Verfassungskrise 1931–1932, Darmstadt 1968.

Freisler, Roland: Recht und Gesetzgeber, in: DJ 98 (1936), S. 153–156.

Friedrich, Manfred: Der Methoden- und Richtungsstreit. Zur Grundlagendiskussion der Weimarer Staatsrechtslehre, in: AöR 102 (1977), S. 161–209.

- Rudolf Smend. 1882–1975, in: AöR 112 (1987), S. 1–26.

Fuchs, Ernst: Schreibjustiz und Richterkönigtum (1907), in: Gesammelte Schriften über Freirecht und Rechtsreform, Bd. 1, hrsg. v. Albert S. Foulkes, Aalen 1970, S. 29–115.

- Die Gemeinschädlichkeit der konstruktiven Jurisprudenz (1909), in: Gesammelte Schriften über Freirecht und Rechtsreform, Bd. 1, hrsg. v. Albert S. Foulkes, Aalen 1970, S. 143–455.

- Recht und Wahrheit in der heutigen Jurisprudenz, in: Gerechtigkeitswissenschaft, hrsg. v. Albert S. Foulkes u. Arthur Kaufmann, Karlsruhe 1965.

Giese, Friedrich: Verfassung des Deutschen Reiches vom 11. August 1919, 8. Aufl., Berlin 1931.

- Richard Thoma, in: JZ 1957, S. 589 f.

Gneist, Rudolf v.: Gutachten über die Frage, ob der Richter über das verfassungsmäßige Zustandekommen der Gesetze zu befinden hat, in: Verhandlungen des 4. Deutschen Juristenstages, Bd. 1, Berlin 1863, S. 212–239.

Goldschmidt, James: Gesetzesdämmerung, in: JW 53 (1924), S. 245–249, 343.

- Der Richter und der Geist der Weimarer Verfassung, in: DJZ 31 (1926) Sp. 153–155.

Görres (Vorname unbekannt): Besteht ein richterliches Prüfungsrecht gegenüber den Rechtsquellen nach der Reichsverfassung? in: JW 53 (1924), Sp. 1564–1566.

Grau, Richard: Rechtsprechung oder Gesetzgebung zur Anpassung des Privatrechts an die veränderten Verhältnisse, in: AcP 121 (1923), S. 318–363.

- Zum Gesetzesentwurf über die Prüfung der Verfassungsmäßigkeit von Reichsgesetzen und Reichsverordnungen, in: AöR 50 (1926), S. 287–335.

Grewe, Wilhelm: Erich Kaufmann zum 70. Geburtstag, in: JZ 1950, S. 405.

Grimm, Dieter: Das Reichsgericht in Wendezeiten, in: NJW 1997, S. 2719–2725.

Grimm, Dieter/Mohnhaupt, Heinz: Verfassung. Zur Geschichte des Begriffs von der Antike bis zur Gegenwart, 2. Aufl., Berlin 2002.

Gusy, Christoph: Richterliches Prüfungsrecht. Eine verfassungsgeschichtliche Untersuchung, Berlin 1985.

Hänzschel, Kurt: Das Recht der freien Meinungsäußerung, in: Handbuch des Deutschen Staatsrechts, Bd. 2, hrsg. v. Gerhard Anschütz u. Richard Thoma, Tübingen 1932, S. 651–675.

Hartung, Fritz: Jurist unter vier Reichen, Köln/Berlin/Bonn/München 1971.

Hase, Friedhelm: Richterliches Prüfungsrecht und Staatsgerichtsbarkeit, Jur. Diss., Gießen (1981).

Hattenhauer, Hans: Wandlungen des Richterleitbildes im 19. und 20. Jahrhundert, in: Recht und Justiz im „Dritten Reich“, hrsg. v. Ralf Dreier u. Wolfgang Seller, Frankfurt a. M. 1989, S. 9 –33.

Heck, Philipp: Gesetzesauslegung und Interessenjurisprudenz, in: AcP 112 (1914), S. 1–313.

- Aus dem Rechtsleben. Das Urteil des Reichsgerichts vom 28. November 1923 über die Aufwertung von Hypotheken und die Grenzen der Richtermacht, in: AcP 122 (1924), S. 203–226.
- Rechtserneuerung und juristische Methodenlehre, Tübingen 1936.
- Die Interessenjurisprudenz und ihre Gegner, in: AcP 142 (1936), S. 196–202.
- Rechtsphilosophie und Interessenjurisprudenz, in: AcP 143 (1937), S. 129–196.

Heffter, Heinrich: Die deutsche Selbstverwaltung im 19. Jahrhundert, 2. Aufl., Stuttgart 1969.

Heller, Hermann: Souveränität (1927), in: Hermann, Heller. Gesammelte Schriften, Bd. 2, hrsg. v. Christoph Müller, 2. Aufl., Tübingen 1992, S. 31–202.

- Der Begriff des Gesetzes in der Reichsverfassung, in: VVDStRL 4 (1928), S. 98–135.

- Freiheit und Form in der Reichsverfassung, in: Die Justiz V (1929/39), S. 672–677, in: Hermann, Heller. Gesammelte Schriften, Bd. 2, hrsg. v. Christoph Müller, 2. Aufl., Tübingen 1992, S. 371–377.

- Rechtsstaat oder Diktatur? (1930), in: Hermann, Heller. Gesammelte Schriften, Bd. 2, hrsg. v. Christoph Müller, 2. Aufl., Tübingen 1992, S. 443–462.

- Staatslehre (1934), in: Hermann Heller. Gesammelte Schriften, Bd. 3, hrsg. v. Christoph Müller, 2. Aufl., Tübingen 1992, S. 79–395.

Hippel, Ernst v.: Das richterliche Prüfungsrecht, in: Handbuch des Deutschen Staatsrechts, Bd. 2, hrsg. v. Gerhard Anschütz u. Richard Thoma, Tübingen 1932, S. 546–563.

Hirsch, Martin/Majer, Diemut/Meinck, Jürgen (Hrsg.): Recht, Verwaltung und Justiz im Nationalsozialismus, 2. Aufl., Baden-Baden 1997.

Hoffmann, Birgit: Das Verhältnis von Gesetz und Recht, Berlin 2003.

Hollerbach, Alexander: Zu Leben und Werk Heinrich Triepels, in: AöR 91 (1966), S. 417–441.

Holstein, Günther: Von Aufgaben und Zielen heutiger Staatsrechtswissenschaft, in: AöR 50 (1926), S. 1–40.

Huber, Ernst Rudolf: Verfassungsrecht des Großdeutschen Reiches, Hamburg 1939.

- Deutsche Verfassungsgeschichte seit 1789,

  Bd. 3: Bismarck und das Reich, 3. Aufl. Stuttgart/Berlin/Köln/Mainz 1988,

  Bd. 6: Die Weimarer Reichsverfassung, Stuttgart/Berlin/Köln/Mainz 1981.

Ipsen, Jörn: Staatsrecht I, Staatsorganisationsrecht, 14. Aufl., Neuwied/Kriftel 2002.

Isensee, Josef: Bundesverfassungsgericht – quo vadis? in: JZ 1996, S. 1085–1093.

Jacobi, Ernst: Die Verordnung zur einstweiligen Regelung der Aufwertung vom 4. Dezember 1924, in: DJZ 30 (1925), Sp. 306–309.

Jarass, Hans. D./Pieroth, Bodo: Grundgesetz für die Bundesrepublik Deutschland, 6. Aufl., München 2002.

Jellinek, Georg: Gesetz und Verordnung, Freiburg i. Br. 1887.

Jellinek, Walter: Revolution und Reichsverfassung, in: JöR IX (1920), S. 1–128.

- Verfassungswidrige Reichsgesetze, in: DJZ 26 (1921), Sp. 753–754.
- Das Märchen von der Überprüfung verfassungswidriger Reichsgesetze durch das Reichsgericht, in: JW 54 (1925), S. 454 f.

Jsay, Hermann: Die Isolierung des deutschen Rechtsdenkens, Berlin 1924.

Juristen: Ein biographisches Lexikon, hrsg. v. Michael Stolleis, München 1995.

Kantorowicz, Hermann (Pseudonym: Gnaeus Flavius): Der Kampf um die Rechtswissenschaft, Heidelberg 1906.

Kaufmann, Arthur: Rechtsphilosophie, 2. Aufl., München 1997.

Kaufmann, Erich: Kritik der neukantischen Rechtsphilosophie, Tübingen 1921.

- Die Gleichheit vor dem Gesetz im Sinne des Art. 109 der Reichsverfassung, in: VVDStRL 3 (1927), S. 2–24.
- Gesammelte Schriften, Bd. 3, Göttingen 1960.

Kelsen, Hans: Allgemeine Staatslehre, Berlin 1925.

- Wesen und Entwicklung der Staatsgerichtsbarkeit, in: VVDStRL 5 (1929), S. 30–88.
- Vom Wesen und Wert der Demokratie, 2. Aufl., Tübingen 1929.
- Wer soll Hüter der Verfassung sein? in: Die Justiz Band VI (1930/31), S. 576–628.
- Reine Rechtslehre, 1. Aufl., Leipzig/Wien 1934.
- Reine Rechtslehre, 2. Aufl., Wien 1960.

Klee (Vorname unbekannt): Die richterliche Prüfung von Gesetzen, in: DRiZ 16 (1924), Sp. 149–159.

Kohler, Josef: Über die Interpretation von Gesetzen, in: GrünhutsZtschr 13 (1886), S. 1–61.

- Die schöpferische Kraft der Jurisprudenz, in: JherJb 25 (1887), S. 262–297.

Kolb, Eberhard: Die Weimarer Republik, 6. Aufl., München 2002.

Kübler, Karl Friedrich: Der deutsche Richter und das demokratische Gesetz, in: AcP 162 (1963), S. 104–128.

Küchenhoff, Günther: Nationaler Gemeinschaftsstaat, Volksrecht und Volksrechtsprechung, Berlin/Leipzig 1934.

Kühl, Kristian: Rückblick auf die Renaissance des Naturrechts nach dem 2. Weltkrieg, in: Geschichtliche Rechtswissenschaft. Ars tradendo innovandoque aequitatem sectandi. Freundesgabe für Alfred Söllner zum 60. Geburtstag, Gießen 1990, S. 331–357 ff.

Külz, Wilhelm: Die Prüfung der Verfassungsmäßigkeit von Vorschriften des Reichsrechts, in: DJZ 31 (1926). Sp. 837–845.

Laband, Paul: Das Staatsrecht des Deutschen Reiches, Bd. 2, 5. Aufl., Tübingen 1911.

Larenz, Karl: Deutsche Rechtserneuerung und Rechtsphilosophie, Tübingen 1934.

- Rechtsperson und subjektives Recht, Berlin 1935.
- Rechts- und Staatsphilosophie der Gegenwart, 2. Aufl., Berlin 1935.
- Über Gegenstand und Methode des völkischen Rechtsdenkens, Berlin 1938.
- Zur Logik des konkreten Begriffs, in: DRW V (1940), S. 279–299.
- Methodenlehre der Rechtswissenschaft, 6. Aufl., Berlin/Heidelberg/New York/London/Paris/Tokyo/Barcelona/Budapest 1991.

Lassar, Gerhard: Der Schutz des öffentlichen Rechts, in: VVDStRL 2 (1925), S. 81–105.

Laufke, Franz: Vertragsfreiheit und Grundgesetz, in: Das deutsche Privatrecht in der Mitte des 20. Jahrhunderts. Festschrift für Heinrich Lehmann zum 80. Geburtstag, I. Bd., Berlin/Tübingen/Frankfurt a. M.

Leeb, Johannes: Dreierlei, in: DRiZ 13 (1921), Sp. 129–131.

Leibholz, Gerhard: Die Wahlrechtsreform und ihre Grundlagen, in: VVDStRL 7 (1932), S. 159–190.

- In memoriam Rudolf Smend, Göttingen 1976.

Lombardi Vallauri, Luigi: Die Geschichte des Freirechts, Frankfurt a. M. 1971.

Luther, Hans: Politiker ohne Partei, Stuttgart 1960.

Mangoldt, Hermann v./Klein, Friedrich: Das Bonner Grundgesetz, Bd. 3, 4. Aufl., München 2001.

Marschall von Bieberstein, Fritz Freiherr: Vom Kampf des Rechts gegen die Gesetze, Stuttgart 1927.

Maunz, Theodor/Zippelius, Reinhold: Deutsches Staatsrecht, 30. Aufl., München 1998.

Maus, Ingeborg: Bürgerliche Rechtstheorie und Faschismus, München 1976.

- Gesetzesbindung der Justiz und die Struktur der nationalsozialistischen Rechtsnormen, in: Recht und Justiz im „Dritten Reich", hrsg. v. Ralf Dreier u. Wolfgang Seller, Frankfurt a. M. 1989, S. 80–103.

Mende (Vorname unbekannt): Empfiehlt es sich, die Zuständigkeiten des Staatsgerichtshofs auf andere als die im Art. 19 Abs. 1 RVerf. bezeichneten Verfassungsstreitigkeiten auszudehnen? in: Verhandlungen des 34. Deutschen Juristentags, Bd. 2, Berlin/Leipzig 1927, S. 213–235.

Meyer, Georg/Anschütz, Gerhard: Lehrbuch des Deutschen Staatsrechts, 7. Aufl., München/Leipzig 1919.

Morstein Marx, Fritz: Variationen über die richterliche Zuständigkeit zur Prüfung der Rechtsmäßigkeit des Gesetzes, Berlin 1927.

Mosler, Hermann: Erich Kaufmann zum Gedächtnis, in: ZaöRV 32 (1972), S. 235–238.

Mügel, Oskar: Das gesamte Aufwertungsrecht, 5. Aufl., Berlin 1927.

- Die Bedeutung der Aufwertung für die deutsche Rechtsentwicklung, in: DRW V (1940), S. 44–59.

Müller, Christoph: Hermann Heller (1891–1933), in: Streitbare Juristen, hrsg. v. d. Kritischen Justiz, Baden-Baden 1988.

Müller, Gebhard: Naturrecht und Grundgesetz, Würzburg 1967.

Müller, Ingo: Furchtbare Juristen, München 1987.

Nawiasky, Hans: Zur Frage des richterlichen Prüfungsrechts, in: DJZ 28 (1923), Sp. 40 f.

- Die Gleichheit vor dem Gesetz im Sinne von Art. 109 der Reichsverfassung, in: VVDStRL 3 (1927), S. 25–43.

Nicolai, Helmut: Die rassengesetzliche Rechtslehre, München 1932.

Nill-Theobald, Christiane: Radbruchs Lehre im Zeitalter des Weltstrafgerichtshofes, in: JuS 1999, S. 1051–1054.

Noam, Ernst/Kropat, Wolf-Arno (Hrsg.): Justiz und Judenverfolgung. Bd 1: Juden vor Gericht 1933–1945, Wiesbaden 1975.

Nörr, Knut Wolfgang: Zwischen den Mühlsteinen, Tübingen 1988.

- Der Richter zwischen Gesetz und Wirklichkeit, Heidelberg 1996.

Oertmann, Paul: Die Aufwertungsfrage bei Geldforderungen, Hypotheken und Anleihen, Berlin 1924.

Oertzen, Peter v.: Die Bedeutung C. F. von Gerbers für die deutsche Staatsrechtslehre, in: Staatsordnung und Kirchenordnung. Festgabe für Rudolf Smend, Tübingen 1962, S. 183–208.

- Die soziale Funktion des staatsrechtlichen Positivismus, Frankfurt a. M. 1974.

Ogorek, Regina: Richterkönig oder Subsumtionsautomat? Frankfurt a. M. 1986.

Palandt, Otto: Bürgerliches Gesetzbuch, 5. Aufl., München/Berlin 1942.

Pieroth, Bodo/Schlink, Bernhard: Grundrechte. Staatsrecht II, 19. Aufl., Heidelberg 2003.

Pieroth, Bodo: Die Sanktion im Gesetzgebungsverfahren, in: Der Staat 16 (1977), S. 557–567.

Poetzsch-Heffter, Fritz: Handkommentar der Reichsverfassung vom 11. August 1919, 3. Aufl., Berlin 1928.

Radbruch, Gustav: Rechtswissenschaft und Rechtsschöpfung, in: ArchSozW 22 (1906), S. 355–370.

- Grundzüge der Rechtsphilosophie (1914), in: Gustav Radbruch Gesamtausgabe, Bd. 2, hrsg. v. Arthur Kaufmann, Heidelberg 1993, S. 9–204.

- Richterliches Prüfungsrecht? in: Die Justiz I (1925/26), S. 12–16.

- Kulturlehre des Sozialismus, 2. Aufl., Berlin 1927.

- Die politischen Parteien im System des deutschen Verfassungsrechts, in: Handbuch des Deutschen Staatsrechts, Bd. 1, hrsg. v. Gerhard Anschütz u. Richard Thoma, Tübingen 1930, S. 285–294.

- Rechtsphilosophie (1932), in: Gustav Radbruch Gesamtausgabe, Bd. 2, hrsg. v. Arthur Kaufmann, Heidelberg 1993, S. 209–450.

- Gesetzliches Unrecht und übergesetzliches Recht, in: SJZ 1946, S. 105–108.

Rath, Hans-Dieter: Positivismus und Demokratie. Richard Thoma 1874–1957, Berlin 1981.

Reichsgerichtsräte-Kommentar: Das Bürgerliche Gesetzbuch mit besonderer Berücksichtigung der Rechtsprechung des Reichsgerichts, I. Band: Allgemeiner Teil. Recht der Schuldverhältnisse, § 242 bearbeitet von Michaelis, 8. Aufl., Berlin/Leipzig 1934.

Renger, Reinhard: Aufwertung und richterliches Prüfungsrecht, in: Festschrift für Gebhard Müller, Tübingen 1970, S. 175–288.

Rennert, Klaus: Die „geisteswissenschaftliche Richtung" in der Staatsrechtslehre der Weimarer Republik, Berlin 1987.

Riebschläger, Klaus: Die Freirechtsbewegung, Berlin 1968.

Rosenbaum, Wolf: Naturrecht und positives Recht, Neuwied/Darmstadt 1972.

Rothenbücher, Karl: Das Recht der freien Meinungsäußerung, in: VVDStRL 4 (1928), S. 6–43.

Rümelin, Max: Gesetz, Rechtsprechung und Volksbetätigung auf dem Gebiet des Privatrechts. Zweiter Vortrag: Die richterliche Rechtsfindung, in: AcP 122 (1924), S. 265–317.

Rüthers, Bernd: Entartetes Recht, München 1994.

- Die unbegrenzte Auslegung, 5. Aufl. Heidelberg 1997.

- Rechtstheorie, München 1999.

Salinger (Vorname unbekannt): Das Recht 28 (1924), Sp. 351–357.

Schelcher, Walter: Das Prüfungsrecht gegenüber Gesetzen und Verordnungen, in: Fischers Zeitschrift 56 (1924), S. 2–105.

Scheuner, Ulrich: Zum Gedächnis von Geh. Hofrat Prof. Dr. Richard Thoma (1874–1957), in: NJW 1957, S. 1309.

- Die Vereinigung der Deutschen Staatsrechtslehrer in der Zeit der Weimarer Republik, in: AöR 97 (1972), S. 349–374.

Schlaich, Klaus/Korioth, Stefan: Das Bundesverfassungsgericht, 5. Aufl., München 2001.

Schlink, Bernhard: Die Entthronung der Staatsrechtswissenschaft durch die Verfassungsgerichtsbarkeit, in: Der Staat 28 (1989), S. 161–172.

Schmitt, Carl: Die Diktatur des Reichspräsidenten, in: VVDStRL 1 (1924), S. 63–104.

- Die geistesgeschichtliche Lage des heutigen Parlamentarismus, 7. Aufl., unveränderter Nachdruck der 1926 erschienenen 2. Aufl., Berlin 1991.
- Verfassungslehre, München/Leipzig 1928.
- Das Reichsgericht als Hüter der Verfassung (1929), in: ders., Verfassungsrechtliche Aufsätze aus den Jahren 1924–1954, 2. Aufl., Berlin 1973, S. 63–109.
- Der Hüter der Verfassung, in: AöR 55 (1929), S. 161–237.
- Der Hüter der Verfassung, Tübingen 1931.
- Legalität und Legitimität (1932), in: ders., Verfassungsrechtliche Aufsätze aus den Jahren 1924–1954, 2. Aufl., Berlin 1973, S. 263–350.
- Neue Leitsätze für die Rechtspraxis, in: JW 62 (1933), S. 2793 f.
- Über die drei Arten des rechtswissenschaftlichen Denkens, Hamburg 1934.
- Der Weg des deutschen Juristen, in: DJZ Bd. 39 (1934), Sp. 691–698.
- Der Führer schützt das Recht, in: DJZ 39 (1934), Sp. 945–950.
- Nationalsozialistisches Rechtsdenken, in: DR 4 (1934), S. 225–229.

Schröder, Jan: Gesetzesauslegung und Gesetzesumgehung, Paderborn/München/Wien/Zürich 1985.

Schroer, Hermann: Der königliche Richter, in DRiZ 27 (1935), S. 2.

Schuppert, Gunnar Folke: Funktionell-rechtliche Grenzen der Verfassungsinterpretation, Frankfurt a. M. 1980.

Siebert, Wolfgang: Vom Wesen des Rechtsmißbrauchs, Berlin 1935.

- Subjektives Recht, konkrete Berechtigung und Pflichtenordnung, in: DRW I (1936), S. 23–31.

Simon, Helmut: Verfassungsgerichtsbarkeit, in: Handbuch des Verfassungsrechts der Bundesrepublik Deutschland, hrsg. v. Ernst Benda, Werner Maihofer u. Hans-Jochen Vogel, 2. Aufl., Berlin/New York 1994.

Simons, Walter: Das Reichsgericht im 45. Lebensjahr, in: DRiZ 16 (1924), Sp. 419–425.

- Das Reichsgericht in Gegenwart und Zukunft, in: DJZ (1924) Sp. 241–246.

- Rede vor der Juristischen Studiengesellschaft in München am 9.11.1926 über „Die Vertrauenskrise der deutschen Justiz", in Auszügen abgedruckt in: DJZ 31(1926), Sp. 1665-1668.

Smend, Rudolf: Das Recht der freien Meinungsäußerung, in: VVDStRL 4 (1928), S. 44–74.

- Verfassung und Verfassungsrecht (1928), in: ders., Staatsrechtliche Abhandlungen und andere Aufsätze, 3. Aufl., Berlin 1994, S. 119–276.

- Die Vereinigung der Deutschen Staatsrechtslehrer und der Richtungsstreit, in: Festschrift für Ulrich Scheuner, Berlin 1973, S. 575–589.

Starck, Christian: Verfassungsgerichtsbarkeit und Fachgerichtsbarkeit, in: JZ 1996, S. 1033–1042.

Staudinger: Kommentar zum Bürgerlichen Gesetzbuch, II. Band. Recht der Schuldverhältnisse

- 1. Teil: §§ 241–432, erläutert von A. Werner, 9. Aufl., München/Berlin/Leipzig 1930,

- Teil 1 b: § 242, erläutert von W. Weber, 11. Aufl., Berlin 1961.

Stein, Eckkehart: Staatsrecht, 16. Aufl., Tübingen 1998.

Stern, Klaus: Staatsrecht der Bundesrepublik Deutschland, Bd. 1, 2. Aufl., München 1984, Bd. 2, München 1980.

Stier-Somlo, Fritz: Reichs- und Landesstaatsrecht I, Berlin/Leipzig 1924.

- Die 4. Tagung der Vereinigung der Deutschen Staatsrechtslehrer, in: DJZ 31 (1926), Sp. 652–656.

Stoll, Heinrich: Rechtsstaatsidee und Privatrechtslehre, in: JherJb 76 (1926), S. 134–206.

- Die nationale Revolution und das bürgerliche Recht, in: DJZ 38 (1933), Sp. 1229–1235.

Stolleis, Michael: Nationalsozialistisches Recht, in: Handwörterbuch zur Deutschen Rechtsgeschichte, Bd. 3, hrsg. v. Adalbert Erler und Ekkehard Kaufmann, Berlin 1984, Sp. 873–892.

- Geschichte des öffentlichen Rechts in Deutschland, Bd. 2: Staatsrechtslehre und Verwaltungswissenschaft 1800–1914, München 1992.

- Weimarer Kultur und Bürgerrechte, in: Weimar und die deutsche Verfassung, hrsg. v. Andreas Rödder, Stuttgart 1999, S. 89–103.

- Der Methodenstreit der Weimarer Staatsrechtslehre – Ein abgeschlossenes Kapitel der Wissenschaftsgeschichte? Stuttgart 2001.

Theisen, E.: Verfassung und Richter, in: AöR 47 (1925), S. 257–282.

Thoma, Richard: Das richterliche Prüfungsrecht, in: AöR 43 (1922) S. 267–286.

- Zur Frage des richterlichen Prüfungsrechts, in: DJZ 27 (1922) Sp. 729 f.

- Die Grenzen des richterlichen Prüfungsrechts, in: DJZ 30 (1925), Sp. 573 f.

- Staat (Allgemeine Staatslehre), in: Handwörterbuch der Staatswissenschaften, Bd. 7, hrsg. v. Ludwig Elster, Adolf Weber u. Friedrich Wieser, 4. Aufl., Jena 1926, S. 724–756.

- Die juristische Bedeutung der grundrechtlichen Sätze der deutschen Reichsverfassung im allgemeinen, in: Die Grundrechte und Grundpflichten der Reichsverfassung, Bd. 1, hrsg. v. Hans Carl Nipperdey, Berlin 1929, S. 1–53.

- Gegenstand – Methode – Literatur, in: Handbuch des Deutschen Staatsrechts, Bd. 1, hrsg. v. Gerhard Anschütz u. Richard Thoma, Tübingen 1930, S. 1–13.

- Das Reich als Demokratie, in: Handbuch des Deutschen Staatsrechts, Bd. 1, hrsg. v. Gerhard Anschütz u. Richard Thoma, Tübingen 1930, S.186–200.

- Grundbegriffe und Grundsätze, in: Handbuch des Deutschen Staatsrechts, Bd. 2, hrsg. v. Gerhard Anschütz u. Richard Thoma, Tübingen 1932, S. 108–159.

- Gerhard Anschütz, in: DRZ 1947, S. 25–27.

Triepel, Heinrich: Der Weg der Gesetzgebung nach der neueren Reichsverfassung, in: AöR 39 (1920), 456–546.

- Die Vereinigung der deutschen Staatsrechtslehrer, in: AöR 43 (1922), S. 349–351.

- Empfiehlt es sich, in die Reichsverfassung neue Vorschriften über die Grenzen zwischen Gesetz und Rechtsverordnung aufzunehmen? in: Verhandlungen des 32. Deutschen Juristentags, Bd. 2, Berlin/Leipzig 1922, S. 11–35.

- Goldbilanzenverordnung und Vorzugsaktien, Berlin/Leipzig 1924.

- Zulässigkeit und Form von Verfassungsänderungen ohne Änderung der Verfassungsurkunde, in: Verhandlungen des 33. Deutschen Juristentags, Berlin/Leipzig 1925, S. 45–65.

- Staatsrecht und Politik, Berlin/Leipzig 1927.

- Wesen und Entwicklung der Staatsgerichtsbarkeit, in: VVDStRL 5 (1929), S. 2–29.

- Staatsverfassung und politische Parteien, 2. Aufl., Berlin 1930.

Wach, Adolf: Handbuch des Deutschen Civilprozeßrechts. Erster Band, Leipzig 1885.

Wahl, Rainer: Der preußische Verfassungskonflikt und das konstitutionelle System, in: Moderne deutsche Verfassungsgeschichte, hrsg. v. Wolfgang Böckenförde, Köln 1972, S. 171–194.

- Der Vorrang der Verfassung, in: Der Staat 20 (1981), S. 485–516.

Walther, Manfred: Hat der juristische Positivismus die deutschen Juristen im „Dritten Reich" wehrlos gemacht? in: Recht und Justiz im „Dritten Reich", hrsg. v. Ralf Dreier u. Wolfgang Seller, Frankfurt a. M. 1989, S. 323–354.

Wassertrüdinger (Vorname unbekannt): Darf der Richter die Verfassungsmäßigkeit der Reichsgesetze nachprüfen? in: JW 54 (1925), S. 44 f.

Wehler, Wolfgang: Der Staatsgerichtshof für das Deutsche Reich, Jur. Diss., Bonn 1979.

Weinkauff, Hermann: Der Naturrechtsgedanke in der Rechtsprechung des Bundesgerichtshofs, NJW 1960, S. 1689–1696.

Wendenburg, Helge: Die Debatte der Verfassungsgerichtsbarkeit und der Methodenstreit der Staatsrechtslehre in der Weimarer Republik, Göttingen 1984.

Wer ist's?: hrsg. v. Herrmann A. L. Degener, 9. Ausg., Berlin 1928.

Wieacker, Franz: Privatrechtsgeschichte der Neuzeit, 2. Aufl., Göttingen 1967.

Wilhelm, Walter: Zur juristischen Methodenlehre im 19. Jahrhundert, 2. Aufl., Frankfurt a. M. 2003.

Willoweit, Dietmar: Deutsche Verfassungsgeschichte, 4. Aufl., München 2001.

Windscheid, Bernhard: Die Lehre des römischen Rechts von der Voraussetzung, Düsseldorf 1850.

Winter, Klaus: Richterliche Willkür. Zur verfassungsgerichtlichen Kontrolle von Gerichtsentscheidungen, in: Festschrift für Merz, Köln 1992, S. 611–626.

Wolf, Ernst: Lehrbuch des Schuldrechts. Erster Band: Allgemeiner Teil, Köln/Berlin/Bonn/München 1978.

Wolgast, Ernst: Die 4. Jahrestagung der deutschen Staatsrechtslehrer, in: JW 55 (1926), S. 1311.

Wunderlich, Hans: Die rechtspolitischen und wirtschaftlichen Tendenzen der Aufwertungsgesetzgebung, in: Oskar Mügel, Das gesamte Aufwertungsrecht, 5. Aufl., Berlin 1927, S. 3–40.

Zeiler, Alois: Meine Mitarbeit, Braunschweig (1938).

RECHTSHISTORISCHE REIHE

Band 1 Studien zu den germanischen Volksrechten. Gedächtnisschrift für Wilhelm Ebel. Vorträge gehalten auf dem Fest-Symposion anläßlich des 70. Geburtstages von Wilhelm Ebel am 16. Juni 1978 in Göttingen. Götz Landwehr (Hrsg.) 1982.

Band 2 Hans Poeschel: Die Statuten der Banken, Sparkassen und Kreditgenossenschaften in Hamburg und Altona von 1710 bis 1889. 1978.

Band 3 Thomas Kolbeck: Juristenschwemmen, Untersuchungen über den juristischen Arbeitsmarkt im 19. und 20. Jahrhundert. 1978.

Band 4 Norbert Hempel: Richterleitbilder in der Weimarer Republik. 1978.

Band 5 Rolf Stratmann: Die Scheinbußen im mittelalterlichen Recht. 1978.

Band 6 Martin C. Lockert: Die niedersächsischen Stadtrechte zwischen Aller und Weser. Vorkommen und Verflechtungen. Eine Bestandsaufnahme. 1979.

Band 7 Joachim Rückert/Wolfgang Friedrich: Betriebliche Arbeiterausschüsse in Deutschland, Großbritannien und Frankreich im späten 19. und frühen 20. Jahrhundert. Eine vergleichende Studie zur Entwicklung des kollektiven Arbeitsrechts. 1979.

Band 8 Peter Bender: Die Rezeption des römischen Rechts im Urteil der deutschen Rechtswissenschaft. 1979.

Band 9 Friedrich Karl Alsdorf: Untersuchungen zur Rechtsgestalt und Teilung deutscher Ganerbenburgen. 1980.

Band 10 Dietmar Willoweit/Winfried Schich (Hrsg.): Studien zur Geschichte des sächsisch-magdeburgischen Rechts in Deutschland und Polen (Sammelband). 1980.

Band 11 Brigitte Hempel: Der Entwurf einer Polizeiordnung für das Herzogtum Sachsen-Lauenburg aus dem Jahre 1591. 1980.

Band 12 Klaus-Detlev Godau-Schüttke: Rechtsverwalter des Reiches. Staatssekretär Dr. Curt Joël. 1981.

Band 13 Rainer Polley: Anton Friedrich Justus Thibaut (AD 1772-1840) in seinen Selbstzeugnissen und Briefen. Teil 1: Abhandlung. Teil 2: Briefwechsel. Teil 3: Register zum Briefwechsel. 1982.

Band 14 Michael Wettengel: Der Streit um die Vogtei Kelkheim 1275-1276. Ein kanonischer Prozeß.1981.

Band 15 Otto Wilhelm Krause: Naturrechtler des sechzehnten Jahrhunderts. Ihre Bedeutung für die Entwicklung eines natürlichen Privatrechts. 1982.

Band 16 Helga Spindler: Von der Genossenschaft zur Betriebsgemeinschaft. Kritische Darstellung der Sozialrechtslehre Otto von Gierkes. 1982.

Band 17 Holger Otte: Gustav Radbruchs Kieler Jahre 1919 - 1926. 1982.

Band 18 Rüdiger Teuner: Die fuldische Ritterschaft 1510 - 1656. 1982.

Band 19 Gerhard Dilcher/Rudolf Hoke/Gian Savino Pene Vidari/Hans Winterberg (Hrsg.): Grundrechte im 19. Jahrhundert. 1982.

Band 20 Karl-Hans Schloßstein: Die westfälischen Fabrikengerichtsdeputationen - Vorbilder, Werdegang und Scheitern. 1982.

Band 21 Birger Schulz: Der Republikanische Richterbund (1921-1933). 1982.

Band 22 Engelbert Krause: Die gegenseitigen Unterhaltsansprüche zwischen Eltern und Kindern in der deutschen Privatrechtsgeschichte. 1982.

Band 23 Meent W. Francksen: Staatsrat und Gesetzgebung im Großherzogtum Berg (1806-1813). 1982.

Band 24 Gerd von Sonnleithner: Bearbeitung des Handelsrechts durch Ignaz von Sonnleithner in seinem "Leitfaden über das österreichische Handels- und Wechselrecht". 1982.

Band 25 Rudolf Palme: Rechts-, Wirtschafts- und Sozialgeschichte der inneralpinen Salzwerke bis zu deren Monopolisierung. 1983.

Band 26 Helen Bosshard: Pestalozzis Staats- und Rechtsverständnis und seine Stellung in der Aufklärung. 1983.

Band 27 Jens Jessen: Die Selbstzeugnisse der deutschen Juristen. Erinnerungen, Tagebücher und Briefe. Eine Bibliographie. 1983.

Band 28 Günter Martin Jensen: Das Domanium Waldeck. Die rechtliche Zuordnung eines Fürstenvermögens. 1984.

Band 29 Johann Heinrich Kumpf: Petitionsrecht und öffentliche Meinung im Entstehungsprozeß der Paulskirchenverfassung 1848/49. 1983.

Band 30 Sabine Frey: Rechtsschutz der Juden gegen Ausweisungen im 16. Jahrhundert. 1983.

Band 31 Dietrich Joswig: Die germanische Grundstücksübertragung. 1984.

Band 32 Andreas Baryli: Konzessionssystem contra Gewerbefreiheit. Zur Diskussion der österreichischen Gewerberechtsreform 1835 bis 1860. 1984.

Band 33 Gerhard Oberkofler: Studien zur Geschichte der österreichischen Rechtswissenschaft. 1984.

Band 34 Rudolf Lauda: Kaufmännische Gewohnheit und Burgrecht bei Notker dem Deutschen. Zum Verhältnis von literarischer Tradition und zeitgenössischer Realität in der frühmittelalterlichen Rhetorik. 1984.

Band 35 Jens Jensen: Die Ehescheidung des Bischofs Hans von Lübeck von Prinzessin Julia Felicitas von Württemberg-Weiltingen AD 1648-1653. Ein Beitrag zum protestantischen Ehescheidungsrecht im Zeitalter des beginnenden Absolutismus. 1984.

Band 36 Horst Schröder: Friedrich Karl von Savigny. Geschichte und Rechtsdenken beim Übergang vom Feudalismus zum Kapitalismus in Deutschland. 1984.

Band 37 Andreas Hatzung: Dogmengeschichtliche Grundlagen und Entstehung des zivilrechtlichen Notstands. 1984.

Band 38 Matthias Klasen: Das Billwerder Landrecht. Landrecht und Landgericht in den Hamburger Elbmarschen. 1985.

Band 39 Rainer Jamin: Aufbau, Tätigkeit und Verfahren der Auseinandersetzungsbehörden bei der Durchführung der preußischen Agrarreformen. 1985.

Band 40 Henry Winter: Teilschuld, Gesamtschuld und unechte Gesamtschuld. Zur Konzeption der §§ 420 ff. BGB - Ein Beitrag zur Entstehungsgeschichte des BGB. 1985.

Band 41 Hermann Eichler: Verfassungsbewegung in Amerika und Europa. 1985.

Band 42 Dagmar Bandemer: Heinrich Albert Zachariae. Rechtsdenken zwischen Restauration und Reformation. 1985.

Band 43 Eva-Christine Frentz: Das Hamburgische Admiralitätsgericht (1623-1811). Prozeß und Rechtsprechung. 1985.

Band 44 Karl Lillig: Rechtsetzung im Herzogtum Pfalz-Zweibrücken während des 18. Jahrhunderts. Ein Beitrag zur Geschichte der territorialen Rechtsbildung. 1985.

Band 45 Walter Weber: Die Entwicklung der Sparkassen zu selbständigen Anstalten des öffentlichen Rechts. Ein Beitrag zur Entwicklung des Anstaltsbegriffs im 19. Jahrhundert. 1985.

Band 46 Bärbel Baum: Der Stabreim im Recht. Vorkommen und Bedeutung des Stabreims in Antike und Mittelalter. 1986.

Band 47 Hans Popp: Die nationalsozialistische Sicht einiger Institute des Zivilprozeß- und Gerichtsverfassungsrechts. 1986.

Band 48 John Karl-Heinz Montag: Die Lehrdarstellung des Handelsrechts von Georg Friedrich von Martens bis Meno Pöhls. Die Wissenschaft des Handelsrechts im ersten Drittel des 19. Jahrhunderts. 1986.

Band 49 Volker D. Anhäusser: Das internationale Obligationenrecht in der höchstrichterlichen Rechtsprechung des 19. Jahrhunderts. 1986.

Band 50 Udo Beer: Die Juden, das Recht und die Republik. Verbandswesen und Rechtsschutz 1919-1933. 1986.

Band 51 Herbert Grziwotz: Der moderne Verfassungsbegriff und die "Römische Verfassung" in der deutschen Forschung des 19. und 20. Jahrhunderts. 1986.

Band 52 Ralf Conradi: Karl Friedrich Eichhorn als Staatsrechtslehrer. Seine Göttinger Vorlesung über "Das Staatsrecht der deutschen Bundesstaaten" nach einer Kollegmitschrift aus dem Wintersemester 1821/22. 1987.

Band 53 Dieter Dannreuther: Der Zivilprozeß als Gegenstand der Rechtspolitik im Deutschen Reich 1871 - 1945. Ein Beitrag zur Geschichte des Zivilprozeßrechts in Deutschland. 1987.

Band 54 Stephan Felix Pauly: Organisation, Geschichte und Praxis der Gesetzesauslegung des (Königlich) Preußischen Oberverwaltungsgerichtes 1875 - 1933. 1987.

Band 55 Rüdiger Schulz: Die Entstehung des Seerechts des Allgemeinen Deutschen Handelsgesetzbuches unter besonderer Berücksichtigung der Bestimmungen über die Reederei, den Schiffer und die Schiffsmannschaft. 1987.

Band 56 Reinhold Reis: Deutsches Privatrecht in den Weistümern der Zenten Schriesheim und Kirchheim. 1987.

Band 57 Jürgen Christoph: Die politischen Reichsamnestien 1918 - 1933. 1987.

Band 58 Gerhard Oberkofler/Eduard Rabofsky: Hans Kelsen im Kriegseinsatz der k.u.k.-Wehrmacht. Eine kritische Würdigung seiner militärtheoretischen Angebote. 1988.

Band 59 Arne Wulff: Staatssekretär Prof. Dr. Dr. h.c. Franz Schlegelberger. 1876-1970. 1991.

Band 60 Gerhard Köbler (Hrsg.): Wege europäischer Rechtsgeschichte. Karl Kroeschell zum 60. Geburtstag. 1987.

Band 61 Rüdiger Hütte: Der Gemeinschaftsgedanke in den Erbrechtsreformen des Dritten Reichs. 1988.

Band 62 Markus Göldner: Politische Symbole der europäischen Integration. Fahne, Hymne, Hauptstadt, Paß, Briefmarke, Auszeichnungen. 1988.

Band 63 Wolfgang Kröner: Freiheitsstrafe und Strafvollzug in den Herzogtümern Schleswig, Holstein und Lauenburg von 1700 bis 1864. 1988.

Band 64 Werner Gaile: Die Norder Theelacht. 1988.

Band 65 Karl v. Kempis: Andreas Gaill (1526 - 1587). Zum Leben und Werk eines Juristen der frühen Neuzeit. 1988.

Band 66 Wolf-Rüdiger Osburg: Die Verwaltung Hamburgs in der Franzosenzeit. 1811-1814. 1988.

Band 67 Christian Schudnagies: Hans Frank. Aufstieg und Fall des NS-Juristen und Generalgouverneurs. 1988.

Band 68 Otmar Jung: Senatspräsident Freymuth. Richter, Sozialdemokrat und Pazifist in der Weimarer Republik. Eine politische Biographie. 1989.

Band 69 Joachim Lohner: Das landeshauptmannschaftliche Gericht in Oberösterreich zu Beginn der Neuzeit. Eine Darstellung des oberösterreichischen Prozeßrechts am obersten Territorialgericht des Landes anhand der oberösterreichischen Landtafel.1989.

Band 70 Bernd Klemann: Rudolf von Jhering und die Historische Rechtsschule. 1989.

Band 71 Adalbert Langer: Männer um die österreichische Zivilprozeßordnung 1895. Zusammenspiel / Soziales Ziel. 1990.

Band 72 Robert-Dieter Klee: Die Landessuperintendentur Lauenburg. Ursprung und Entwicklung sowie Ende der Sonderstellung des Kirchenkreises Herzogtum Lauenburg durch die nordelbische Kirchenvereinigung. 1989.

Band 73 Heinrich Herrmann: Die Gehöferschaften im Bezirk Trier. 1989.

Band 74 Wilhelm Brauneder, Franz Baltzarek (Hrsg.): Modell einer neuen Wirtschaftsordnung. Wirtschaftsverwaltung in Österreich 1914 - 1918. 1991.

Band 75 Thomas Dreyer: Die "Assecuranz- und Haverey-Ordnung" der Freien und Hansestadt Hamburg von 1731. 1990.

Band 76 Bernhard Sendler: Die Rechtssprache in den süddeutschen Stadtrechtsreformationen. 1990.

Band 77 Brigitte Lehmann: Ehevereinbarungen im 19. und 20. Jahrhundert. 1990.

Band 78 Michael Sunnus: Der NS-Rechtswahrerbund (1928-1945). Zur Geschichte der nationalsozialistischen Juristenorganisation. 1990.

Band 79 Stefan Schulz: Die historische Entwicklung des Rechts an Bienen. (§§ 961 - 964 BGB). 1990.

Band 80 Gerhard Lingelbach, Heiner Lück (Hrsg.): Deutsches Recht zwischen Sachsenspiegel und Aufklärung. Rolf Lieberwirth zum 70. Geburtstag dargebracht von Schülern, Freunden und Kollegen, herausgegeben von Gerhard Lingelbach und Heiner Lück. 1991.

Band 81 Manfred Krohn: Die deutsche Justiz im Urteil der Nationalsozialisten 1920 - 1933. 1991.

Band 82 Angelika Kühn: Privilegierung nationaler Minderheiten im Wahlrecht der Bundesrepublik Deutschland und Schleswig-Holsteins. 1991.

Band 83 Georg Brun: Leben und Werk des Rechtshistorikers Heinrich Mitteis unter besonderer Berücksichtigung seines Verhältnisses zum Nationalsozialismus. 1991.

Band 84 Wolfgang Simon: Claudius Freiherr von Schwerin. Rechtshistoriker während dreier Epochen deutscher Geschichte. 1991.

Band 85 Friedrich-Carl Wachs: Das Verordnungswerk des Reichsdemobilmachungsamtes. Stabilisierender Faktor zu Beginn der Weimarer Republik. 1991.

Band 86 Jens-Uwe Petersen: Die Vorgeschichte und die Entstehung des Mieterschutzgesetzes von 1923 nebst der Anordnung für das Verfahren vor dem Mieteinigungsamt und der Beschwerdestelle. 1991.

Band 87 Ulrike Haibach: Familienrecht in der Rechtssprache. Die historische Entwicklung zentraler Ausdrücke des geltenden Familienrechts. 1991.

Band 88 Joern Christian Nissen: Die Beratungen des Seeversicherungsausschusses der Akademie für Deutsches Recht zu einem neuen Seeversicherungsgesetz (1934-1939). Ein Beitrag zur Entwicklung der allgemeinen Lehren des Seeversicherungsrechts unter besonderer Berücksichtigung des Handelsgesetzbuchs und der Allgemeinen Deutschen Seeversicherungs-Bedingungen 1919. 1991.

Band 89 Diethard Bühler: Die Entstehung der allgemeinen Vertragsschluß-Vorschriften im Allgemeinen Deutschen Handelsgesetzbuch (ADHGB) von 1861. Ein Beitrag zur Kodifikationsgeschichte des Privatrechts im 19. Jahrhundert. 1991.

Band 90 Gerhard Oberkofler: Die Vertreter des Römischen Rechts mit deutscher Unterrichtssprache an der Karls-Universität in Prag. Vom Vormärz bis 1945. 1991.

Band 91 Ulrich Andermann: Ritterliche Gewalt und bürgerliche Selbstbehauptung. Untersuchungen zur Kriminalisierung und Bekämpfung des spätmittelalterlichen Raubrittertums am Beispiel norddeutscher Hansestädte. 1991.

Band 92 Heinz Marcus Hanke: Luftkrieg und Zivilbevölkerung. Der kriegsvölkerrechtliche Schutz der Zivilbevölkerung gegen Luftbombardements von den Anfängen bis zum Ausbruch des Zweiten Weltkrieges. 1991.

Band 93 Kirsten Kraglund: Familien- und Erbrecht. Materielles Recht und Methoden der Rechtsanwendung in der Rechtsprechung des Oberappellationsgerichts der vier Freien Städte Deutschlands zu Lübeck. 1991.

Band 94 Reinhard Lorenz: Die politische und rechtliche Stellung des Proletariats in Preußen in der Zeit zwischen den Reformen und der Revolution 1848/49. 1991.

Band 95 Eric Hilgendorf: Die Entwicklungsgeschichte der parlamentarischen Redefreiheit in Deutschland. 1991.

Band 96 Hans J. Reiter: Die Handelsgesellschaft Villeroy & Boch von der Gründung 1836 bis zum Jahr 1878. 1992.

Band 97 Martin Johannes Heller: Reform der deutschen Rechtssprache im 18. Jahrhundert. 1992.

Band 98 Michael Kotulla: Die Tragweite der Grundrechte der revidierten preußischen Verfassung vom 31.01.1850. 1992.

Band 99 Michael Siefener: Hexerei im Spiegel der Rechtstheorie. Das crimen magiae in der Literatur von 1574 bis 1608. 1992.

Band 100 Andreas Ebert-Weidenfeller: Hamburgisches Kaufmannsrecht im 17. und 18. Jahrhundert. Die Rechtsprechung des Rates und des Reichskammergerichtes. 1992.

Band 101 Enno Bommel: Die Entstehung der Verwirkungslehre in der Krise des Positivismus. 1992.

Band 102 Ralph Steppacher: Die Berücksichtigung der bäuerlichen Postulate bei der Entstehung des ZGB und der Revision des OR. Ein Beitrag zur schweizerischen Kodifikationsgeschichte (1893 - 1912). 1992.

Band 103 Martin Fleckenstein: Die Todesstrafe im Werk Carl Joseph Anton Mittermaiers (1787 - 1867). Zur Entwicklungsgeschichte eines Werkbereichs und seiner Bedeutung für Theorie- und Methodenbildung. 1992.

Band 104 Jörn Eckert: Der Kampf um die Familienfideikommisse in Deutschland. Studien zum Absterben eines Rechtsinstitutes. 1992.

Band 105 Jörg Grotkopp: Beamtentum und Staatsformwechsel. Die Auswirkungen der Staatsformwechsel von 1918, 1933 und 1945 auf das Beamtenrecht und die personelle Zusammensetzung der deutschen Beamtenschaft. 1992.

Band 106 Andreas Rohde: Die Garantiehaftung des Vermieters und ihr Verhältnis zum Unmöglichkeitsrecht in dogmengeschichtlicher und modernrechtlicher Sicht. 1992.

Band 107 Tjark Siefke Kunstreich: Gesamtvertretung. Eine historisch-systematische Darstellung. 1992.

Band 108 Jürgen Krüger: Blindheit und Königtum. Die Blindheit des Königs Georg V. von Hannover als verfassungsrechtliches Problem. 1992.

Band 132 Detlev Schmidt: Die Reform des Rechts der Handelsvertreter von 1953. 1995.

Band 133 Gabi Roßdeutscher: Privatautonomie im Scheidungsrecht. Scheidungsbezogene Vereinbarungen in den letzten 200 Jahren. 1995.

Band 134 Harald Kahlenberg: Leben und Werk des Rechtshistorikers Walther Merk. Ein Beispiel für das Verhältnis von Rechtsgeschichte und Nationalsozialismus. 1995.

Band 135 Michael Steitz: Adelbert Düringer am Reichsgericht (1902-1915). Seine aktienrechtlichen Entscheidungen und sein Einfluß auf das Aktienrecht in Deutschland. 1995.

Band 136 Christian Becker: Beata Justorum Translatio. Juristen in schleswig-holsteinischen Leichenpredigten. 1996.

Band 137 Christoph Seiler: Vom Allgemeinen Landrecht zum Bürgerlichen Gesetzbuch. Dargestellt am Beispiel der höchstrichterlichen Judikatur zum kaufrechtlichen Sachmängelgewährleistungsrecht. 1996.

Band 138 Bernd Mayer: Die Vertrauensmännerausschüsse auf den preußischen Steinkohlegruben an der Saar. Entstehung und Wirken. Eine rechtshistorische Untersuchung. 1996.

Band 139 Rochus Scholl: Juden und Judenrecht im Herzogtum Pfalz-Zweibrücken. Ein Beitrag zur Rechtsgeschichte eines deutschen Kleinstaates am Ende des alten Reiches. 1996.

Band 140 Meike Bursch: Judentaufe und frühneuzeitliches Strafrecht. Die Verfahren gegen Christian Treu aus Weener/Ostfriesland 1720-1728. 1996.

Band 141 Markus Hillenbrand: Fürstliche Eheverträge. Gottorfer Hausrecht 1544 - 1773. 1996.

Band 142 Ulf Häder: Das gemeinschaftliche Oberappellationsgericht thüringischer Staaten in Jena. Ein Beitrag zur Geschichte des Gerichtswesens im 19. Jahrhundert. 1996.

Band 143 Andreas Bauer: Das Gnadenbitten in der Strafrechtspflege des 15. und 16. Jahrhunderts. Dargestellt unter besonderer Berücksichtigung von Quellen der Vorarlberger Gerichtsbezirke Feldkirch und des Hinteren Bregenzerwaldes. 1996.

Band 144 Christian Wirth: Der Jurist Johann Andreas Georg Friedrich Rebmann zwischen Revolution und Restauration. 1996.

Band 145 Stefanie Müller: Die Rechtsprechung des Hanseatischen Oberlandesgerichts zum persönlichen Eherecht in Hamburgischen Gerichtsfällen von 1879 -1900. 1996.

Band 146 Jean-Nicolas Morisset: Der Frachtvertrag in der *Ordonnance de la marine* von 1681. 1996.

Band 147 Dirk Lentfer: Die Glogauer Landesprivilegien des Andreas Gryphius von 1653. 1996.

Band 148 Wencke Mull: Die Haftung für Einsturzschäden nach den §§ 836-838 BGB in der Rechtsprechung des Reichsgerichts. 1996.

Band 149 Renate Zelger: Teufelsverträge. Märchen, Sage, Schwank, Legende im Spiegel der Rechtsgeschichte. 1996.

Band 150 Guido Kraß: Das Arrestverfahren in Frankfurt am Main im Spätmittelalter. 1996.

Band 151 F. Benedict Heyn: Die Entwicklung des Eisenbahnfrachtrechts von den Anfängen bis zur Einführung des Allgemeinen Deutschen Handelsgesetzbuches (ADHGB). 1996.

Band 152 Thomas Lang: Die Staats- und Verfassungslehre Carl Salomo Zachariaes. 1996.

Band 153 Michael Hebeis: Karl Anton von Martini (1726-1800). Leben und Werk. 1996.

Band 154 Gerald Hubert: Die Diskussion um die rechtliche Natur der Bizone in den Jahren 1947-1949. 1996.

Band 155 Christof Horn: Die Rechtsprechung des Reichsgerichts in Ehescheidungssachen der Jahre 1900 bis 1905. 1996.

Band 156 Hermann Nehlsen / Georg Brun (Hrsg.): Münchener rechtshistorische Studien zum Nationalsozialismus. 1996.

Band 157 Jan Otto Clemens Kehrberg: Die Entwicklung des Elektrizitätsrechts in Deutschland. Der Weg zum Energiewirtschaftsgesetz von 1935. 1997.

Band 158 Johannes Tradt: Der Religionsprozeß gegen den Zopfschulzen (1791-1799). Ein Beitrag zur protestantischen Lehrpflicht und Lehrzucht in Brandenburg-Preußen gegen Ende des 18. Jahrhunderts. 1997.

Band 159 Dietmar Olsen: Das kaufrechtliche Sachmängelgewährleistungsrecht des Code civil in der Rechtsprechung deutscher Gerichte im 19. Jahrhundert. Ein Beitrag zur Ablösung der Partikularrechte durch das BGB. 1997.

Band 160 Ulrich Bernhardt: Die Deutsche Akademie für Staats- und Rechtswissenschaft „Walter Ulbricht" 1948-1971. 1997.

Band 161 Claudia Susan Hoppe: Die Bürgschaft im Rechtsleben Hamburgs von 1600 bis 1900. 1997.

Band 162 Franz-Rudolf Ecker: Die Entwicklung des Bergrechts im Saarbrücker Steinkohlenrevier bis zum Ende des 18. Jahrhunderts. Ein Vergleich mit dem älteren deutschen Bergrecht. 1997.

Band 163 Anne Katrin Rückert: Politik und Privatrecht in der „konservativen Revolution". 1997.

Band 164 Gisbert Laube: Der Reichskunstwart. Geschichte einer Kulturbehörde 1919-1933. 1997.

Band 165 Nicolas Lührig: Die Diskussion über die Reform der Juristenausbildung von 1945 bis 1995. 1997.

Band 166 Regula Gerber Jenni: Die Emanzipation der mehrjährigen Frauenzimmer. Frauen im bernischen Privatrecht des 19. Jahrhunderts. 1997.

Band 167 Mischa A. Färber: Das gemeinschaftliche Testament in der höchstrichterlichen Rechtsprechung zum Allgemeinen Preußischen Landrecht und zum BGB. Ein Beitrag zur Ablösung der Partikularrechte durch das BGB. 1997.

Band 168 Catherine Antoinette Gasser: Philipp Lotmar 1850-1922. Professor der Universität Bern. Sein Engagement für das Schweizerische Arbeitsrecht. 1997.

Band 169 Lars Immisch: Der sozialistische Richter in der DDR und seine Unabhängigkeit. Der Versuch eines Rechtsvergleiches zum Unabhängigkeitsbegriff in der bundesdeutschen Rechtsordnung. 1997.

Band 170 Jessica Jacobi: Besitzschutz vor dem Reichskammergericht. Die friedenssichernde Funktion der Besitzschutzklagen am Reichskammergericht im 16. Jahrhundert, dargestellt anhand von Kameralisten. 1998.

Band 171 Ewald Hügemann: Die Geschichte des öffentlichen und privaten Mietpreisrechts vom Ersten Weltkrieg bis zum Gesetz zur Regelung der Miethöhe von 1974. 1998.

Band 172 Lutz Rentzow: Die Entstehungs- und Wirkungsgeschichte der Vernewerten Landesordnung für das Königreich Böhmen von 1627. 1998.

Band 173 Sabine Stürmer: Mühlenrecht im Herzogtum Pfalz-Zweibrücken während des 18. Jahrhunderts. Ein Beitrag zum Wirtschaftsrecht eines deutschen Kleinstaates im Alten Reich. 1998.

Band 174 Mario Bogisch: *Nemo testis in re sua*. Das Problem der Zeugnisfähigkeit bei der Anwendung der deutschen Zivilprozeßordnung von 1877. 1998.

Band 175 Rainer Oßwald: Pactane sunt servanda? Freiwilligkeit, Zwang und Unverbindlichkeitserklärungen im islamischen Vertragsrecht malikitischer Schule. 1998.

Band 176 Bettina Kern: Der preußische BGB-Entwurf von 1842. 1998.

Band 177 Inken Fuhrmann: Die Diskussion über die Einführung der fakultativen Zivilehe in Deutschland und Österreich seit Mitte des 19. Jahrhunderts. 1998.

Band 178 Annette Rieck: Der Heilige Ivo von Hélory (1247-1303). Advocatus pauperum und Patron der Juristen. 1998.

Band 179 Frank Bottenberg: Die Hamburgische Strafprozeßordnung von 1869. 1998.

Band 180 Matthias Krauß: Das kursächsische Postrecht von seinen Anfängen bis zum Ende des Alten Reichs. 1998.

Band 181 Torsten Schmidt: Die Entmündigung von den Anfängen des BGB bis zu ihrer Ablösung durch das Institut der Betreuung. 1998.

Band 182 Christian Nunn: Rudolf Müller-Erzbach. 1874-1959. Von der realen Methode über die Interessenjurisprudenz zum kausalen Rechtsdenken (Leben und Werk). 1998.

Band 183 Christian Ortloff: Das staatskirchenrechtliche System Wilhelm Traugott Krugs. Glaubens- und Gewissensfreiheit – eine Forderung der Vernunft. 1998.

Band 184 Christian Hattenhauer: Schuldenregulierung nach dem Westfälischen Frieden. Der sog. § *de indaganda* und seine Umsetzung im Jüngsten Reichsabschied (AD 1648 und 1654). 1998.

Band 185 Werner Schubert: Preußen im Vormärz. Die Verhandlungen der Provinziallandtage von Brandenburg, Pommern, Posen, Sachsen und Schlesien sowie – im Anhang – von Ostpreußen, Westfalen und der Rheinprovinz (1841-1845). 1998.

Band 186 Silvia Schumacher: Das Rechtsverhältnis zwischen Eltern und Kindern in der Privatrechtsgeschichte. 1999.

Band 187 Kai Sommer: Die Strafbarkeit der Homosexualität von der Kaiserzeit bis zum Nationalsozialismus. Eine Analyse der Straftatbestände im Strafgesetzbuch und in den Reformentwürfen (1871-1945). 1998.

Band 188 Jan Erik Backhaus: Volksrichterkarrieren in der DDR. 1999.

Band 189 Ralf Ruhnau: Die Fürstlich Thurn und Taxissche Privatgerichtsbarkeit in Regensburg. Ein Kuriosum der deutschen Rechtsgeschichte. 1999.

Band 190 Antonio Grilli: Die französische Justizorganisation am linken Rheinufer 1797-1803. 1999.

Band 191 Stephanie Kammerloher-Lis: Die Entstehung des Gesetzes über die religiöse Kindererziehung vom 15. Juli 1921. 1999.

Band 192 Jan Telp: Ausmerzung und Verrat. Zur Diskussion um Strafzwecke und Verbrechensbegriffe im Dritten Reich. 1999.

Band 193 Kurt von Pannwitz: Die Entstehung der Allgemeinen Deutschen Wechselordnung. Ein Beitrag zur Geschichte der Vereinheitlichung des deutschen Zivilrechts im 19. Jahrhundert. 1999.

Band 194 Sylvia Busch: Die Entstehung der Allgemeinen Gerichtsordnung für die Preussischen Staaten von 1793/95. Ein Beitrag zur Geschichte der Kodifikationsbewegung und der Reform des Zivilprozesses in Preußen im 18. Jahrhundert. 1999.

Band 195 Dirk Bieresborn: Klage und Klageerwiderung im deutschen und englischen Zivilprozeß. Eine rechtshistorische und rechtsvergleichende Untersuchung unter besonderer Berücksichtigung der Beeinflussung durch das römisch-kanonische Verfahren. 1999.

Band 196 Andreas Thier / Guido Pfeifer / Philipp Grzimek (Hrsg.): Kontinuitäten und Zäsuren in der Europäischen Rechtsgeschichte. Europäisches Forum Junger Rechtshistorikerinnen und Rechtshistoriker München 22.-24. Juli 1998. 1999.

Band 197 Franz Smola: Die Fürstlich Liechtenstein'sche Kunstsammlung. Rechtsfragen zur Verbringung der Sammlung von Wien nach Vaduz in den Jahren 1944/45. 1999.

Band 198 Frank Martin Krauss: Das geteilte Eigentum im 19. und 20. Jahrhundert. Eine Untersuchung zum Fortbestand des Teilungsgedankens. 1999.

Band 199 Matthias Frey: Die spanische Aktiengesellschaft im 18. Jahrhundert und unter dem Código de Comercio von 1829. 1999.

Band 200 Alexandra Gilde: Die Stellung der Frau im Reichsstrafgesetzbuch von 1870/71 und in den Reformentwürfen bis 1919 im Urteil der bürgerlichen Frauenbewegung. Eine Analyse ausgewählter Straftatbestände. 1999.

Band 201 Malte Dießelhorst / Arne Duncker: Hans Kohlhase. Die Geschichte einer Fehde in Sachsen und Brandenburg zur Zeit der Reformation. 1999.

Band 202 Jörg Hillmann: Territorialrechtliche Auseinandersetzungen der Herzöge von Sachsen-Lauenburg vor dem Reichskammergericht im 16. Jahrhundert. 1999.

Band 203 Carsten Engler: Die Kommanditgesellschaft (KG) und die stille Gesellschaft im Allgemeinen Deutschen Handelsgesetzbuch (ADHGB) von 1861. 1999.

Band 204 Vesta Hoffmann-Steudner: Die Rechtsprechung des Reichsgerichts zu dem Scheidungsgrund des § 49 EheG (EheG 1938) in den Jahren 1938-1945. 1999.

Band 205 Michaela Thiele: Die Auflösung von Arbeitsverhältnissen aufgrund Anfechtung und außerordentlicher Kündigung nach der Rechtsprechung des Reichsarbeitsgerichts (1927-1945). 2000.

Band 206 Peter Landau / Hermann Nehlsen / Mathias Schmoeckel (Hrsg.): Karl von Amira zum Gedächtnis. 1999.

Band 207 Marcus Flinder: Die Entstehungsgeschichte des Zivilgesetzbuches der DDR. 1999.

Band 208 Boris Franz Leo Bromm: Die Entstehungsgeschichte des Berufs des Handelsvertreters. Unter besonderer Berücksichtigung der Sozialgesetzgebung in den Jahren von 1871-1933. 2000.

Band 209 Winfried C. J. Eberstein: Das Tierschutzrecht in Deutschland bis zum Erlaß des Reichs-Tierschutzgesetzes vom 24. November 1933. Unter Berücksichtigung der Entwicklung in England. 1999.

Band 210 Patrick Deller: Der „nach dem Vertrage" vorausgesetzte Gebrauch (§ 459 Absatz 1 Satz 1 BGB). Eine kaufrechtliche Untersuchung unter Berücksichtigung rechtshistorischer wie rechtsvergleichender Grundlagen. 2000.

Band 211 Eckard Freiherr von Bodenhausen: Haftung des Geschäftsherrn für Verrichtungsgehilfen im Straßen- und Schienenverkehr. Eine Analyse der Entscheidungen des Reichsgerichts zu § 831 BGB (1900-1945). 2000.

Band 212 Birte Gast: Der Allgemeine Teil und das Schuldrecht des Bürgerlichen Gesetzbuchs im Urteil von Raymond Saleilles (1855-1912). 2000.

Band 213 Hansjörg Michael Huber: Koloniale Selbstverwaltung in Deutsch-Südwestafrika. Entstehung, Kodifizierung und Umsetzung. 2000.

Band 214 Ulf Björner: Die Verfassungsgerichtsbarkeit im Norddeutschen Bund und Deutschen Reich (1867-1918). Eine rechtshistorische Untersuchung über Gerichtsbarkeit im Spannungsfeld von Politik und Recht innerhalb der von Bismarck geschaffenen deutschen Bundesstaaten. 2000.

Band 215 Mathias Freiherr von Rosenberg: Friedrich Carl von Savigny (1779-1861) im Urteil seiner Zeit. 2000.

Band 216 Reinhard Binder-Krieglstein: Österreichisches Adelsrecht 1868-1918/19. Von der Ausgestaltung des Adelsrechts der cisleithanischen Reichshälfte bis zum Adelsaufhebungsgesetz der Republik unter besonderer Berücksichtigung des adeligen Namensrechts. 2000.

Band 217 Claudia-Regine Nerius: Johannes Lehmann-Hohenberg (1851-1925). Eine Studie zur völkischen Rechts- und Justizkritik im Deutschen Kaiserreich. 2000.

Band 218 Ludger Meuten: Die Erbfolgeordnung des Sachsenspiegels und des Magdeburger Rechts. Ein Beitrag zur Geschichte des sächsisch-magdeburgischen Rechts. 2000.

Band 219 Christoph Alexander von Wilcken: Die Reformbestrebungen zum Genossenschaftsgesetz in der Frühzeit der Bundesrepublik. Die Beratungen der Sachverständigenkommission zur Überprüfung des Genossenschaftsrechts 1954 bis 1958 und der Referentenentwurf von 1962. 2000.

Band 220 Verein Junger RechtshistorikerInnen Zürich (Hrsg.): ¿Rechtsgeschichte(n)? ¿Histoire(s) du droit? ¿Storia/storie del diritto? ¿Legal Histori(es)? Europäisches Forum Junger Rechtshistorikerinnen und Rechtshistoriker Zürich 28.-30. Mai 1999. 2000.

Band 221 Hans Christian Schüler: Die Entstehungsgeschichte der Bundesnotarordnung vom 24. Februar 1961. 2000.

Band 222 Nils-Eberhard Schramm: Die Vereinigung demokratischer Juristen (1949-1999). 2000.

Band 223 Silke Anke Torp: Das Rechtsverhältnis zwischen den Eltern und ihren Kindern. Dienstleistungspflicht, Aussteuer und Ausstattung. Eine Analyse der Rechtsprechung des Reichsgerichts und des Reichsarbeitsgerichts zu den Vorschriften der §§ 1616 bis 1625 des Bürgerlichen Gesetzbuches in der Zeit von 1900 bis 1945. 2000.

Band 224 Martin Jürgen Maaß: Die Geschichte des Eigentumsvorbehalts, insbesondere im 18. und 19. Jahrhundert. 2000.

Band 225 Stefanie Langer: Rechtswissenschaftliche Itinerarien. Lebenswege namhafter europäischer Juristen vom 11. bis zum 18. Jahrhundert. 2000.

Band 226 Ulrich Schmitz: Der Unterhaltsanspruch des nichtehelichen Kindes gegen seinen Erzeuger. Die rechtsgeschichtliche und dogmatische Entwicklung im deutschen Recht. 2000.

Band 227 Sebastian Günther: Friedrich Carl von Savigny als Grundherr. 2000.

Band 228 Henning Ibs: Hermann J. Held (1890-1963). Ein Kieler Gelehrtenleben in den Fängen der Zeitläufe. 2000.

Band 229 Matthias Rücker: Wirtschaftswerbung unter dem Nationalsozialismus. Rechtliche Ausgestaltung der Werbung und Tätigkeit des Werberats der deutschen Wirtschaft. 2000.

Band 230 Hendrik Sandmann: Die Entwicklung von Begriff und Inhalt des Wirtschaftchsrechts durch die Rechtswissenschaft in der Weimarer Republik. 2000.

Band 231 Sibylle Müller: Gibt es Menschenrechte bei Samuel Pufendorf? 2000.

Band 232 Karin Olechowski-Hrdlicka: Die gemeinsamen Angelegenheiten der Österreichisch-Ungarischen Monarchie. Vorgeschichte – Ausgleich 1867 – Staatsrechtliche Kontroversen. 2001.

Band 233 Johannes Mierau: Die juristischen Abschluß- und Diplomprüfungen in der SBZ/DDR. Ein Einblick in die Juristenausbildung im Sozialismus. 2001.

Band 234 Jörg Wolff (Hrsg.): Stillstand, Erneuerung und Kontinuität. Einsprüche zur Preußenforschung. 2001.

Band 235 Friedo Schröder: Die anwaltliche Tätigkeit während der nationalsozialistischen Herrschaft. Eine Analyse der anwaltlichen Argumentation in Zivilprozessen anhand der vorhandenen Prozeßakten der Landgerichte Frankenthal, Wiesbaden, Limburg und Frankfurt und der Handakten der *jüdischen Konsulenten* des OLG-Bezirks Frankfurt. 2001.

Band 236 Der Code pénal des Königreichs Westphalen von 1813 mit dem Code pénal von 1810 im Original und in deutscher Übersetzung. Herausgegeben und mit einer Einleitung versehen von Werner Schubert. 2001.

Band 237 Klaus Richter: Deutsches Kolonialrecht in Ostafrika 1885-1891. 2001.

Band 238 Kai von Lewinski: Deutschrechtliche Systembildung im 19. Jahrhundert. 2001.

Band 239 Alexander Herzog: Sittenwidrige Rechtsgeschäfte in der höchstrichterlichen Rechtsprechung aus den Jahren 1948-1965. 2001.

Band 240 Claudia Rönnau: Die Beratungen des Wasserrechtsausschusses der Akademie für Deutsches Recht zu einem Reichswassergesetz (1934-1941). Ein Beitrag zur Dogmatik der Begriffe *Gemeingebrauch* und *Sondergebrauch* in der Zeit des Nationalsozialismus. 2001.

Band 241 Momme Rohlack: Kriegsgesellschaften (1914-1918). Arten, Rechtsformen und Funktionen in der Kriegswirtschaft des Ersten Weltkrieges. 2001.

Band 242 Rolf Geyer: Der Gedanke des Verbraucherschutzes im Reichsrecht des Kaiserreichs und der Weimarer Republik (1871-1933). Eine Studie zur Geschichte des Verbraucherrechts in Deutschland. 2001.

Band 243 Felix Lorenz Benjamin Lehmann: Der Rote Adlerorden. Entstehung und rechtliche Grundlagen (1705-1918). 2002.

Band 244 Marc Ludwig: Der Pfändungsschutz für Lohneinkommen. Die Entstehungs- und Entwicklungsgeschichte der Vorschriften zum Schutz vor Lohnpfändung in Deutschland. 2001.

Band 245 Alexander Wachter: Dorfschule zwischen Pastor und Schulmeister. Zur Säkularisierung des niederhessischen Schulwesens im 19. Jahrhundert. 2001.

Band 246 Richard Scholz: Analyse der Entstehungsbedingungen der reichsgerichtlichen Aufwertungsrechtsprechung. Untersuchung unter besonderer Berücksichtigung der konservativen Geldpolitik der Reichsbank und der Inflationspolitik der Reichsregierung. 2001.

Band 247 Judith Laeverenz: Märchen und Recht. Eine Darstellung verschiedener Ansätze zur Erfassung des rechtlichen Gehalts der Märchen. 2001.

Band 248 Christina Schenk: Bestrebungen zur einheitlichen Regelung des Strafvollzugs in Deutschland von 1870 bis 1923. 2001.

Band 249 Nils Werner: Die Prozesse gegen die Landvolkbewegung in Schleswig-Holstein 1929/32. Ein Beitrag zur Justizkritik in der späten Weimarer Republik. 2001.

Band 250 Wolfgang Walter: Das Duell in Bayern. Ein Beitrag zur bayerischen Strafrechtsgeschichte. 2002.

Band 251 Jörn Eckert / Kjell Å. Modéer (Hrsg.): Geschichte und Perspektiven des Rechts im Ostseeraum. Erster Rechtshistorikertag im Ostseeraum 8.–12. März 2000. 2001.

Band 252 Jan Könighaus: Die Inauguration der Christian-Albrechts-Universität zu Kiel 1665. Symbolgehalt und rechtliche Bedeutung des Universitätszeremoniells. 2002.

Band 253 Andreas Görgen: Rechtssprache in der Frühen Neuzeit. Eine vergleichende Untersuchung der Fremdwortverwendung in Gesetzen des 16. und 17. Jahrhunderts. 2002.

Band 254 Ralf Schäfer: Die Rechtsstellung der Haigerlocher Juden im Fürstentum Hohenzollern-Sigmaringen von 1634-1850. Eine rechtsgeschichtliche Untersuchung. 2002.

Band 255 Regine Schmalhorst: Die Tierhalterhaftung im BGB von 1896. Die Entstehung und Änderung des § 833 BGB sowie eine Analyse der Rechtsprechung des Reichsgerichts bis 1908. 2002.

Band 256 Thomas Hense: Konrad Beyerle. Sein Wirken für Wissenschaft und Politik in Kaiserreich und Weimarer Republik. 2002.

Band 257 Christian Mahlmann: Die Strafrechtswissenschaft der DDR. Klassenkampftheorie und Verbrechenslehre. 2002.

Band 258 Henning Kahmann: Die Bankiers von Jacquier & Securius 1933–1945. Eine rechtshistorische Fallstudie zur "Arisierung" eines Berliner Bankhauses. Mit einem Geleitwort von John Kornblum. 2002.

Band 259 Volker Friedrich Drecktrah: Die Gerichtsbarkeit in den Herzogtümern Bremen und Verden und in der preußischen Landdrostei Stade von 1715 bis 1879. 2002.

Band 260 Andreas Klass: Standes- oder Leistungselite? Eine Untersuchung der Karrieren der Wetzlarer Anwälte des Reichskammergerichts (1693-1806). 2002.

Band 261 Wolfgang Eder: Das italienische Tribunale Speciale per la Difesa dello Stato und der deutsche Volksgerichtshof. Ein Vergleich zwischen zwei politischen Gerichtshöfen. 2002.

Band 262 Albrecht Cordes / Bernd Kannowski (Hrsg.): Rechtsbegriffe im Mittelalter. 2002.

Band 263 Thomas Hildebrandt: Die Brandenburgischen Provinziallandtage von 1841, 1843, und 1845 anhand ausgewählter Verhandlungsgegenstände. 2002.

Band 264 Jan Finzel: Georg Adam Struve (1619–1692) als Zivilrechtler. 2003.

Band 265 Björn Carsten Frenzel: Das Selbstverständis der Justiz nach 1945. Analyse der Rolle der Justiz unter Berücksichtigung der Reden zur *Wiedereröffnung* der Bundes- und Oberlandesgerichte. 2003.

Band 266 Nils Reichhelm: Die marxistisch-leninistische Staats- und Rechtstheorie Karl Polaks. 2003.

Band 267 Raik Schneider: Altrechtliche Personenzusammenschlüsse. Ihre Entwicklung unter besonderer Berücksichtigung des Rechts des Großherzogtums Sachsen-Weimar-Eisenach sowie der Herzogtümer Sachsen-Meiningen und Sachsen-Gotha. 2003.

Band 268 Anke Meier: Die Geschichte des deutschen Konkursrechts, insbesondere die Entstehung der Reichskonkursordnung von 1877. 2003.

Band 269 Stefan Jens Jordan: Leben und Werk des Tübinger Rechtsprofessors Wilhelm Gottlieb Tafinger 1760–1813. 2003.

Band 270 Stefanie Hubig: Die historische Entwicklung des § 23 ZPO. Zum Ursprung und Fortleben des Vermögensgerichtsstandes im deutschen Prozeßrecht des 19. Jahrhunderts. 2003.

Band 271 Michael G. Perband: Der Grundsatz der freien Beweiswürdigung im Zivilprozeß (§ 286 ZPO) in der Rechtsprechung des Reichsgerichts. 2003.

Band 272 Mathias Bouveret: Die Stellung des Staatsoberhauptes in der parlamentarischen Diskussion und Staatsrechtslehre von 1848 bis 1918. 2003.

Band 273 Barbara Széchényi: Rechtliche Grundlagen bayerischer Zensur im 19. Jahrhundert. 2003.

Band 274 Sylvia Scharfenberg: Die Entstehungsgeschichte des Beurkundungsgesetzes vom 28. August 1969. 2003.

Band 275 Urte Nesemann: Die schwedische Familiengesetzgebung von 1734 bis zu den Reformgesetzen von 1915 bis 1920 und deren Einfluss auf die Gesetzgebungsprojekte der Weimarer Republik. Unter besonderer Berücksichtigung der Rechtsstellung der Frau und des unehelichen Kindes. 2003.

Band 276 Alexandra Brück: Die Polizeiordnung Herzog Christians von Braunschweig-Lüneburg vom 6. Oktober 1618. 2003.

Band 277 Torsten Landwehr: Das Kommissionsgeschäft in Rechtswissenschaft, Gesetzgebung und Rechtspraxis vom 16. bis zum Ende des 18. Jahrhunderts. 2003.

Band 278 Tassilo Wilhelm Maria Englert: Deutsche und italienische Zivilrechtsgesetzgebung von 1933–1945. Parallelen in der Rechtsetzung und gegenseitige Beeinflussung unter besonderer Berücksichtigung des Familien- und Erbrechts. 2003.

Band 279 Tobias Prang: Der Schutz der Versicherungsnehmer bei der Auslegung von Versicherungsbedingungen durch das Reichsgericht. 2003.

Band 280 Thorsten Lieb: Privileg und Verwaltungsakt. Handlungsformen der öffentlichen Gewalt im 18. und 19. Jahrhundert. 2004.

Band 281 Michael Rühling: Das Ladenschlussgesetz vom 28. November 1956. Vorgeschichte, Entstehung des Gesetzes und weitere Entwicklung. 2004.

Band 282 Kathrin Nawotki: Die schleswigsche Deichstavengerechtigkeit. Vom 17. Jahrundert bis in die Gegenwart. Eine gewohnheitsrechtliche Superfizies an nordfriesischen Deichgrundstücken und ihre Entwicklung. 2004.

Band 283 Erik Nils Voigt: Die Gesetzgebungsgeschichte der militärischen Ehrenstrafen und der Offizierehrengerichtsbarkeit im preußischen und deutschen Heer von 1806 bis 1918. 2004.

Band 284 Dorothea Riedi Hunold: Die Einführung der allgemeinen Wechselfähigkeit in der Schweiz in der zweiten Hälfte des 19. Jahrhunderts. Unter besonderer Berücksichtigung der politischen, wirtschaftlichen und sozialen Verhältnisse. 2004.

Band 285 Thomas Gergen: Pratique juridique de la paix et trêve de Dieu à partir du concile de Charroux (989–1250). Juristische Praxis der Pax und Treuga Dei ausgehend vom Konzil von Charroux (989–1250). 2004.

Band 286 Kathrin Bethkenhagen: Die Entwicklung des Luftrechts bis zum Luftverkehrsgesetz von 1922. 2004.

Band 287 Heiko Lüpkes: Die Verbrechen der Diener des Staats im Allgemeinen Landrecht für die Preußischen Staaten von 1794 und ihre Entwicklung zu den Vergehen und Verbrechen im Amte im Strafgesetzbuch für die Preußischen Staaten von 1851. 2004.

Band 288 Mirco Peter Hirsch: Von der Erbbescheinigung des Preußischen Rechts zum Erbschein des Bürgerlichen Gesetzbuchs. 2004.

Band 289 Bettina Günther: Die Behandlung der Sittlichkeitsdelikte in den Policeyordnungen und der Spruchpraxis der Reichsstädte Frankfurt am Main und Nürnberg im 15. bis 17. Jahrhundert. 2004.

Band 290 Seunghyeon Seong: Der Begriff der *nicht gehörigen Erfüllung* aus dogmengeschichtlicher und rechtsvergleichender Sicht. 2004.

Band 291 Steffen-Werner Meyer: Bemühungen um ein Reichsgesetz gegen den Büchernachdruck. Anläßlich der Wahlkapitulation Leopolds II. aus dem Jahre 1790. 2004.

Band 292 Ulrich Löffler: Instrumentalisierte Vergangenheit? Die nationalsozialistische Vergangenheit als Argumentationsfigur in der Rechtsprechung des Bundesverfassungsgerichts. 2004.

Band 293 Norbert Koch: Die Entwicklung des deutschen privaten Immissionsschutzrechts seit Beginn der Industrialisierung. Unter besonderer Berücksichtigung des Einflusses der höchstrichterlichen Rechtsprechung. 2004.

Band 294 Julius Ludwig Pfeiffer: Das Tierschutzgesetz vom 24. Juli 1972. Die Geschichte des deutschen Tierschutzrechts von 1950 bis 1972. 2004.

Band 295 Bert-Hagen Strodthoff: Die richterliche Frage- und Erörterungspflicht im deutschen Zivilprozeß in historischer Perspektive. 2004.

Band 296 Tim Kannewurf: Die Höfeordnung vom 24. April 1947. Entstehungsgeschichte und Einordnung in die Entwicklung des Anerbenrechts. 2004.

Band 297 Steffi Heine: Die Methodendiskussion nach Inkrafttreten des Bürgerlichen Gesetzbuches und die Gründung des Vereins *Recht und Wirtschaft*. 2004.

Band 298 Anne Marlene Simon-Holtorf: Geschichte des Familienwahlrechts in Frankreich (1871 bis 1945). 2004.

Band 299 Jürgen Busch: Das Germanenbild der deutschen Rechtsgeschichte. Zwischen Wissenschaft und Ideologie. Mit einem Vorwort von Herwig Wolfram. 2004.

Band 300 Jan Kohlmann: Der Marsch zu den Gräbern von Karl und Rosa. Geschichte eines Gedenktages. 2004.

Band 301 Christian Rainer Schlicht: Die kumulative Schuldübernahme in der Rechtsprechung des Reichsgerichts und in der zeitgenössischen Literatur. 2004.

Band 302 Hans Peter Glöckner: Positive Vertragsverletzung. Die Geburt eines Rechtsinstituts. 2004.

Band 303 João Manuel Azevedo Alexandrino Fernandes: Die Theorie der Interpretation des Gesetzes bei Francisco Suárez. 2005.

Band 304 René Funk: Die Wahlprüfung der volksgewählten Abgeordneten der Volksvertretungen im Frühkonstitutionalismus. Eine Untersuchung der Wahlprüfung in den Kammern der Abgeordneten des Großherzogtums Baden, des Königreichs Württemberg und des Großherzogtums Hessen. 2005.

Band 305 Carolin O'Sullivan. Die Ahndung von Rechtsbrüchen der Seeleute im mittelalterlichen hamburgischen und hansischen Seerecht (1301–1482). 2005.

Band 306 Martin Jürgens: Staat und Reich bei Ernst Rudolf Huber. Sein Leben und Werk bis 1945 aus rechtsgeschichtlicher Sicht. 2005.

Band 307 Florian G. Dürselen: Franz Beyerle (1885–1977). Leben, Ära und Werk eines Rechtshistorikers. 2005.

Band 308 Kai Bandilla: Urheberrecht im Kaiserreich. Der Weg zum Gesetz betreffend das Urheberrecht an Werken der Literatur und Tonkunst vom 19. Juni 1901. 2005.

Band 309 Stefan Mieth: Die Entwicklung des Denkmalrechts in Preußen 1701–1947. 2005.

Band 310 Catharina Lodemann: Die Geschichte des französischen *acte de gouvernement*. 2005.

Band 311 Christina Wicke: Kodifikationsbestrebungen und Wissenschaft in Hessen-Darmstadt im vorkonstitutionellen Zeitalter. Zu der Beteiligung der Gießener Rechtsprofessoren an den Gesetzgebungsarbeiten in Hessen-Darmstadt in der Zeit zwischen 1769 und 1820. 2005.

Band 312 Christiane Chlosta: Nur dem Gesetz unterworfen? Eine rechtsgeschichtliche Untersuchung zu Idee und Wirklichkeit richterlicher Gesetzestreue unter besonderer Berücksichtigung der Aufwertungsrechtsprechung und des richterlichen Prüfungsrechts. 2005.

www.peterlang.de

Werner Schubert / Hans Peter Glöckner (Hrsg.)

Nachschlagewerk des Reichsgerichts

Gesetzgebung des Deutschen Reichs
Band 1: Kaiserzeit I
Haftpflicht-, Börsen-, Versicherungs- und Kriegsnotrecht

Frankfurt am Main, Berlin, Bern, Bruxelles, New York, Oxford, Wien, 2005. 674 S.
Nachschlagewerk des Reichsgerichts.
Herausgegeben von Werner Schubert und Hans Peter Glöckner. Bd. 1
ISBN 3-631-53228-8 · geb. € 130.–*

Das Nachschlagewerk des Reichsgerichts gehört zu den grundlegenden Quellen der Rechtsprechungsgeschichte des 20. Jahrhunderts. Der Band 1 der Edition dokumentiert die herausragende Modernität und Anpassungsfähigkeit der Reichsgerichtsjudikatur. Das Reichshaftpflichtgesetz und das Automobilgesetz begegneten wirksam dem Gefahrenpotential der neuen Verkehrsmittel. Das Börsenrecht schützte den Privatmann vor den Folgen der Termingeschäfte, während das private Versicherungsrecht die Marktmacht der Versicherungen in den Allgemeinen Versicherungsbedingungen einschränkte. Mit dem Kriegsrecht begann die moderne deutsche interventionsrechtliche Gesetzgebung (Miet- und Pachtschutzrecht, Arbeitsrecht, Insolvenzrecht). Insgesamt erschließen die Leitsätze des Bandes die volle Breite und Vielfalt der zunehmend sozial ausgerichteten Judikatur des Reichsgerichts zu wichtigen zivilrechtlichen Gesetzen der Kaiserzeit.

Aus dem Inhalt: Reichshaftpflichtgesetz · Börsen- und Depotgesetz · Versicherungsaufsichtsgesetz · Scheckgesetz · Versicherungsvertragsgesetz · Kraftfahrzeuggesetz · Gesetz über die Haftung des Reichs für seine Beamten · Kriegsnotrecht · Übergangsrecht der Nachkriegszeit

FSC
www.fsc.org
MIX
Papier | Fördert gute Waldnutzung
FSC® C083411

Kolibri 360 GmbH
Ferdinand-Jühlke-Straße 7
99095 Erfurt, Deutschland
produktsicherheit@kolibri360.de

Druck:
CPI Druckdienstleistungen GmbH
im Auftrag der
Kolibri 360 GmbH
Ferdinand-Jühlke-Str. 7
99095 Erfurt